天可汗

唐太宗李世民

一部建立在文献研究基础上的严肃历史小说

[美]熊存瑞　著

毛　蕾　黄维玮　译

中国出版集团有限公司
華文出版社

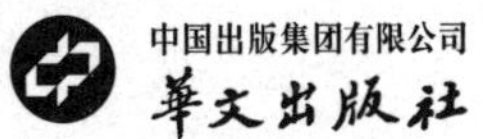

图书在版编目（CIP）数据

天可汗 ：唐太宗李世民 / (美) 熊存瑞
(Victor cunrui Xiong) 著 ；毛蕾，黄维玮译．-- 北京：
华文出版社，2018.6 (2025.1重印)
书名原文：Heavenly Khan

ISBN 978-7-5075-4905-8

Ⅰ．①天… Ⅱ．①熊… ②毛… ③黄… Ⅲ．①长篇历
史小说－美国－现代 Ⅳ．①I712.45

中国版本图书馆CIP数据核字(2018)第109084号

版权登记号 01-2018-3537

天可汗：唐太宗李世民

作　　者：[美] 熊存瑞
译　　者：毛　蕾　黄维玮
责任编辑：胡慧华　郭俊萍
出版发行：华文出版社
地　　址：北京市西城区广安门外大街 305 号 8 区 2 号楼
邮政编码：100055
网　　址：http：//www.hwcbs.cn
电　　话：总 编 室 010-58336239　发 行 部 010-58336212 58336238
　　　　　责任编辑 010-58336195
经　　销：新华书店
印　　刷：三河市天润建兴印务有限公司
开　　本：710×1000　1/16
印　　张：18.5
字　　数：175 千
版　　次：2018 年 6 月第 1 版
印　　次：2025 年 1 月第 4 次印刷
标准书号：ISBN 978-7-5075-4905-8
定　　价：59.80 元

谨以此书献给教育家、慈善家、传教士布里几德·克阿(Brigid Keogh)(1909–2007)女士。

[克阿女士纽约生人。在执教50多年的教学生涯中，她在非洲、亚洲办学七所。1970年代末曾被聘为北大西语系外教；遂赴延安大学教学五年，为其外语学院的建设发展鼎力相助，并荣获“陕西省优秀外籍教师”称号和国务院“友谊奖”。去世后，她的骨灰遵遗嘱被安葬在延安。]

西方历史小说与《天可汗》（代序）

［美］白鹿文[①]

在小说《天可汗》中，作者熊存瑞以精深的技法刻画了唐太宗的形象；通过如下两段描写可见一斑。在第一段中，太宗向史臣询问，作为皇帝他是否能阅读有关他自己的记述。史臣拒绝了此要求，并称，史臣的责任是为将来的君主提供超然的记载和对事件的评估。如果让皇帝亲见所录，史臣则会违背其职责而成为历史的参与者。

第二段叙述太宗龙潜时跻身皇位的过程。最关键的一步涉及暗杀其兄。为了选择吉日，太宗找到专业卜者进行龟卜，却遭到僚属的反对。僚属问道，如卜而不吉，是否要放弃计划？太宗迟疑片刻，决定按原计划进行。占卜遂未能对太宗的行动产生影响。在忠实僚属的协助下，太宗终于成功地扫除了对手，获得皇位。

在此两段记述中，作者对事件不作概括性的评述，而是让读者自己作出结论。

当时在朝廷供职者中有这样一批严格遵守职业操守的幕僚，他们深知自己基于学识所作出的判断是为权势者服务的。他们中的史臣更明了，其

---

① ［美］白鹿文（Lewis Pyenson），加拿大皇家学院院士，国际科学史研究院（巴黎）通讯院士，西密歇根大学历史学教授。

记述若忤逆帝王，会带来丢掉官职甚至头颅的后果。与此相反，帝王如若喜见史家的评论，在以后的决断中就有可能会草率行事。卜者则知晓，揭示占卜的结果往往凶多吉少。帝王会因凶占而踌躇不前；而以后出现的逆向发展亦会影响到占卜的成功与否。如果帝王无视上天凶相，而采取行动，并一举获胜，卜者的专长便会受到质疑。帝王当然会察觉到，幕僚们在私下里会进行政治上的考量。但帝王也知道，缺少知识独立性的幕僚会是毫无用处的。

熊存瑞笔下的唐太宗可与当今欧洲最伟大的作家之一——罗伯特·图姆斯（Robert Tombs）——笔下的国王相比较。在其新近巨著《英格兰人及其历史》（*The English and Their History*）中，图姆斯指出，英格兰人自视为具有凝聚力的民族；在某种程度上这是借助于四百多年来莎士比亚剧中对中世纪国王及其臣僚的刻画。莎士比亚笔下的人物故事，因其复杂性而流传至今。图姆斯写道："莎士比亚不仅让王权的威严得见天日……亦使之威风扫地，让君主受辱、被黜、被弑。其历史剧具有很强的政治性：出于野心、色欲、骄傲、恐惧、复仇、嫉妒——偶尔也出于忠诚、信念或荣誉（像莎士比亚笔下的人物法斯塔夫所嘲弄的那样，'荣誉'仅仅是一句空话），人们参与冲突、做出决断。他们的努力往往徒劳无功、荒谬且毫无意义。即便是最具正义感或最辉煌的战争亦会带来废墟、腐败、残忍和死亡。他笔下的国王、女王如同农民一样十分具有人性——他们自私、残暴、多疑、无能、淫荡、背信弃义；只有在极为罕见的情况下才表现出骑士精神，而仅由于其臣民的原因而变得神圣。"①

莎士比亚笔下最能引起人们共鸣的人物是亨利五世。他在法斯塔夫的陪伴下，不过是一位放荡不羁的青年。作为军事领袖，他却在阿金库尔战役之前发出振奋人心的动员令（"让我们再一次冲上前去……"）。这使人想到在第一、第二次世界大战中，英国针对德国人的宣传，如温斯顿·丘吉尔在敦刻尔克撤退后的讲话中说道："我们将继续战斗，无论是在海岸上、还是在……"对亲自率兵征战的唐太宗，熊存瑞赋予了一种莎士比亚

① Robert Tombs, *The English and Their History,* London, Penguin/Random House, 2015, p152.

笔下的亨利五世所具有的特质。

历史小说，即在实录历史的基础上所进行的具有想象力的心理描述，自莎士比亚时代以来，人们的创造力愈加得到展现。沃尔特·司各特（Walter Scott）著的《艾凡赫》（*Ivanhoe*）和维克多·雨果（Victor Hugo）著的《巴黎圣母院》（*Notre-Dame de Paris*）以浪漫主义手法对中世纪欧洲大书特书。大仲马（Dumas p è re）著的《三个火枪手》（*Les trois mousquetaires*）、托尔斯泰（Tolstoy）著的《战争与和平》（*War and Peace*）、狄更斯（Dickens）著的《双城记》（*Tale of Two Cities*）将欧洲所发生的动乱淋漓尽致地展现在广大读者眼前。

历史小说体裁，经罗伯特·格雷夫斯（Robert Graves）的《我，克劳迪亚斯》(*I, Claudius*)、翁贝尔托·埃可(Umberto Eco)的《玫瑰之名》(*Il nome della rosa*)、希拉里·曼特尔（Hilary Mantel）有关16世纪伦敦的著作之后，已日趋成熟。

杰出的科学家也写过有关其著名先辈的故事，诸如物理学家利奥波德·英费尔德（Leopold Infeld）笔下的埃瓦里斯特·伽罗瓦（*Évariste Galois*）（见《上帝之所爱》[*Whom the Gods Love*]）和神经外科专家怀尔德·潘菲尔德（Wilder Penfield）笔下的希波克拉底（Hippocrates）（见《火炬》[*The Torch*]）。西密歇根大学历史系的教授对历史小说创作也不陌生。其所著小说或以罗马帝国和二战中的爪哇岛为背景，或勾画出素食主义的将来。熊存瑞所写的有关唐太宗的故事，建立在对史料充分掌握的基础之上，在作家的圣殿中占有杰出的位置。

英国作家A. S.拜厄特（Byatt）在一篇基于1999年耶鲁大学芬西–孔提尼（Finzi–Contini）讲座演讲的文章中指出，讲故事能引人入胜，是因为其关系到生与死。她将讲故事分为三种体裁：神话、童话、小说。在此我将进一步阐述荷兰作家塞斯·诺特博姆（Cees Nooteboom）的看法。神话讲述从未发生过的事件，并对其进行完全缺乏说服力的解释；而神话中的人物往往会长生不死，如希腊神话中的西绪福斯（Sisyphus）、普罗米修斯（Prometheus）、美狄亚（Medea）等。神话亦描述世界特征的起源，如在爪哇岛中部的覆舟火山（Mount Tangkuban Perahu）。然而神话并不能缓解生活所带来的沮丧，于是就产生了童话。童话是关于善恶的、有教育意义的故事。它认可满足的谎言（“他们从此过上了幸福的生活”）。与神话、童话不同，小说讲的故事具有一定真实性，尽管它们亦会有关于梦幻的描述或矛盾的、对世界的认识。除了能够让读者对自己产生新的认知之外，小说家放弃了担当顾问或预言家的角色。[①] 成功的小说仅仅以含蓄的方式向读者解释通向高洁人生的道路。

一部小说，如果不能向我们揭示如何生活，还会有什么价值呢？那些为获得成功而奋斗的、动手实干的人们为何要在这种艺术形式上耗费时间呢？其答案之一是，人们需不断地诉诸艺术以使生活变得丰富多彩，以陶冶心智。故此，我们应该关注的是精深而不是肤浅的作品，应该重视的是艺术评论家所谓“艺术”（Kunst）而非“媚俗”（Kitsch）。其答案之二是，小说需要读者全神贯注的鉴赏。小说作为读物，若获得读者的讨论，就会变得有意义。这里的所谓讨论即是恩斯特·贡布里希（Ernst H. Gombrich）在其颇具影响力的《艺术和幻觉》（*Art and Illusion*）一书中所言的“观者的眼光”；正是鉴赏者对艺术品赋予重要涵义。这就是为什么某些艺术品创作以后方会具有特殊意义，而有些 20 世纪末的评论家确信，一件艺术品的存在的意义在于不断地为人们所评判。[②]

作为一件艺术品，熊存瑞的小说让读者获益良多。行文采用直陈的风格，而字里行间常常能唤起读者对图像的联想；这是一种令人叹为观止的享受。读者就像 20 世纪初在水下探索希腊安迪基西拉岛（Antikythera）沉船的潜水员那样，不时地浮出水面观赏从海底捞出的珍宝。[③] 我们一次又一次地潜入既熟悉又陌生的、遥远的过去。

---

① A. S. Byatt, “Old Tales, New Forms”, in Byatt, On Histories and Stories: Selected Essays (London: Chatto & Windus, 2000), 123-150, p147-148.

② E. H. Gombrich, *Art and Illusion: A Study in the Psychology of Pictorial Representation* (1960; Princeton: Princeton University Press, 2000), Part Three: “The Beholder’s Share”, p179-287. Paul de Man is known for having advocated that all writing is devoid of fixed meaning. Alvin Kernan, *In Plato’s Cave*, New Haven: Yale University Press, 2000, p196-201.

③ Alexander Jones, *A Portable Cosmos: Revealing the Antikythera Mechanism, Scientific Wonder of the Ancient World*, Oxford: Oxford University Press, 2017.

在揭示饮食、服饰、建筑细节的同时，熊存瑞为我们提供了朝廷事件的细腻描述。在玄武门事变之后，当太宗李世民与父亲高祖李渊相见时，情不自禁地扑入父亲怀中，恸哭失声，一边吸吮其乳头。这类质朴动人的场面，据我所知，未见于有关欧洲王室的史料之中。总之，《天可汗》为伟大文明时代中的生命赋予者勾画出了一幅绝妙的图画。

卡拉马祖，2018 年 3 月

目录

一、逐鹿长安（613—626）

二、贞观之治（626—643）

三、暮年岁月（643—650）

一、逐鹿长安（613—626）

1. 辽东之役（大业九年）

大业九年（613 年）3 月某日清晨[①]，东都洛阳大业殿宽敞的大堂上，一位四十多岁、皮肤细嫩的男子端坐在宝座上。这黄绸宝座安置在堂北端的大理石台基之上，宝座顶上装饰着金碧辉煌的华盖。

皇帝杨广正对堂下文武高官以庄重而平铺直叙的语调谈论着军国要事。当谈到北方尤其是山东的大旱已激起民变而叛乱仍未平息时，他严厉地训斥了隋军将领。稍微停顿之后，他提高了语调说道："高丽[②]，鄙陋之蛮夷，胆敢冒犯边陲，辱我国威。以我天朝之力，拔东海移泰山，当不在话下，更不消说区区乌合之蚁寇！我朝必须再次出征，讨伐高丽。"

众人惊愕无言。

"此次出征，"皇帝杨广继续说道，"朕决意亲自统帅诸军。"

朝堂上鸦雀无声。时许，一个颤巍巍的声音打破了人群的沉寂："陛下，依臣愚见，我天朝大军二度出征，高丽小丑，肯定难以抵御。"说话的人身姿挺拔、面庞清瘦，虽已年逾古稀，仍不失军人风度。此人是大业八年（612 年）出征高丽的主要将领宇文述。因隋军败绩，宇文述身披枷锁被押送至东都洛阳，除官为民，直到最近才恢复官爵。

"陛下，"宇文述继续说道，"高丽蕞尔小邦，还不及我大隋之一郡。以其孱弱之军力挑衅我百万雄师，实际上，无异于以卵击石。"

"正是，正是。"人群中有几人表示附和。

余众则默不作声。此时一体格健硕的长者起身说道："不过，大业八年一战，中国疲敝，至今尚未恢复元气。更何况前人有言，'千钧之

---

① 本书中西历日期用阿拉伯数字，如 3 月 20 日；中历日期用汉字，如三月二十日。

② 高丽（高句丽 Koguryŏ）：古代朝鲜民族，文献中作"高丽"。

弩不为鼷鼠发机’[①]。陛下贵为万乘之躯[②]，怎可以屈尊大驾，亲伐高丽小寇？”

发言者左光禄大夫郭荣，也曾参与过大业八年的辽东之战。

“郭荣爱卿，你坦率、忠诚，朕十分赞赏。不过，朕的目的是以压倒之势，震慑高丽，兵不血刃便可迫使其恭顺臣服。”

皇帝环顾四周后，问道：“众卿，可还有异议？”

面对一片沉默，皇帝说：“甚好！大业九年征讨高丽之准备工作就此启动。”

高丽是古朝鲜民族之一，公元前37年建立了自己的第一个政权。至隋朝末年，高丽已成为朝鲜三国中实力最强者（另外两个是百济和新罗），其领土覆盖今东北中部、南部，以及朝鲜半岛大部分。

大约公元前1045年，周灭商之后，商贵族遗臣箕子东迁并受封于朝鲜半岛北部。将近一千年后，公元前108年，汉武帝在东北南部以及朝鲜半岛设置乐浪、玄菟、真番、临屯四郡。这些记录为此后中原王朝统治者对朝鲜半岛采取军事行动提供了理由。

不过，实行军事扩张的帝王却往往有更现实的原因。598年，隋文帝杨坚对高丽发动了第一次损失惨重的入侵行动，是为了遏制无视朝廷权威的高丽王——他有试图勾结突厥、危及大隋边境安全之嫌。大业八年（612年）及大业九年（613年），隋炀帝杨广两次入侵高丽，则是为了超越父亲文帝（杨坚）的功绩。

坐落在山顶上的辽东城（今辽宁辽阳），呈不规则四边形状，高墙壁垒，深河环绕。作为高丽西部的战略前哨，这座城池有四座城楼，每座城楼外设阙。辽东城东、北两侧山脉连绵，西、南两侧是崎岖的山地和森林；其城防工事可谓坚不可摧。

皇帝杨广并未因此而退缩，刚一抵达辽东前线，便开始部署一月前

① 意即有千钧之力的弓箭不适于用来射杀老鼠。

② 万乘：“一万辆马车”，这里指“帝王”。

在东都洛阳制定的进攻计划。为了万无一失，他调集了一支强大的远征军，兵分三路进发高丽。第一路由皇帝亲自指挥，直指辽东城。第二路为远征军主力，由宇文述、杨义臣将军率领，将向东挺进，越过鸭绿水，以深入朝鲜。第三路为水军，将从山东半岛沿海路直抵平壤近郊。第二路军和第三路军最终将包围、攻陷平壤城。

对辽东城一战正式拉开了大业九年高丽战争的帷幕。在这次重大的军事行动中，皇帝命令军队从四面八方发动猛攻，昼夜不停。大量的投掷武器、围城设备被投入使用，包括弩机、投石车、飞楼、撞车、云梯等等；攻城者甚至采用深挖地道的手段，但终因护城河太深、进度缓慢而作罢。

高丽军民殊死抵抗二十三天后，辽东城仍未陷落。

隋方，在箭雨的掩护下，数千民夫和士兵开始在城墙外围紧张地修筑大型工事。尽管高丽不断发动袭击，宽三十步、与城墙齐高的“鱼梁大道”[①]，在两天之内用百万个装满泥土的布囊堆积而成。隋军又造六辆八轮楼车——一种高出城墙的、有移动性的进攻平台，并将之缓慢地推向前线。

翌日清晨，在登上八轮楼车、鱼梁大道的弓箭手的掩护下，隋军发起了新一轮进攻。到黄昏时分，隋军已攻破一座城门、并在城墙两处打开缺口；辽东城岌岌可危。

然而，就在此时，进攻节奏突然放缓，以至完全停止。出乎意料的是，前线指挥官刚接到紧急诏令，命他们放弃此次军事行动。

7 月 20 日晚间，隋军全线撤退，场面混乱不堪；遗弃的军资、器械堆积如山。未及拆除的营垒、帐幕遍布营地，在残余营火的映照下，显得诡异而静谧。

皇帝的撤退决定，实属无奈之举。根据密报，武装叛乱已在中原爆发。叛首礼部尚书杨玄感原负责从黎阳（位于河南北部，靠近浚县，安阳东南）输送粮草至高丽前线。叛军切断了隋军大部分的粮草供应，并时刻威胁

---

① 鱼梁大道：因其状似鱼梁，故名。

到中原的心脏——东都洛阳。更糟的是，几十位朝廷重臣、将领之子都加入了叛军。皇帝除退兵之外，别无选择。

隋军的突然撤退，使被困多日的高丽守军感到疑惑不解。生怕遭到埋伏，他们两天之后才开始追击；此时隋军主力早已返回隋境。高丽军在辽水附近追上并攻击了隋军尾部；数千隋军士兵遭杀戮，其中多为身体羸弱者及伤病员。

大业九年战争伊始，遵皇帝旨令，几乎所有的高级将领和中央高级文官都要奔赴河北、辽东、山东听候调遣。出身于显赫家族的权贵精英唐国公李渊也位列其中。既然战争已经结束，李渊也随着由几十万人组成的队伍南撤洛阳。

此时的李渊虽年近半百（四十七岁），但跟大部分早已久病缠身的同龄人相比，仍然魁梧健壮。然而，一路上，牛车、马车的木轮碾过路面时的吱呀作响，加上哒哒的马蹄声，让他心烦意乱；坐骑的颠簸也折磨着他的肠胃。队伍中因士气低落而产生的消沉的气氛让他感到十分压抑。而家庭的变故更让他的情绪跌入谷底。战争期间，其美貌的鲜卑妻子窦氏，也伴同他来到涿郡（位于河北北部）。窦氏为他生育了四子一女，并为他所深爱，却因不堪受战争环境的折磨，染上疾病，在年仅四十四岁时撒手人寰。

李渊曾被调往怀远镇（在辽中附近）督运前线粮草。如今战役草草收场，洛阳又在叛军威胁之中，李渊越发感到前途未卜。

一位朝廷使臣的突然降临消除了李渊心中的彷徨。使臣宣布：李渊调往西部弘化郡任总管（治在甘肃庆阳），署理包括弘化在内十三郡的军政事务。弘化郡虽地处偏远，但此总管一职却责任重大。意志消沉的李渊获到一线曙光；他开始期待这一充满责任、机遇的新挑战。

隋朝之前，地方行政采取州－郡－县三级管理模式。隋文帝杨坚取消了郡一级的行政机构，实行州县两级制。杨广即位后，又将“州”改为“郡”。因此，炀帝杨广时期的郡守与文帝杨坚时期的州刺史同级。

2. 杨玄感

生长于大兴城的杨玄感是享有特权的贵胄子弟。其父杨素乃朝中重臣，已于606年去世。尽管杨素之杨氏家族与隋皇室之杨氏没有直接联系，但其权势之大足以震主。皇帝杨广对之深为忌惮，甚至流露出欲根除此杨氏的意愿。事实上，杨广的猜忌也正是杨玄感起兵反叛的主要原因。

起兵之后，为了抗击隋朝大军，杨玄感需要制定一套可行的战略方案。他问计于刚从关中前来投奔他的贵族李密。年龄三十出头的李密，器宇轩昂，富有感召力；更重要的是，他具有非凡的战略头脑。

“我有三条计策。”李密说道，眼光中泛着兴奋。“上策：北上蓟地，联合高丽，内外夹击隋军主力，以我们充足的粮草储备，必能诱降大批敌军官兵，不下十日即可平定北方，进而挥师南下，夺取天下。

“中策：速抵关中（中心部分位于陕西南部渭河流域），占据大兴城（今陕西西安）。关中以山川为屏障，退可固守险地，进可攻打中原。全国战略要地，以重要性而言，关中实居其首。

“下策：就近袭取东都洛阳，并以之为据点，与隋军对抗。但是，洛阳无天险，不易防守，此下策非长久之计。”

杨玄感沉思良久，回答道：“玄感不敢苟合。公所谓下策实际上是我的上策。朝廷百官的家眷多居住在东都洛阳；如果能攻陷此城，隋军士气势必遭受致命打击。”

计策已定，杨玄感举兵南向，攻打东都。当其麾下的叛军对东都形成合围时，杨玄感下令总攻。叛军很快突破外廓城，并开始攻打洛阳城的心脏——位于西南角的、依然牢牢掌握在隋军手中的宫城（或宫皇城）。①

然而，隋朝援军的突然到来使杨玄感措手不及。他不得已而下令放

① 隋洛阳宫城三面为皇城所围，而宫城、皇城之间界限不明显。

弃进攻，向西撤退。

此时此刻，杨玄感决定实施李密的中策，挺进关中，可惜为时已晚。他的军队，在隋军宇文述、卫文升、来护儿、屈突通等部的紧追下，屡遭重创，终在途中溃散殆尽。

杨玄感自己则身负重伤，其随从人员也只剩下小弟杨积善一人。两人早已失去战马，只能徒步奔逃。杨氏兄弟，饥渴疲极，逃至潼关以东的阌乡[①]，躲进一间废弃的农舍里。

"小弟，"倒在草堆中的杨玄感嘶哑着说道，"帮大哥一个忙。"

"大哥请讲……"

"杀了我吧！"

对大哥的话向来言听计从的杨积善感到茫然不知所措，问道："为什么？"

"为兄不想临刑时当众受辱。"

杨积善一时语塞，默默地坐着。当远处的马蹄声步步逼近时，他举起大刀，给了哥哥致命的一击，随后抹颈自刎。

当隋朝官兵追至时，杨氏兄弟已倒在血泊之中；杨玄感早已断气，杨积善亦奄奄一息。杨积善被带到洛阳斩首示众；杨玄感的头颅被割下，送至行在所；其无头之尸则被拖入东都丰都市，五马分尸，曝光三日后，被剁为肉酱，烧成灰烬。

与此同时，缉捕杨玄感同党的行动正在全国展开。执法者在皇帝的纵容下，布下天罗地网，尽可能地将同谋乃至有同情嫌疑者追捕入狱。

随着恐怖气氛的蔓延，众朝臣也感到人心惶惶。李渊也不例外。不过，李渊身边的人相信，作为皇帝的表兄（他们的母亲是同胞姐妹），他不必担忧。何况，他的外甥女王氏还是受宠的皇妃。因为李渊与杨玄感叛乱一事毫无关联，所以连"株连"这种使多名官员落马的、莫须有的罪名都难以加在他身上。况且，他最近的任命似乎证实了皇帝对他的信任。

---

① 阌（wén）乡：在今宝鸡市。

李渊秉性合群，与多位高官和地方士绅相交。但他为人谨慎，生怕行为不慎而引起皇帝猜疑。故在与朋友和熟人交往时，他总避讳议论朝政。

入夏，皇帝杨广前往他最喜爱的夏季行宫——太原汾阳宫（位于今山西宁武县西南管涔山上）——避暑，并召集包括李渊在内的重要地方官员参加非正式朝会。李渊病体初愈，自感虚弱，不能成行，故上书皇帝，为缺席致歉。

几天后，李渊收到汾阳宫王氏妃的密报，描述了皇帝接信后的反应。不出所料，他对李渊的缺席大为不满。不过，皇帝并没有暴跳如雷，而只是问了一句：“你那个舅舅是生病不能来吗？哦，怕不是快要死了吧？”

皇帝使用如此不祥字眼，显然不是什么好兆头。面对皇帝的猜忌，李渊终日惶惶不安。于是他做出一个至关重要决定：停止会见同僚和当地豪绅。从那时起，他终日与妓人相伴，宴饮、嬉戏、同寝。

3. 李敏与李浑

大业九年辽东之役时，屯卫将军李敏是少数被允许留驻西京大兴城和东都洛阳的高级官员。他负责大兴城、尤其是其宫城的安全。实际上，他被授予这一要职的重要原因，是他与皇室杨氏的亲属关系。他的叔祖李穆是隋朝开国元老；其对杨坚（文帝）的支持，对隋朝的建立起了十分关键的作用。李敏之父当时任幽州总管，负责东北地区的防卫，在抵御突厥的战斗中阵亡。为了表示对功臣的感激之情，皇帝杨坚将其年龄尚小的儿子李敏（小名洪儿）收养于宫中，直到成年。

开皇六年（586 年），文帝杨坚发布一条诏令，轰动了整个京城。为了给他所宠爱的外孙女宇文娥英选婿，文帝要求京城所有未婚贵族子弟前来参加比武招亲。娥英年方十二，已是京城中最受人青睐的婚配对象。而诏令的始作俑者正是娥英本人。她拒绝让长辈按传统方式从有权势者中为之择偶，而执意要自主选择心仪的男子。

娥英是杨坚之女杨丽华与北周宣帝宇文赟的独生女。北周时期，娥英的外公杨坚是朝廷重臣。然而宇文赟自578年登基以来,行为日益怪诞,喜怒无常，甚至扬言要处死杨坚，并经常无缘无故地责骂杨丽华。她最大的罪过莫过于未能为皇帝生育子嗣。不久，年仅二十多岁的宇文赟因病去逝。之后，杨坚篡权，并于581年建立了隋朝。

美丽、聪慧、有主见的娥英在母亲与外公的分外宠溺中长大。她天真的想法不久便得到了母亲和外公的赞许。但朝廷上那些以儒家正统思想维护者自居的人们都表示反对。他们辩称说，这种做法不仅史无前例，也与儒家礼制的基本精神相违背。但所有反对都未能奏效。皇帝杨坚对这些迂腐的儒士不屑一顾。

比武在娥英公主与母亲的宅邸、位于大兴城郊区的宏圣宫举行。是日，在其正殿的庭院中，京城的贵族子弟轮番展示个人的技艺与武功。公主则躲在庭院厚厚的窗帷之后，仔细观察。最终，娥英从百余名求婚者中选中了李敏。这一选择马上得到母亲杨丽华的首肯。与很多贵胄子弟不同，李敏并没有任何官位，尽管他已在颇具声誉的左千牛卫任职。但他能歌舞、善骑射，英俊威武、举止优雅，深深被娥英所爱慕。

成婚之后，李敏搬进了宏圣宫，几年之后才允许同娥英共寝。不过，作为皇帝最宠爱外孙女的夫婿，他立刻受到了皇帝的青睐，被授予最高等级的散官头衔“柱国”，后又因娥英母亲的坚持，获食邑一千户。杨广登基后，同样恩赏有加；他的食邑增加至五千户，他的职位也擢升至屯卫将军。杨玄感叛乱期间,李敏整修并加固了大兴城的城墙,颇得皇帝杨广赏识。随后，杨广任命他为将作监，主管朝廷宫室的营建事务。

除李敏之外，李氏家族还有一位被准许留驻后方的高级官员：李敏的叔叔右骁卫大将军李浑。李浑三十多岁，须髯若神，相貌英俊。虽然没有李敏那样的皇亲关系亲，但其财富却远超出侄儿。不过，作为李穆的第十子，他最初并没有机会承袭爵位。586年，李穆卒后，他的爵位与封地由其孙李筠承袭。李筠的父亲为李穆长子，早亡。数年之后，李筠去世，李浑看到了时机。在他看来，李氏家族中，几乎无人比他更有资格袭封父爵。但此事决定权在皇帝杨坚，而要说服陛下，绝非易事。当时仅有妻兄宇文述能助他一臂之力；宇文述为皇帝爱将，且与太子杨广交往密切。

“兄长，可否请太子在皇上面前为在下美言几句？”李浑恳求道。“兄有恩于他，曾帮他夺得太子之位。”

“可是不知道皇上会不会听我的话。”宇文述闪烁其词地说。

“皇上一定会的，”李浑坚持着说，“只要太子肯向皇上进言。”

察觉到妻兄的不情不愿，李浑许诺道：“若兄长助我获得父爵，我愿将封国年收入的一半让给兄。”

“好吧，我会见机行事。”宇文述含糊其辞地回答道。

不出一个月，诏令下达，李浑如愿承袭父爵及食封。李浑惊喜地发现，这是一笔源源不断的巨大财富。他陶醉在新获得的财富之中，似乎忘记了对宇文述的承诺，而没有宇文述的斡旋他几乎不可能获得皇帝钦准的爵位与封地。宇文述多次暗示妹夫要守信用；李浑每次都向恩人做出会履行承诺的保证，但他从未做出兑现保证的举动。

4. 桃李章

613 年杨玄感叛乱之后，隋朝政局每况愈下。从东北到西北，从关中到山东，从中原到江水（长江）流域，叛乱之火愈燃愈烈。皇帝杨广自 604 年继承皇位以来，愈加不愿意听到各地有关反叛的奏报。不过他也开始意识到，朝廷对叛军的征伐多半徒劳无功。在北方已有六七个庞大的叛乱集团，个个手中握重兵超过十万，有的甚至得到强悍的突厥人的支持。不久前，武装叛匪竟然出现在皇帝所居住的洛阳附近。

随着对安全问题的忧虑与日俱增，皇帝开始沉迷于对各种吉兆、凶兆的解读，对当时在洛阳街头流传的一首谶谣尤感兴趣：

桃李子！
皇后[1]绕扬州，
宛转花林里。
莫浪语，谁道许。

皇帝将谶谣送至安伽陀处。安伽陀是朝廷精选的、专为皇室服务的方士精英之一，住在洛阳城中专门安置方士的“道术坊”。洛阳城总共有一百零三座坊。每坊都相当于一座迷你小城，四周是封闭的坊墙，坊内外实行宵禁。而道术坊是洛阳城中唯一一处由禁军护卫、且禁止平民百姓进入的里坊。居住其中的方士们也严禁与外界交流。皇帝担心一旦术士的神力丧失其神秘性，就不再灵验了。

安伽陀是诸方士中的出类拔萃者。他可以用各种技能预测未来：阴阳五行、龟卜、星象、易经、符谶等等。大业九年出兵高丽之前，皇帝曾向他咨询。安伽陀观测到阴历三月火星运行异常，至尾宿、箕宿，产生遮住太阳的“蔽日”现象。此二星宿的地上分野为东北方的燕地，因此他预言燕地会有大乱，但对大乱的后果却含糊其辞。不过，这已足以让皇帝相信他的预测能力。

这时又恰好出现了洛阳谶谣。不久前，日食出现在井宿和鬼宿。此二宿的地上分野秦地，正是大兴城以及杨氏皇族宗庙所在地。在中国古代天人感应的宇宙论中，天空中沿着黄道和天赤道所分布着的二十八个星群，称作二十八宿；而天上星群又与地上的州郡相对应，互为“分野”。发生在星宿的天象会直接影响到与之相应的地上分野，以及与分野密切相关的个人。反之，地上发生的事件亦会反馈于天上。

显然，近期的蔽日现象预示有人已威胁到大兴城的皇位。而谶谣则为此提供了关键的旁证。不过到目前为止，还无法完全解析谶谣的涵义。谶谣的第二行和第三行预示皇帝终将行至南方（扬州），被困于宫中的花园中。而谶谣的第一句和最后一句似乎是毫无意义的废话。不过，安伽陀运用符谶技术，得出不同的解释。他随即奔向皇宫，并立刻被皇帝

① 皇后：此处“皇后”指“皇帝”。

召见。当他步入大业殿的御书房时，皇帝早已在此等候。

“什么事这么着急？”皇帝问道，显得既烦躁又有所期待，“一定有好消息吧。”

安伽陀答道：“启禀陛下，谶谣已破解。第一行‘桃李子’之‘桃’解为尧之‘陶唐’①；‘李’‘子’是指姓李之人。谶谣的含义，是说某李氏枭雄将会夺取皇位。”

皇帝极为震惊，问道：“有什么对策吗？”

“唯一的办法，就是清除全天下李姓的男人，无论长幼。”

“恐怕难以实施。”李姓是汉族大姓之一，宗亲支系繁复，人口众多。

将方士送走后，皇帝转向他最信赖的幕僚宇文述，问道：“安伽陀所言，你认为怎样？”

“回陛下，言之有理，”宇文述答道。“臣愿为陛下寻获更多线索。”

“会是李渊吗？”

“李渊器宇轩昂，确有几分王者之相。只是……”

“只是什么？”

“他是陛下表兄。”

“表兄不假。然而历来皇位之争，子弑君父、兄弟相残绝非罕见。”

“陛下所言有理。这样一来，是否要派人监视？”

“可以。但目前还不要惊扰他。”

一月之后，皇帝终于等到了期待已久的来自弘化郡线人的密报。经秘密调查，现已查实，李渊终日与歌妓为伴、纵情声色、不理政务。其不尽职守，该当受罚，但并无涉嫌谋逆的迹象。皇帝感到既释然又失望。释然的是，他的表兄没有图谋背叛；失望的是，谋夺皇位的威胁依然存在。

随着时间推移，不祥的谶谣开始被人淡忘，正在此时，皇帝收到另一份密报，上面写道：

---

① 陶唐：尧的国号。

皇帝近日被谶谣所扰，人所周知。传言文帝梦中见长安旧城被洪水所淹。李敏乳名唤作“洪儿”，正应谶谣。“桃李子”流传之际，李敏蠢蠢欲动。他与同党私相勾结，旨在称王以应谶谣。

皇帝读后疑虑重重，传唤密报的作者宇文述入宫问话。

“事情果然如此？”皇帝问道。“李敏乃娥英之婿。”

“正是此人，陛下。”宇文述十分肯定。

“可有同党？”

“有，李浑。”

“爱卿的妹夫？”皇帝更加难以相信。

“臣尽忠于陛下，理当大义灭亲。要不是亲见到娥英的亲笔密信，臣也不敢相信。”

皇帝接过密信，只见信中写道：

二人密谋时，李浑对李敏说道：“你正好应了图谶，一定是真龙天子。当今皇上穷兵黩武，劳扰百姓。如果他再度出兵攻打辽东，我们可以趁机起事反隋。你我可任大将，各率一军，一共五万人。我们可任命李氏子弟为各级指挥官……”

皇帝在密信结尾辨认出娥英公主的印章。他用微微颤抖的手握着宇文述的手说道：“多亏有卿的全力追查，否则，社稷大厦就会倾覆了！”

不久，皇帝下达了诏令：李浑、李敏处斩立决，并夷三族[①]。两家共有三十二名男子被处死，宗族内其他成员，妇孺老幼，均被终身流放到岭南。

李敏之妻娥英，作为皇帝的外甥女，被恩准继续留居大兴城，但她因丈夫之死已万念俱灰。每当她想到自己在宇文述递给她的文书上签字盖章时，便悔恨万分。没料到，这份文书竟成了丈夫的判决书。数月之后，

① 三族：说法不一，有“父母、兄弟、妻子”“父族、母族、妻族”“父、子、孙”等。

娥英接到令她自尽的诏书；她坦然地饮下了宫里送来的鸩酒。

5. 太原留守

由“桃李子”谶谣所引起的风波终渐趋平息。

大业十三年（617 年）初，李渊一连接任了两个要职：太原安抚大使、太原留守。对朝廷而言，太原留守一职至关重要，可以代表皇帝，掌管包括山西及附近地区的军政大权。山西北靠蒙古草原，境内山脉交错，是守护大兴城、洛阳两都的重要门户。在任命李渊的同时，皇帝还任命其眼线王威、高君雅作为副留守。他们协助李渊处理政务，同时也负责监视其活动。

此时，天下早已大乱，狼烟四起；皇帝已从中原撤至江水（长江）下游，在江都（扬州）安顿下来。这里的局势尚未完全失控。

北方的反隋武装风起云涌，匪盗成群。山西作为北方大区之一，深受其害。其中一支起义军已直接威胁到太原府的安全。河北的魏刀儿（别名“历山飞”）率两万人侵入山西攻城掠地，占据上党（治在山西长治），切断了李渊的主要供给线，并开始北上逼近太原。

李渊决定反击。王威却顾虑重重。

“我步兵加骑兵一共才五六千人，”王威说道。“敌众的数量是我军的数倍。”

“这帮匪寇净是些乌合之众，”李渊答道。“这几天刚打了几个胜仗，就踌躇满志，自以为战无不胜。这正是他们的弱点。何况匪寇号令松散，肯定不堪一击。不过，我们不要正面与他们较量，而应以智取为上策。”

不顾王威的担忧，李渊将军队部署在太原以南的雀鼠谷口（位于山西介休）。贯穿雀鼠谷的道路，是连接太原与潼关的重要通道。据传，雀鼠谷道路崎岖陡峭，只有雀、鼠之类小动物方可穿过，因此而得名。雀鼠谷由三条平行的小径组成，共长约一百四十里；一边是悬崖峭壁，一边是深不见底的沟壑。

李渊兵分三路：王威率领中路军，主要由步兵、鼓手、吹号手组成。他们带着队伍大部分的旗帜以及辎重；李渊本人则亲自率左、右两路骑兵潜伏在树木茂密的两峡谷之中。当魏刀儿延绵十里长的队伍进入视线之后，他们马上注意到王威的中路军。这支缓慢移动的队伍鼓乐齐鸣、旌旗飘扬，一旦遭盗匪攻击，便迅速溃败。士卒仓皇四散，场面混乱不堪。王威不慎落马，幸而为一骑兵卫士救起。盗匪紧追其后。突然，两路骑兵从峡谷中冲杀出来：李渊的左、右路军对敌军侧翼发起了出其不意的攻击。盗匪背腹受敌，俄尔全线崩溃。

李渊还未来得及开庆功会，却已收到北方突厥大举进犯的情报。突厥为古丁零后裔，以游牧为业，同后来的塞尔柱、马穆鲁克、奥拓曼人享有同样的文化渊源，同属突厥语系。6 世纪，突厥人摆脱掉另一支草原游牧部族柔然（阿瓦尔）人[①]的奴役，在中亚崛起。隋朝末年，拥有强悍骑兵的突厥实为东亚及北亚最有战斗力的军事力量。

在无增援的情况下，马邑（治山西朔州市）太守王仁恭所设的防线很快被突厥骑兵摧毁。突然间，李渊的命运变得吉凶莫测。作为王仁恭的上级，李渊终究要为王仁恭的失败承担责任。他只能希望，鉴于他最近取得的胜利和与皇室的血缘关系，皇帝会对他从宽处置。虽然李渊对此并不抱很大希望，但当诏令到达时，他仍大失所望。诏令要求即刻拘捕马邑太守王仁恭及太原留守李渊。前者将择日斩首，后者将押赴江都候审。

预料到自已随时会被羁押，李渊紧急召次子李世民入书房密谈。李渊说道：“大隋的末日就要到了。为父一直想起兵，以响应符箓的预言，等你大哥建成、小弟元吉一到就动手。万没有料到，口信还未送出，朝廷诏令已经到了。恐怕现在动手已经晚了。世民，向为父发誓：如果我万一有不测，你一定要与兄弟建成、元吉揭竿而起。”

“父亲，孩儿发誓。”李世民茫然地回答道。“可是，我们大可效仿刘邦，奔走芒砀山。”芒砀山地跨今河南、山东、江苏、安徽四省，实处无人

① 柔然人一部向西迁移，沿途又与其他民族相融合，尤其是斯拉夫人。其骑兵以英勇无敌著称。626 年柔然协助萨珊军围攻拜占庭首都君士坦丁堡。

管辖之境，即使在和平时期，也是不法分子经常出没的地方。八百年前，刘邦与其追随者在平定天下建立大汉之前曾避难于此。

“建成、元吉怎么办？绝不能丢下他们不管！”李渊说道。“再者，没有苍天的保护，逃又有何用？不过我坚信，命由天定，即使被抓进去，苍天会佑护我渡过此难关。大可不必灰心丧气……”

这时，门外传来沉重的脚步声和兵器的碰撞声；父子之间的谈话被打断。房门被撞开，王威和六名铠甲卫兵闯了进来。李渊只好听天由命，束手被擒。

李世民跟在押解父亲的卫兵后面，穿过庭院来到大门外；一架押送犯人的马车早已在那里等待。李世民默默地注视着父亲被押上马车。当看到马车缓缓远去时，泪水突然夺眶而出，模糊了视线。他感到父亲恐怕躲不过这一劫。

两天后，押解李渊南下的囚车和骑兵已准备停当，而王仁恭则在太原监牢囚室中无望地等待着被处斩的命令。就在这时，一道新的诏令传来，赦免二人，并恢复他们的原职。

6. 刘武周

校尉刘武周终于感到松了口气——郡守王仁恭被无罪释放，而且要马上返回马邑了。当郡守被关押在太原时，刘武周，这位三十岁开外、伉侠好交的大汉，担负起维护马邑治安的责任。

刘武周亲率轻骑数百，到马邑以南三十里处，热情洋溢地迎接老上司。看到自己亲信冒着初春严寒前来接他回府，王仁恭被深深地打动了。得知郡治[①]马邑城仍安然无恙地掌握在大隋手中，他感到慰籍。显然，他所惧怕的突厥入侵还未发生。

“太守大人在外期间，无大事发生。”刘武周说道。“只是有几次地方盗贼抢劫事件。依武周见，最大的问题还是田中劳力不够用，造成去

① 郡治：一郡的首府，通常与郡同名。

年粮食歉收。恕武周直言，多数人都吃不饱。”

“我知道。在我去太原之前，这已经是当务之急的问题。”

“可是郡县的粮仓里的小米却堆积如山。”

“那又怎样？总不能没有圣旨就向百姓发救济粮吧？那可是死罪！”

“可是，没粮食，百姓们会闹事的。”

“凡事总得有轻重缓急。眼下我最担心的不是民众动乱，而是突厥进犯。皇上在最近的诏令中特别强调了这一点。”

刘武周无言以对，脸色显得有些阴沉。

“好啦，武周。”王仁恭继续道，声音略微有所提高。“在保障治安上，你做的很不错嘛。我真希望我们的官员们能像你那样——勇敢、大方、忠实。那样的话，我们的工作就会顺利的多。”

“感谢太守大人的美言。”

“听说你结识了一些地方社团带头人和乡野勇夫？”

“是的，太守大人。我家原籍河北，迁徙到晋地。我从小在本地土生土长。大人所说的那些人，多半我已认识多年，而且几乎都在军队中服役。”

“这些人中有在你手下的鹰扬府[①]任职吗？”

“多数都在在下的鹰扬府任职。”

“好极了！这些关系将来肯定会对我们有大用。现在我决定给你一项新指令。想知道吗？”

“想！”刘武周满怀期盼地回答道。

“我决定让你立即搬入我的宅邸；你的随身部队要驻扎在宅邸附近。”

“是，太守大人。”

马邑郡治——马邑城——坐落在桑干水的上游，四周城墙环绕，城内面积宽广，但人口相对稀少。马邑郡幅员辽阔，有平地、丘陵、山地，其北部与蒙古草原融为一体。郡守的宅邸位于城内中部偏北，由十多座

① 鹰扬府：府兵制的编制，相当于团。

相互毗连的院落组成。刘武周搬进最南院的正房(位于院最北端)。卫士、随从则住入东西厢房。

一名十多岁的、身段丰满的女婢负责照顾刘武周的起居，实为郡守的耳目。而两人频繁地接触终于产生了一丝情愫。一次，刘武周不经意做出挑逗之举，女婢受到惊吓，夺门而出。然而，到春暖花开之时，女婢终不能抵御频繁的诱惑，堕入情网。

刘武周偷情的秘密很快就传开了。王仁恭火冒三丈，将女婢关押起来，并扬言要对其亲信严加处置。刘武周本人因无法解救情人而感到失落，更因将要面对的惩罚而感到不安。根据严酷的《大业律》，与民女通奸应判以笞刑。一天夜晚，太守宅邸的人们已进入梦乡；刘武周却蹑手蹑脚地从自己的房间里溜了出来，沿着马邑的街巷走回到自己的旧宅。

第二天早晨，刘武周醒来时，天已大亮，院子里站满了来看望他的人。正房的正厅可容纳三十多人，但却容不下今天的客人。刘武周索性跑到外边，站在正厅门前，发表了感谢大家的即兴演说。不知不觉，刘武周转移了话题，开始抨击太守王仁恭的暴政。

“人们在挨饿！”一个声音迎合道。

“街头上有人冻死、饿死！”另一个声音接茬道。

“可是粮仓里却是满满的！”第三个声音气愤地喊道。

这个非正式的小型聚会逐渐演变成针对郡守的声讨会；人们接二连三地诉说对官方的怨言。最后，民众的情绪高涨，近乎丧失理智了。一个洪亮的声音高喊道：“打倒王仁恭！”

在刘武周的带领下，激愤的群众直奔太守官邸。在大门口，暴民们要求见太守，然而只有刘武周一人被放了进去。当刘武周见到王仁恭时，王仁恭正在大堂办公，堂上站着两排卫士和手持棍棒的打手。

“你行为不检，让朝廷蒙羞，一定会受到应有的惩罚！”王仁恭开门见山地说道。

“我今天到这儿来并不是为了听你说教的。”刘武周反驳道。

听到部下突兀的回答，王仁恭吃了一惊，停顿了一会儿才结结巴巴地说道："你狂妄自大……婊子养的！卫士，把他给我抓起来！"

王仁恭的人还没来得及动手，一群手持利器的暴民已经冲了进来。他们将卫士、打手驱散，并将太守推倒在地上。曾一度飞扬跋扈的太守大人，如今像困兽一样，狂喊、挣扎着，直到身子被绳子牢牢地绑住，嘴被一块抹布堵上。这时有人将他拽了起来。刘武周对他训斥了几句之后，眉毛一翘，给出了采取行动的信号。一位暴民朝王仁恭的膝后部狠踹了一脚，使他双膝下跪，另一暴民挥刀斩下他的头颅。

在手持兵器的随从的簇拥下，刘武周开始骑马巡视郡内主要城市。每到一处，刘武周就会在城门下要求会见城防长官。当长官在城门楼上出现时，刘武周的助手就会将太守王仁恭的头颅高高举起，而刘武周则借机宣讲一番处死太守的理由。对此城防长官们竟无一人提出异议。

刘武周感到受到鼓舞，自命为马邑郡新太守，并颁发了第一号太守令："各郡县粮仓，立即开仓放粮救济饥饿大众。"刘武周感到自己已无需听命于他人。

马邑的居民们备受感动；成千上万的中、青年男子自愿报名参军。

至于马邑的宿敌突厥，刘武周已向他们提出媾和的请求。突厥始毕可汗马上承认了刘氏新政权，并赐予刘武周"定杨可汗"的称号。显然，这里的"杨"是指隋朝杨氏皇室和当今皇帝杨广。

7. 晋阳宫

隋朝的太原城坐落于今太原市的西南部，是晋地（主要地域在今山西省）最重要的城市。公元六世纪，它曾经是北齐的夏都，隋朝时是太原郡和太原道（道是临时地方行政区划，通常统辖几十个郡或州）官邸所在地。更为重要的是，太原为晋阳宫所在地。其规模仅次于两都（大兴城和洛阳）和江都（扬州）的宫殿建筑群。

刘武周叛乱发生后不久，大业十三年（617 年）元月的某一午夜，太原及附近居民目睹了一件发生于晋阳宫的灵异事件。那时火红的夜光出现在晋阳宫西北上空，突然间一道彩虹般的紫气飞向苍穹，直贯北斗七星。一位望气士看到了这一现象，断言说夜光是真命天子的光环，是太原城内隐藏着未来天子的、无可辩驳的证据。

当晋阳宫副监裴寂听闻望气士的断言后，他尽其所能将此事掩盖起来。当时已经有太多的谣言在民间流传，而它们很可能牵连到他的老朋友李渊。

虽然裴寂只是一个中层文官，但却执掌要职：负责供给晋阳宫内各色人等以及招募年轻美女以充宫女之用。裴寂是一名优秀的管理者和行政官员，他的工作进展得有声有色。但他的声誉却因嗜赌的恶习而受损。

近来裴寂与一名姓高的县令过从甚密。他们在一起时常用双陆[①]进行赌博。高县令已经输了一小笔钱，但似乎没有收手的意思。一天下午，裴寂在当地的一家酒馆赢了一把之后，高县令陪他到外面散散步。

“最近赢了多少钱？”高县令问道。

“我也不是十分清楚。”裴寂回答。“有什么问题吗？”

“没什么。不过，你近来一直赌运亨通，知道为什么吗？”

“可能是运气吧。”

“并不见得完全是运气吧。可曾记得那次桌边坐着的那位年轻男子？”

“记得，那个大个子，你称他为‘少爷’。”

“你所赢的所有的钱都是他的，而不是在下的。”

“这怎么可能？”裴寂有些不爽。

“事实上，我受那位年轻大人之托特意输钱给你。”

“那他到底是谁？”裴寂吃惊地问道。

“他名叫李世民。”

“留守大人的次子？”

“正是。”

“他到底想干什么？”

---

① 双陆：一种古代棋盘游戏。

“他想与你单独见面。”

“好吧，见就见吧。”裴寂回答道。

“我能为你做点什么吗？”裴寂单独与李世民见面时发问道。李世民是一位不到二十岁的青年男子，个头中等略高，宽肩膀，看似身体成熟。但他浅浅的胡须却未能掩盖他的真实年龄。

“我想你认识刘文静吧。”李世民说道，眼睛里闪烁着一种穿透人心的光芒。

“是的，他是晋阳令，因与李密的姻亲关系，已被捕入狱。”

“李密曾是杨玄感的高级谋士。如今他却是国内最大叛军的首领。”

“没错，瓦岗军的统帅。”

“瓦岗军刚刚攻陷了回洛仓。总之，正是因为李密的威胁，皇帝才派宠臣王世充从江都到洛阳，以加强对瓦岗军的防御。李密对待下属如同自己亲人，加之有回洛仓的粮食以收买当地百姓，现在有很多人追随他。当然这并不足为怪。”

“朝廷更应该将他捕获归案。他的许多旧同僚、亲戚、朋友，包括刘文静在内，都被打入大牢。顺便问一下，刘文静近况如何？”

“刘文静状态还不错。不瞒你说，我们刚刚在监狱里探望过他。他对目前的时局有诸多看法。”李世民用深沉的语调继续说道，“他认为隋朝国运将不会长久。”

“一派胡言！”裴寂看上去有些吃惊。

“当今圣上，”李世民接着说，“实际上已经失去了统治天下的权利。他劳损民力、大兴土木，修筑洛阳城、长城、大运河，诸如此类，不胜枚举。更不必说征讨高丽的三次战争，每次都一败涂地。成千上万的民夫被强征入伍，不少人因此而丧命他乡，仅剩老弱妇孺耕种田地。农事遭破坏，经济一片混乱，四海之内烽烟四起。”

“且慢，这听起来像叛逆之言！”裴寂以严肃的口吻打断了李世民。

“这是刘文静的观点。”

“你是否认同他的看法？”裴寂问道。

李世民迟疑了一会儿，反问道："如果我说是呢？"

"能告诉我为什么吗？"

"世人皆认为为人臣者应当忠于君上，这是儒家伦理的基石，也是最高的道德准则。但是孟子教给我们另一项准则：君权的合法性有赖于天命，而天命，上天既可授予又可褫夺。因为皇帝犯下了累累暴行，他已经完全丧失了天命。这一点你难道不明白吗？"

裴寂默然沉思片刻，而后说道："孟子伟人是儒家圣人。我对他所说并无异议。但是这又与我何干？"

"你难道没有想过吗？正如天数所示，天下不久将要改朝换代了。而能够担当此任的只有一人——我父亲。当生命安危受到皇帝威胁时，父亲也有过高举义旗的想法。但被赦免之后，他又做起皇室忠臣来了。我想求裴大人说服父亲同我们一道起义反隋，因为除了你之外，没有任何人，包括他的儿子在内，能够劝服他。"

经过长时的静思之后，裴寂无奈地说道："还有什么可说的？如果这是天意的话，我怎能逆天而行呢？"

8. 义军

王仁恭之死以及马邑的陷落——这两件事使得李渊，太原道级别最高的朝廷命官，有些措手不及。刘武周已经向南方挺进，并占领了汾阳宫。李渊组织的反击攻势，不久便被刘武周击溃。刘武周的部队人数众多，士气高昂，李渊指挥下的隋军明显不是对手。雪上加霜的是，刘武周得到了强悍的突厥骑兵的支持。在江都的督促下，李渊不得不连续同叛军交战。然而，只要江都的增援跟不上，这一切都是徒劳无功的。

一天晚上，忧心忡忡的李渊找亲信裴寂一同喝酒，几杯以后，开始述说心中的苦楚。经过一番安慰之后，裴寂建议道："也许已经到了需要找解决办法的时候了。"

"有什么办法？"李渊半醉半醒地问道。

“取杨家天下而代之。”

“什么？起兵谋叛？”李渊顿时清醒，难以置信地看着裴寂道。“这可是株连九族的大罪啊！”

“但是天意已决，”裴寂坚毅地说。“在晋阳宫出现的夜光预示着未来天子正潜藏在此。不仅如此,对桃李章谶言的最新解释亦可作为明证。”

“什么解释？”李渊好奇地问。

“根据安伽陀的解说，第一个字‘桃’是指尧的名号‘陶唐’。但新解释注意到‘陶唐’的第二个字——唐。这正是您封地的名字。尊敬的唐国公大人，您就是未来的天子！”

“接着说。”

“不反隋，结局又将是怎样呢？如果未能完成皇帝交给您的重任，击败刘武周、突厥，在最好的情况下，您和您全家会被流放到地处遥远且充满瘴气的岭南；在最坏的情况下，您和您的儿子会被一同问斩，家资充公。”

李渊陷入了长久的沉思以后又回到现实中来，叹了口气说道:“的确，情势正如你刚才所说。我不应该，也绝不会，逆命运而行。实际上，我自己曾考虑过这一问题。皇帝的命令使我别无选择。但我并没有夺取天下之心。”

“尽管如此，您仍然想起兵吧？”

“是的，但是起兵的目的是平息叛乱。”

“这个想法实在妙绝，大人。”

“我想将这只军队称为‘义军’，你看如何？”

“义军？这甚合我意。”

数日之后，李渊通过属下牵线搭桥，去造访当时德高望重的茅山派宗师王远知道士。王远知已经年逾百岁，是当时中国最长寿的人，精通各种法术。二十多年前，他隐居茅山（江苏南部）时，应王子杨广之邀前往江都总管府做客。王远知身材矮小；唇峰上的长胡须、下巴上的山羊胡子都已经泛白，浓密的白眉毛遮住了双眼，头顶上是一层厚厚的白发。年轻亲王见到大师长得如此样貌，大吃一惊，立即便派人将他打发回去。而后，在大业九年的高丽战争期间，已经是皇帝的杨广召唤王远知到东北前线。此后，王远知一直住在洛阳城中，直到最近他才北上到太原。

李渊来到王远知的住所，快步走向大师，屈身下拜后，说道："久闻大师威名。能够亲身造访，甚是荣幸。"

"能见大人，实为山人荣幸。我听闻大人对相面一事颇感兴趣。"

"如果您不介意的话，还请指点一二。"

李渊示意让随从离开房间后，王远知观视了他的面相，并仔细研究了他手掌和手指上的线条、图案、斑纹、形状，整整花了近二刻时。然后他低声说道："贺喜大人！您将是下一届天子。"

"万万不可胡言。此语会给我李氏带来灭顶之灾。"

"请允许老夫为大人解释一下。前额宽大意味着权高势盛。额上的皱纹形成一个王字，其义自不待言。长而丰满的耳垂、肥硕的鼻子、贯入额头的高鼻梁——这一切都说明您有王者之相。您的手掌线也亦能够佐证这点。"

"真是难以置信，"李渊回答道，似乎有些惊讶。"无论怎样，我仍然是隋朝的忠实臣民。"

"此一时，彼一时。谁知道一两年后会发生什么事？不过，老夫还有别的证据证明所言不虚。"

"什么证据？"李渊感兴趣地问道。

"老夫最近入仙人界，收到老子的福音。老子说，'隋朝将被我后人所建立的朝代所取代。此人应当尊崇我，我会护佑新王朝长盛不衰。'当然，老子姓李，与大人同姓，这所谓后裔非您大人莫属。"

"不可能。"

"这全是亲耳所闻，老夫只是如实传达而已。"

"既然如此，万万不可与外人……"

"大人不必忧虑。让天地作证，此事天知地知，你知我知。"

尽管有王远知的预言，但李渊十分清楚，即便他将来有可能建立自己的王朝，要走的路依然十分漫长。他立即着手为义兵起义做准备。根据他的命令，次子李世民要在当地组建一支军队；长子、权位继承人李建成和四子李元吉将秘密离开河东郡（山西南部），北上太原与父亲会师。

刘文静出狱后不过数日，便为其友李世民招募了一支有一万多人的、不听命于江都的军队。为了解决后勤保障问题，李世民伪造一份圣旨，使刘文静的军队从晋阳宫获取必要的给养和军需物资。

副留守王威和高君雅对四周所发生的一切感到惊恐。他们疑心有人图谋不轨。此时刘武周和突厥的威胁丝毫未减少——其先遣部队一度曾进入太原北郊。但是王、高两人凭借直觉感觉到祸起萧墙的危险更大。他们知道，不久将在晋祠（在太原）按计划举行祈雨仪式，李渊也应参加。王、高于是决定届时抓捕李渊。然而，密谋很快就被内线泄露给李渊。

6 月 23 日早上，在留守府朝堂内，一位中层官员前来递交一封密状。李渊、王威、高君雅、李世民都在场。李渊让王威接过密状。但那位官员却说："只能留守大人亲自过目。"

李渊打开密状，看了一遍，带着几分惊讶的表情，转向王威说道："有人揭发你和高君雅串通突厥！"

高君雅怒不可遏地答道："一派胡言！这是谋逆之人构陷我二人的奸计。"

刘文静大喝一声："将他们二人绑起来！"

数名卫士一拥而上，制服了这两位不幸的副留守。没过多久，俩人的头被砍了下来。

李渊在总管府的大门口当众宣布王、高两人私通突厥的谋叛之罪。随即，义军正式起义。

9. 西河

而后从北边传来一则坏消息：一支势力庞大的突厥骑兵正杀向太原。

但李渊却泰然处之,冷静地对部将言道:“这真是天助我也,难道不是吗?突厥人兴兵来犯，正好能证明王威、高君雅之流是叛徒，是突厥人的内应。”

“确实是好消息，大人。”裴寂说道。他现在已然是李渊的左膀右臂。“不过，我等将如何应对突厥人？”

“突厥兵力五倍于我军。在敌人的强大攻势下，要想坚守城池无异于灯蛾扑火。我们应当重施古人的‘空城计’。”

依照李渊的命令，裴寂和刘文静将大部队隐蔽起来；王康达，一位刚刚依附李渊的当地叛军首领，将率千余人在北城门设埋伏。王康达的任务是给突厥人一个措手不及的打击，并从敌人手中尽量多抢夺一些马匹。

突厥骑兵的凶悍早已名传天下。突厥士兵的样貌——飘散着的长发、长至膝盖的紧袖的胡服、牛皮长靴、弯刀——这一切对定居在长城以内的男女居民来说简直是一场梦魇。更重要的是，突厥人的羊角弓的射程比中原人竹制或木制弓弩的射程要远得多，是更为致命的武器。

第二天清晨，伴随着雷鸣般的马蹄的冲击声响，一支人数众多的突厥骑兵横扫太原北郊，扬起一片红色的尘埃。他们几乎没有遭到任何抵抗，轻而易举地穿过北城门、深入太原城中。中午时分，王康达率所部对他们所认定的突厥军尾部发起突袭。没料到，突厥后续部队源源不断地涌来。王康达及所部腹背受敌，拼死向东边的汾水突围。在渡河过程中，王康达落马被斩，所部人马几乎全军覆没。

突厥攻陷太原城后，太原百姓对王威和高君雅是奸细的指控更加坚信不疑，同时也坚定了他们对李渊的支持与信任。李渊虽然失去了王康达及所部，但却没让情绪影响他的思路。他向部队下死令，不得同突厥人交手。在他看来，上天派突厥人来是为了传达某种旨意。当旨意传达之后，上天定会使突厥人撤走。

在太原外城，突厥骑兵冲到内城城门下，却未能找到李渊的主力；政府官邸都隐藏在内城的高墙之内。突厥人怀疑有诈，转而将目标投向外城的坊市，在对民房、商店进行大肆劫掠之后，带着丰厚的战利品扬尘而去。

之后李渊亲自写信给突厥首领始毕可汗。信中说道：

不管我所闻、所见如何，你们来也匆匆，去也匆匆，这难道不是天意吗？正因为我知晓此为天意，所以我没派兵追击。你想必同我一样知晓天意。当今隋国丧乱，苍生困穷，如果不施以救济，当权者终将受到上天谴责。我今日大举义兵，意在安定天下，远迎皇帝还宫，与突厥和亲，就像开皇朝一样。这难道不是一件好事吗？况且，作为突厥可汗，今日陛下虽有些失意，但你难道忘记了高祖的恩情了吗？如果能同意我的意见，不侵扰百姓，将来征伐所得，如仆婢、玉帛等等，皆归可汗所有。由于路途遥远，可汗难以深入，而与我们和亲通好，不费力而可获得宝玩，更不必动用兵马。这也是可汗的一项选择吧。此方便事，略陈一二，供可汗酌情选用。

某启

李渊

读完信件之后，一位下属建议道："大人，用这种方式同突厥沟通无异于自降身份，可否将'启'（敬上）改为'书'（书写）？"

"不行，"李渊坚定地回答道，"古人云：'屈于一人之下，伸于万人之上。'如果突厥人索要千金，我们尚且要答应他们，何必吝惜一个'启'字？"

于是这封绥靖信件就未加改动地送发给始毕可汗。

始毕可汗不久就给予了回应。显然他非常满意李渊恭谨的态度。他承诺，如果李渊夺取隋天下，他愿全力支持。

始毕可汗的回信让李渊的幕僚大喜过望，他们纷纷恭贺李渊即将成为下一届天子。对此李渊回答说："突厥人甚至都想让我称帝。但是，作为隋朝的臣民，我必须保持对朝廷的忠诚。我兴义军的目的绝非是要夺取天下。”

“但是，“裴寂说道，“太原老百姓在街头巷尾传唱着‘桃李子歌’。显而易见，他们殷切期盼着新天子登基。在此之前，晋阳宫的夜光紫气也传递了同样的信息。如果说这不是民心所向，那又是什么呢？”

“你难道不明白吗？”李渊回答道。“始毕可汗希望我称帝的真实目的，是将我控制于股掌之间。刘武周不也曾自称天子，号‘定杨可汗’吗？而如今呢？不过是突厥的傀儡而已。”

“但是，”刘文静插话道，“如若现在拒绝始毕可汗的好意实非明智之举。”

“我们并不是要忤逆他。与此相反，要派一名使者同他会谈。他会明白我的处境的。只是不知道谁去最合适？”

在场者无人回应，直到刘文静开口说道：“大人，如果您认为我可以胜任的话，我愿代表您出使突厥。”

“君果真愿担此重任？”李渊欣喜地问到。

“是的，大人。能为大人分忧是在下的荣幸。”

“甚好！”

尽管在是否称帝这一问题上李渊和幕僚之间有分歧，但他们仍在长远战略上达成共识：“先攻下咸阳城，再以咸阳城为基地，进而夺取天下。”咸阳是长安的古称，隋朝时称“大兴城”，是当时最大的城市。[①]

此后不久，李渊的义军开始向西南方向推进。但是，很快行军计划受到太原城以南西河城内隋驻军的阻碍。

为了避免无谓的流血，李渊试图劝守军归降，却被郡丞高德儒当场回绝。高德儒声称：“我绝不辜负朝廷的信任。再者，最近亲见巨鸾。君应该知晓，此乃天降大隋的祥瑞。”这使李渊无其他选择，只能用武力攻城。

高德儒所在西河城为同名郡的郡治，坐落在通往潼关的要道上；其

① 隋时“咸阳”为大兴城的代称。记载见于《资治通鉴》等文献。攻下咸阳为当时的口号。

看似严密的防守工事并非特别坚固，守军人数也比义军要少，士气也可能较差。如果在隋朝援军到来之前马上发起进攻，李渊会稳操胜券。但李渊更关心的是如何让二子——李建成和李世民——获得实战和指挥的宝贵经验。

“我正考虑让你们其中一人完成拿下西河的任务，”李渊对二子说道，“但你们太年轻，而且缺乏经验，不知是否可以胜任。”

“父亲大人，孩儿必能不负所望。”李建成坚毅地回答道。长子李建成时年二十七，迫不及待地希望证实他的军事才能。

李世民亦不愿居人后：“父亲，孩儿亦是如此。”

李建成面向李世民，说道：“二弟，你年纪尚幼，绝不能胜任这样大规模的行动指挥。”

“弟已不再年轻了，”李世民针锋相对地说道，“已经十八岁了。”

“事实上，”李渊说道，“这对你们二人来说都是一个绝佳的锻炼机会。你们可以一同行动，如何？”

“如您所愿，父亲。”李建成低声回答道。

“好的，你们二人将同是这次战斗的总指挥。为了确保胜利，要牢记以下三大要素：即天时、地利、人和。三要素现在都具备，而第三者尤为重要。这里的人和指的是军民团结、官兵和睦，尤其是兄弟之间要和衷共济。”

“是的。”李建成回答道。“我二人从幼年起就开始聆听父亲的谆谆教诲，这次战役一定不会让您失望。”

“客套话就不必讲了，”李渊说道，“我想知道还有什么具体问题需要解决。”

“军纪，父亲。”李世民补充到。“这是战争中除战略、战术之外的最重要的因素。因此，我们必须确保军令得到严格执行。任何违背者均应以军法论处。”

“这还差不多，”李渊回应道，“你们别忘了实施军法。这对严肃军纪、改善军民关系都至关重要。”

“是，父亲。”两兄弟二人几乎同声回答道。

李建成和李世民兄弟二人都希望能及早与官兵建立起融洽的关系并在军中树立起权威。无论是行军、进食、休息，他们都与普通士兵为伍。他们下达了严格的命令，当地百姓免费送来的食物、酒水，官兵必须付钱。义军官兵未付钱享用食物者，不一定会受到军法处置，但必须要尽力找到提供食物的民众并给予赔偿。有一次，地方父老摆下数桌牛肉酒菜款待义军。虽然义军将士已饥渴交加，但因担心触犯军法竟然拒绝了这番好意。

当义军到达西河时，关于他们军纪严明的消息早已不胫而走。义军行军亦引来不少当地人夹道围观。百姓对这支军队丝毫没有惧怕之心，看到两位年轻统帅身无盔甲，与士卒并肩行走，甚至感到惊喜。

李建成和李世民所部迅速包围了西河城。奇怪的是民众通行并未受到限制。无论男女老少，都可以自由进出。这一宽宏大量的指令鼓励大量城内居民涌向郊外。即便原本忠于隋朝的官员和士兵也开始叛离。

鉴于高德儒对义军的最后通牒置若罔闻，李氏兄弟联合下令发动总攻。义军先头部队架飞梯攻城，几乎没有遇到抵抗，很快攻入城内，在临阵倒戈的隋朝官员指引下，直奔郡守官邸，将高德儒捉拿。

片刻之后，李建成和李世民双双赶到。他们痛斥高德儒所做出的无谓抵抗以及所谓亲见鸾鸟的妄称，随后，联名发布命令将高德儒斩首示众。而在高德儒旗下参加抵抗的所有其他人员都以仁义的名义获得释放。

李渊因西河大捷而感到欢欣鼓舞。二子配合默契，对胜利后局面的处理干练、妥善——这都使他感到十分满意。

“凡今之人，莫如兄弟。”①李渊在对其将领训话时引用了这一《诗经》名句。“建成与世民的合作亲密无间。这是我最为乐见的。”

西河一战后，义军变得壮大了起来。李渊将其分为二路，左路军由陇西公李建成率领；右路军由敦煌公李世民率领。

---

① 意即人世间的感情都不如兄弟之情亲密。

当义军挥师继续南进时，李渊收到密报，刘武周在突厥的支持下向太原逼近。李渊下令停止前进，与高级指挥官召开紧急会议。

“如果刘武周和突厥，”李渊说道，“两路夹攻，太原危矣。我们在太原城驻军的兵力远不够强。”

“但是，父亲，”李建成说道，“我觉得此事有些蹊跷。突厥与我们刚握手言和，此时进攻太原是不可思议的。”

“我同意兄长的意见。”李世民说道。

无论他们兄弟俩如何劝说，李渊全然不为所动。

“小心驶得万年船。”李渊说。因此他决定北上解太原之围。

黄昏时分，李渊回到营帐，倒下便睡着了，没过多久，却被哭泣声惊醒。盛怒之下，他冲出营帐，却见次子李世民一人站在帐外。

“吾儿，你到底是怎么回事？”李渊问道。

“这么晚打扰您实不应该，但此事十分急迫，关系到义军的生死存亡。”

“什么事如此重要？”

“我们的既定策略是南下攻陷大兴城，进而夺取天下。如果我们不坚持完成这一策略，义军将会失去其势。《孙子兵法》有言：‘善战者，求之于势。’[①]而势衰的军队往往难以取胜。”

“这个问题我先前没有考虑过，”李渊深沉地回答道，“在你看来，我们不应该北上营救太原？”

“是的，父亲。如果我们能迅速拿下大兴城。就能够依托关中这一形胜之地抵御外敌，而后夺回太原。如果现在回师太原，我们将永远失去攻克大兴城的机会，最后甚至连太原也保不住。”说毕，李世民双膝下跪，恳切地乞求道：“父亲，儿恳求您收回成命。”

“好吧，这次我听你的。现在我必须回帐休息了。”

李渊正要掀开营帐帘布时，突然回首向李世民说道：“记住，这可是你的建议。如果此事不成，你必须负全责。”

---

① 意即会打仗的人要在势中找到取胜的机会。

“当然了，父亲。”

第二天清晨，义军又继续挥师南下。

10. 霍邑

霍邑（今山西霍州）位于太原、西河的南部深谷之中，是一座防守完备的小城。隋将宋老生领兵三万驻扎在此。宋老生受隋朝皇室成员——大兴城留守代王杨侑——的委派，在霍邑构筑起抵挡义军的第一道防线。

不久前，宋老生刚刚击败了当地的几支叛军，对其守卫霍邑的能力增加了几分自信。

与此同时，义军稳步向霍邑挺进。但是行军速度却十分缓慢。8 月份淫雨霏霏，地面泥泞不堪，道路上常常覆盖着齐膝的泥水。

在抵达霍邑西北五十里开外的前哨贾胡堡之前，李渊命先锋部队放慢行军速度，准备战斗。贾胡堡东边坐落着高耸的霍太山（今山西霍州东南），西北有汾水流过，是狙击义军的绝佳地点。但是令李渊感到不解的是此处居然没有隋军驻防。任何熟悉当地地形的人都没有理由忽视这一前哨阵地。

“如此看来，宋老生要么是孙武再世，要么是地道的蠢材。谜底马上就会揭晓。”李渊向幕僚们说道。

入夜时分，义军正准备安营扎寨，一郎官向李渊报告说：“一位身着白袍、皓首苍颜的老人求见。他自称有来自霍太山的神示。”

“跟他说，谢谢啦。”李渊不醉心佛、道，对山岳小神更无兴趣。“我并不认识此人，我也不想见他。”说完此话，李渊向营帐走去，突然在远处路边发现这位白衣老人站在那里，大吃一惊。李渊一边心里想着这老头究竟想干什么，一边向老人走去。李渊说道：“老者，有何公干？”

“大人幸会了，我有天机相告。”

“您并非天神，能告知我什么天机？”

“当祭祀山神时，我听到山中传来的声音说道，‘你当前往告知唐公：

要去霍邑，应走山路。近来大雨阻碍了军队的行进，但是由于我的斡旋，雨马上就会停下来。望唐公日后为我修筑一祠堂。’不言而喻，前面的山路崎岖难行，但是它能使义军躲过敌军耳目；如走此山路，明天日落前便可到达霍邑。如果坚持走大路，义军会暴露自己而受到敌人袭击。”

“这听起来饶有趣味，”李渊对幕僚说道，“但我并不大相信此事。”

第二日清晨，义军在蒙蒙细雨中开拔。李渊面色凝重，同下属和士兵步履艰难地在沼泽般的泥径中行进。不久，行军的速度逐渐慢了下来，以至于全军停止不前。一先遣官快马驰到，请示李渊：前方道路有一岔道直通山路，不知应当走哪条道路。李渊望着乌云密布的天空，看到一缕阳光穿透云层。不知不觉中，雨已经停了。李渊毫无迟疑地说道：“兵行山道。”部队继续进发。

义军在黄昏之前畅通无阻地走完了通往霍邑的路程。于是，李渊令属下设祠，祭祀霍太山。

部队在霍邑城外安营扎寨后，李渊在帐中与将领们举行战前会议。

“如果我们愿意的话，用武力拿下霍邑应不成问题，”李渊说道，“但是代价可能太大。《孙子兵法》不是讲‘其下攻城’（攻城为下下策）吗？”

“是的，父亲。”李建成回答，“但我们有什么其他选择吗？”

“等待。”李渊回答道。“一直到敌军等得不耐烦了。”

“我们有足够的粮草吗？”李世民问道。

“有。我们的粮草可坚持一个月。”

于是会议作出决定，将义军的主力左右两路军隐匿在后，同时派遣十数队步兵和骑兵前往城下作为诱饵。

小股义军部队出现在城下，使宋老生焦躁不安；他感觉对方随时可能发动总攻。在他看来，双方势均力敌，突袭敌营才可获得主动权。于是他率领部队精华，从东门和南门分道而出，杀向郊外的旷野。此时正在东郊的李渊被打得措手不及，在一队轻骑兵的护卫下，向东疾驰逃亡。宋老生和他的部队紧追不舍。就在此刻，李建成和李世民率领的义军主力对霍邑发起了联合进攻，逼近霍邑的东门和南门。催战的鼓声尚未停顿，战场上扬起了滚滚的灰尘——义军士兵已经向敌人杀去。

“宋老生被杀死了！”一名义军士兵喊叫着，用矛头高高挑起一只被砍下头颅，让霍邑城上的守军观视。虽然隋方的指挥官们无法辨别那个所谓宋老生头颅的真假，但他们匆忙下令拉起东门和南门外的吊桥，紧闭霍邑城门。被困在外面的宋老生奋力杀向东城门外的城壕，抛弃战马，跳入无水的壕沟内。一名义军将军追赶上来，将他砍倒在地。

数个时辰后，义军攻下了霍邑——宋老生的残部或遭歼灭或被迫投降。

尘埃落定后，作为胜利者的李渊骑马巡视城东的战场。在黄昏即将逝去的阳光中，他仍然可以清晰地看到遍地是隋军士卒血肉模糊的尸体和断臂残肢，令人反胃的血腥味充盈着鼻孔。突然间，他凄然泪下，说道：“这些可怜的人们——他们生前不为人所知，临死时又充满无限的仇恨。要不是被宋老生欺骗，他们定会加入我们的义举。一想到这里我就感到无比痛惜。自今日后，我等一定要修文德以赢取民心，永远结束战争。”

李渊擦拭眼角的泪水，继续说道：“当然，这并不意味着可以轻视霍邑一战中义军将士所做出的杰出表现。恰恰相反，他们应得到丰厚的嘉奖。”

次日，李渊总算有时间在霍邑官邸中坐下来，阅读几份部下上奏的请愿书和官方文书。两份文件吸引了他的注意。第一件提到了一个意想不到的问题：是否应当奖励奴仆身份的人。根据隋朝的现行法律，奴仆是主人可以随意买卖的财产，充其量是劣等人。看完文件，李渊感到寝食难安。他写道：“义军官兵来自各行各业、不同社会阶层，包括大量奴仆。汉代有黥面徒隶封王的先例，为什么不能嘉奖义军中出身奴仆的兵士呢？”所谓黥面徒隶封王者指英布，他曾因犯罪被判黥刑（在脸上打上象征耻辱的烙印），后因战功累累而提升为将军，终被刘邦封为淮南王。

第二份文件是一封密奏。它提醒李渊，前隋朝官员所获官位过高，建议适当下调。对此，李渊对幕僚说道：“汉之所以能够取得天下就是因为刘邦从不吝惜爵赏。如果每家每户都应得到封赏，我们也倾全国之力,大行封赏,只要这样做有助于兴德。如果我们将义军的战果与民同享，将有益于天下，我们就会取得最终的胜利。”

李渊的随从郎官记录下的这番话，传达给义军的官员后，就变成了要贯彻执行的新命令。

正午刚过，李渊走进官邸大院。大批被俘虏的宋老生手下的文武官员以及他们的亲属已在院内等候。李渊用激昂的音调开始对众人讲话：

> 战争摧毁了半座城市，人民惨遭杀戮。谁应该因此而被谴责？是宋老生！除宋老生以外，我不责怪任何人。你们中间的有些人也许不愿改换门庭，效忠于我，效忠于义军，这我完全能够理解，但并不妨碍我对各位以诚相待。
>
> 你们中间若有人愿意参加义军，我们不但欢迎你们，而且还允许你们保留原有的等级。虽然你们将归属于左右两军统帅的麾下，但你们仍然可以组织自己的作战部队，由你们自己的官员指挥。在任何情况下，你们都不会因过去的身份而受到怀疑。
>
> 你们当中不少人来自关中，自然思乡心切。如果你们愿意返回故里，现在就可启程。在回乡之前，你们将被授予五品散官，还会被发放足够的食粮。

听到这里，多数俘虏流下了眼泪，不少人泣不成声；李渊的眼角也变得湿润了。他继续说道：

> 至于宋老生，他的确给霍邑带来无妄之灾。他就是我们共同的敌人。但是，他忠心耿耿，英勇奋战。我敬重他的勇气、忠诚、正直。让我们以体面的葬礼来安葬他的遗骸，一个无愧于他等级与尊严的葬礼。

众人都被李渊传达的这一信息所震惊，全场陷入了一片沉寂之中。突然有人喊道："唐国公！"众人同声高呼："唐国公！唐国公！"

11. 河东

9 月 20 日，刘文静在山西西南部的龙门（与洛阳龙门不同）追上了义军。那时，他已圆满完成使命，并带回了一名突厥使者，五百名突厥骑兵和两千匹突厥战马。李渊喜出望外——这批军事资产将会大大增强义军南下夺取关中时的军事实力。

不久，义军到达了河东（山西永济县西南）城郊。河东城是河东郡的郡治，城里驻扎着隋将屈突通率领的大军。对于义军来说，与无足轻重的高德儒、能力平庸的宋老生不同，屈突通是一个实力强大的对手，是负责守卫大兴城的最高隋军将领。屈突通在河东的出现意味着隋军已下决心，不遗余力阻止义军南下。

不知道应如何对付屈突通。李渊在战前会议上向属下问道："我们能否做到《孙子兵法》所说的'不战而屈人之兵'？说实在的，我真不愿意同屈突通交战。"

"大人，交战似乎难以避免，"一名幕僚回答道，"屈突通对隋朝忠贞不二。"

转向列席的当地名流和文武官员，李渊问道："你们有什么建议？"

一个名叫薛大鼎的当地名士说："依在下愚见，义军完全不必与屈突通纠缠。与此相反，义军应该立即跨过河水（黄河）进入关中并夺取关中的主要粮仓永丰仓。有了永丰仓之后，大人您可以掌控整个关中；拿下大兴城指日可待。"

"你们的意见呢？"李渊问他的将领们道。

"我并不赞同此议。"李建成说道。"如果我们直取大兴城，很可能会受到屈突通的追击而腹背受敌。"

"你们是否赞成建成的看法？"李渊问其他将领道。

“赞成。”大家众口一致。

“好吧，我们先拿下屈突通再说。”

李渊在部署所部包围河东时，又出现了新的问题：因为霍邑之战的胜利，部队官兵的士气过于高涨。这是兵家大忌。李渊深深懂得骄兵必败的道理。

李渊来到前线调查敌人的防御工事，指着高耸坚固的城防向属下说道：“作为郡治而言，此地的防守殊为严密。”

“是的，大人。”一名将军回答道。“但我军可发动猛攻拿下河东。我们可以使用在霍邑之战中大显神威的攻城器械。”

“好吧。”李渊说道。于是，带着几分不情愿，他终于同意对河东发动总攻。

攻城一开始，义军遇到隋守军殊死抵抗，死伤惨重。河东城坚固的城墙和城门的确难以强行攻下。正当双方僵持不下时，暴雨突然袭来，迫使攻势停滞。

“停止进攻，撤回部队！”李渊下达了命令。

待部队安全撤回营帐之后，李建成问他的父亲道：“雨停之后是否要恢复进攻？”

“不，”李渊回答道，“目的已经达到了。眼下屈突通不会贸然杀出河东城。更为重要的是，屈突通返回关中的最佳通道是走河水上的蒲津桥，而该桥已经被毁。如想要援救大兴城，屈突通只能先南向，后西向，通过潼关进入关中。”

“但潼关并不在我们手中。”

“确实如此。但现今潼关仅有一小股隋军驻守。我们会立即将它拿下。尔后我们会在潼关部署重兵以保护我军的后翼。”

12. 大兴城

离开河东以后，义军向西行到河水（黄河）东岸，准备西入关中。

由于蒲津桥已经被焚毁，只能依靠数千艘借来的船只将义军士兵运过河水。这绝非易事。不过由于当地老百姓的热情支持，这一任务变得简单了许多。

在临河水西岸的小镇朝邑，运自东岸的义军官兵集结后，再度分作二路军。右路军由李世民率领,将向西经冯翊(今陕西大荔)抵达泾阳(今陕西泾阳),而后向南往大兴城进发。左路军由李建成率领,将向南进发,拿下永丰仓，之后将分遣一支部队攻下并防卫潼关，其余部队则西进至大兴城。

两路军按原计划行动，一月之内便抵达大兴城城郊，开始构筑防御工事，为攻城做准备。

西都大兴城是整个隋末内战中最重要的城市。它位于关中的核心地区，汉故都长安城（或称汉长安）的东南方。长期以来，长安地区一直与位于中原（今河南）洛阳地区争夺全国首都的桂冠。西汉的缔造者刘邦最初以洛阳为都，后经谋士的劝解，认识到了关中的战略意义，不顾众臣反对，移都长安。强大的西汉王朝以此地为都达二百余年。西汉覆灭后，内战再生，颇为惨烈。此后，汉朝（东汉）复兴，定都洛阳。从此,历代统治者往往视洛阳为首都首选,长安遭冷落。南北朝末期,西魏、北周再度定都汉长安。杨坚（隋文帝）建隋朝后，在长安西南建新都城，并以其龙潜时封号——大兴——命名。

对李渊而言，占领大兴城至关重要，可以赋予一种独一无二的合法性。而大兴城本身又是一座有天然屏障保护的、难攻易守的城市；其所在的渭水平原可向它提供丰富的粮食、物产。

义军沿途招纳了大量居于社会最底层的、分文不名、无家可归者。他们的加入无疑壮大了队伍。当李渊在大兴城东南郊的霸上扎营住下时，麾下的军队兵力已多达二十万。

现在的首要问题不再是缺乏人力，而是如何在不扰民、或少扰民的情况下，实现军事目标。李渊下达严格的命令：所有部队只能驻扎在空旷的野地，而不允许进驻村庄。

随着部队向大兴城不断逼近，李渊向外界宣布：“我所追求的目标是天下太平，用兵打仗是无奈之举。我在此郑重声明，隋皇室七庙、隋代王（杨侑）和其他宗室成员，一律不得有所冒犯。有违此令者，株连三族。”

城内面积达八十四平方公里的大兴城，是当时中国乃至世界最大的有城墙的城市。隋驻军不可能在长达三十六公里的城墙上处处设防，故将主力集中在由宫城和皇城组成的内城。不言而喻，内城设有围墙和防御工事。

义军部队逐渐将大兴城团团围住：李建成的左路军攻自东部和南部；李世民的右路军攻自西部和北部。在几乎未遭到抵抗的情况下，义军迅速攻入外城。李渊随即将行营总部迁移至位于大兴城内东北部的安兴坊。

与此同时，屈突通率所部主力南下，试图解大兴城之围，仅留下鹰扬郎将尧君素防守河东。屈突通万万没能想到，潼关竟然阻挡了队伍的行进。令人痛心的是，重要天险潼关现已由义军刘文静率一支兵力雄厚的队伍把守。屈突通对潼关发动多次进攻，均告失败。

此时，李渊麾下的义军主力已经包围了大兴城内最后一个据点。在此胜利在即的时刻，李渊愈加关注如何以合乎正义的方法来达到其军事目标。他决定效法汉高祖刘邦的旧例。八百多年前刘邦进入长安城后，立约法三章——杀人者死，伤人及盗抵罪——以防止占领军常犯的暴行发生。

铁一般的纪律所带来的直接后果是义军声誉的高涨。义军未将沉重的负担强加在百姓头上，因而受到地方百姓的真诚欢迎。在这一背景下，义军打响了攻克大兴城的最后一战。

义军先头部队攻陷皇城东大门景风门后，隋军立刻溃不成军。至617年12月13日，义军控制了整个大兴城。

进入皇城后，李渊指示长子李建成和次子李世民立即查封府库、收编图籍，并对之加以保护。他随即下令禁止任何干扰平民生活的行动（绑架、抢劫等），并打开太仓，以赈济城中的饥饿百姓。

作为关中地区的新主宰者，李渊迅速控制住了局面。但是，有一件事一直困扰着他：大兴城城郊的李氏宗庙、陵墓的状况。按照传统，他要定期祭祖、扫墓，但因为天下战乱纷起，有很长时间未能如期举行祭拜仪式。入主大兴城以后，他立即派属下去了解有关情况。调查结果让他大吃一惊。李氏宗庙被彻底摧毁，所有的祖坟都被挖开，遗骸遭遗弃。李渊陷入极度的悲伤和内疚之中。首先他没能履行保护宗庙、祖坟的责任，从而犯下了不可饶恕的罪行。同时，他也永久地失去了祖先在天之灵的教诲、庇护和保佑，而这正是李氏家族及后代兴旺发达所不可或缺的要素。

两名隋将，阴世师和骨仪，被擒获并确认为摧毁李氏宗庙和祖坟的罪魁祸首；李渊下令将二人连同两位拒绝投降、负隅顽抗的高官一同问斩。

斩首的仪式是在南北通衢大道朱雀门大街最北端的断头台上进行。刽子手手起刀落，四个人头随之落地；前来围观的百姓欢声雀跃。然而，李渊从这壮观的景象中没能找到丝毫的慰藉。相反，他因为宗庙、祖坟的毁坏、先人遗骸的丢失而处在一种长期的绝望之中，不能自拔。

当几位幕僚再次提出李渊登基皇位的要求时，李渊只感觉到一阵烦恼，断然加以拒绝。在他的坚持下，代王杨侑（杨广之子）在堂皇的仪式中登上了大兴殿的皇位。杨侑此时年仅十二岁，史称隋恭帝。而长居南方的现任皇帝杨广则被遥尊为“太上皇”。随后大赦天下，改年号“大业”为“义宁”。

13. 屈突通

大兴城陷落后，屈突通的援救计划失去了意义。他的幕僚中甚至有人劝他归降义军。对此，屈突通回应道：“两位皇帝（杨坚和杨广）待我不薄。让我对他们背信弃义——这种事我是绝不会干的。”

当幕僚们再次劝降时，屈突通突然大声咆哮着说道：“自现在起，任何人敢言投降皆应处斩。”他抬起右手在自己的脖子上划过，接着说道：“我宁可为国家自裁也绝不投降。”

这时，有人通报说捕获一名间谍。屈突通命令部下将犯人带入行营大帐。所谓间谍是一位中年男子，自称是李渊的家仆人，还说他的主人希望屈突通能够加入义军，并愿意给予他兵部尚书的官职。屈突通并不为之所动，下令将他推出帐外斩首。

得知关中陷落后，屈突通决定率领主力部队转向东行，投奔越王杨侗。杨侗是皇帝杨广的另一个孙子，现驻守洛阳。临行前，屈突通让副将桑显和留守潼关。

在稠桑（今河南灵宝北），屈突通所部被义军追上。屈突通命令部队结阵自守。义军并未发起进攻，而是派了一个手挥白旗的特使前往说降。屈突通明白来者意图后，将他大声训斥一顿，赶出行营。

此时，一个熟悉的声音传入耳中，“父亲！”

屈突通隐隐约约地看见远处一位十几岁的少年正与追兵站在一起。

“寿儿竟要来劝我投降！”屈突通完全不能接受。

“你给我滚！”屈突通对儿子大声咆哮道，又转身对属下喊道：“他不是我的儿子，放箭！放箭！”

一阵箭雨射向屈突寿，但都没有射中目标。

这时，被屈突通留在潼关的副将桑显和出乎意料地出现在战场。

桑显和骑在马上，在义军将领的陪伴下，开始向隋方官兵喊话：

> 正如你们所见，我已经归降了义军。这是因为义军所作所为顺应天命，而隋朝天命早已不存。此外，义军首领李渊是一位伟大的人物。他待我等归降者甚厚。我和你们绝大多数一样，也来自关中。而现在关中和大兴城已经在义军掌控之中，你们还能上哪去？如果你们参加义军，唐公定会让你们保有原来的品秩，你们的家人也将得到庇佑。请诸位相信我，唐公为人处事一言九鼎。

让屈突通感到惊讶和恐惧的是，几个时辰内，他的属下纷纷离他而去。屈突通认识到自己已经是穷途末路，下马跪地，向东南方皇帝杨广所在的江都方向三叩首。这时已泣不成声的屈突通说道：“皇天后土为证，不是我屈突通要背弃陛下。我已竭尽全力，但天不遂人愿。”说毕，屈突通伏首就擒。

李渊正坐在宫城正殿大兴殿中。屈突通，双手被缚，被带了上来。李渊起身，解开绳索，邀请他与自己对面而坐。

“将军最终归降我军，我甚感欣慰。”李渊面带微笑地说。

“大人，您的宽容我将永远感激。”

“这并不是宽容。我们需要你这样的人才。”

“但我犯下了不可饶恕的罪行。”

“将军是说杀我家仆人的事？”

“是的，大人。”

“这对我来说确是个损失。但事已至此又当如何？况且那时，你仍然忠于江都的太上皇。”

“甚至今日，我仍觉得我辜负了他的期望。”

“我非常欣赏你的忠贞不二。但是太上皇已无可救药。”

“你们将怎样对待他？”

“请记住我的话：在任何情况下我们都不会伤害他。”

沉默片刻后，李渊又说道：“这样吧，尽管您对太上皇忠心耿耿，或者说正因为你对他的忠心，我决定信守诺言，授你兵部尚书一职。当下，你权且归李世民的麾下，任长史。你是否愿意？”

思考片刻后，屈突通回答道：“愿听从大人吩咐。”

14. 唐兴

李渊同皇帝杨侑以及满朝文武百官在大兴殿后殿参加太上皇杨广的哀悼仪式。一个月前，也就是义宁二年（618 年）4 月，年仅四十九岁的杨广在江都被害。李渊悲伤不已，泣不成声。

当意识到李渊哭泣并非仅仅是因为自己是仪式主持，而是出于发自肺腑的悲痛时，一位谏者劝说道："大人，不要过度悲伤。"

"我是大行[①]皇帝的臣下，难道不是吗？"李渊回答道，眼泪情不自禁地顺着脸颊往下流。"居丧又怎能不悲伤呢？"

谏者沉默无言，哭泣仍在继续。哀悼仪式持续了三天。每天，李渊总是按时到场，尽职尽责。皇帝杨侑见到李渊对自己祖父的真情流露，十分感动。毫无疑问，李渊将继续拥戴皇帝杨侑。但杨侑的臣僚却已经看到了不祥之兆。随着杨广的亡故，杨侑继续占据皇位的合理性已不复存在。这位年轻的皇帝，身居皇位，却如坐针毡。当臣僚们建议禅让时，他立即下诏让位给李渊。同以前一样，李渊拒绝了皇位。不过，这一次与以往不同，他没有为自己的决定强词争辩。劝进的主倡者裴寂看到了机遇。他向李渊出示了一份冗长的上进表，再次敦促他承接帝位。已有二千多名文武大臣在表上签名。劝进表所征引的大量的祥瑞征兆，预示一个新的王朝即将诞生，而李渊正是此王朝的缔造者。在众人的强烈要求之下，李渊不得已而做出了让步——至少从表面上看是这样。

五月份的甲子日（618 年 6 月 18 日），李渊在大兴宫的大兴殿登上天子宝位。大兴宫、殿随即更名为"太极"。新王朝以"唐"国号取代"隋"，以"武德"为新年号，并颁布全国大赦令。都城大兴城恢复旧称"长安"。天下诸郡再度改为州。所有这些具有象征意义的措施旨在将唐朝与其所取代的隋朝相区分，以打造自己的形象。

在太极宫举行加冕仪式后，皇帝李渊在仪仗的簇拥下前往城南的玄都观。玄都观坐落于朱雀门大街以西，与皇城有数坊之隔，是长安城中最重要的道观。在那里举行的祭祀仪式上，李渊亲自向老子李耳献祭，并向天下宣布老子是李唐皇室的先祖，也是唐朝的护佑者。

然而李渊所谓的"天子"似与现实不符。唐朝只不过是当时活跃于

---

① 大行：皇帝死后，未获谥号之前的称呼。

中国核心及其周边地区的、若干独立或半独立政权中的一个。在东边，屈突通的旧部尧君素仍控制了河东城及周边地区。在西边，薛举和薛仁杲父子建立了一个小帝国，威胁着关中。再往西，李轨把持着甘肃西部的河西走廊。山西、陕西北部，刘武周和梁师都在突厥人的支持下控制着广阔的地域。在中原，李密，倚仗着天下最强大的武装瓦岗军，与洛阳的王世充犬牙争雄。中原以北，河北的窦建德统率另一支势力庞大的叛军。在南方，几位军阀瓜分天下，其中最强势者当属杜伏威。

尽管如此，唐政权也具备一些独特的优势。首先，它占据了易守难攻的关中地区。其次，政权领袖李渊不仅是伟大的军事家，而且还是极其有远见的人。他志在夺取天下，绝不会满足于偏居一隅。最后，在他的感召下，一批才华横溢、忠心耿耿的追随者出任他手下的文武高官。

15. 薛举

武德元年（618 年）7 月 7 日，军阀薛举率军来犯长安城西北的泾州，但这并不让人感到意外。唐军已经意识到薛举在伺机扩大地盘。不过薛举选择的入侵时间让人有点措手不及。毕竟唐朝成立还不到二十天。

根据李渊的命令，秦王李世民为元帅，率领附近八总管的兵力前往迎击。

李世民对薛举并不陌生。617 年年底义军刚拿下长安城时，李世民就曾击败过他。然而，这一次，薛举有突厥人的支持，实力大增。

李世民将部队驻扎在高墌城（今陕西长武北）后，召集属将开会，拟定军事方案。

“薛举孤军深入我境，”李世民说道，“他的粮草势必供给不足，导致士卒疲乏。”

“这正是发动突袭的天赐良机，难道不是吗？”长史刘文静问道。

“我并不这么认为。时机还未成熟。”

“那我们应该怎么办？”

“我们坚壁自守即可。”

“如果敌军挑衅呢？”司马殷开山问道。

“无论在任何情况下，我们都不能离开高墌城迎战。”李世民果断地说。

当务之急是加强高墌城的防御以抵御薛举军的进攻。高墌城坐落于平原，需要依靠人工构建的工事抵御进攻。秦王命令下属修复和加固老旧的战壕和壁垒，同时在城内外修筑新工事。除此之外，唐军只能勤加操练，耐心期待薛举军因疲惫而自行退兵。

有一天，秦王发现自己的小腹有所不适，并伴有发烧、痉挛及腹泻症状。一周过后，他变得异常虚弱，几乎无法站立，更不用说骑马征战了。他召集刘文静和殷开山前来行营大帐。看上去面黄肌瘦的秦王，勉强撑起身体，对两位副将说道：“我本以为可以挺过去。显然，这个想法是错误的。”

“军医是怎么说的，秦王殿下？”殷开山问道。

“这个病是因肠内精血不畅所致，大概需要一个月的康复时间。我已经服用了黄莲药丸，虽然有效，但是效果甚微。”

“我们祝您早日康复，秦王殿下，”刘文静说道，“此外，有什么事情要交代我们去做吗？”

“我向你们交底吧：我准备离开数日。走之前，我需要转交部队指挥权。文静，你将任部队代主帅；开山，你将任文静的副将。”

“遵命，秦王殿下。”刘文静和殷开山先后回答道。

“务必牢记：无论敌人如何挑衅，不要迎战。一切要等我回来再说。”李世民叮嘱道。

“请秦王放心。“刘文静说。

“我们必不辜负您的厚望。”殷开山说。

这次谈话后不久，秦王李世民在一小队轻骑兵的护送下，秘密乘马车离开行营，前往长安城。

殷开山与刘文静二人在军帐中商议军情。殷开山问道：“你知道为什么秦王殿下强调不要与敌军交锋吗？”

“这是他父亲、当今圣上最喜欢的战术，”刘文静回答道，“以逸待劳，攻其不备。”

“我不这么认为。实际上，秦王并不信任你的能力。问题是，敌军迟早会发现秦王已离开，并会趁机发动猛攻。”

“你认为我们应该怎么办？”刘文静问道。

“在他们主动发动攻势之前，我们要先下手向敌人示强。”殷开山回答道。

“但这样做会违背秦王殿下的命令。”

“确实如此。但现在我们已经顾不了那么多了。部队正处于生死存亡的关头。”

“依你看，我们如何向薛举示强？”

殷开山用手指指着地图上高墌城西南的一块开阔地说道：“可将大军的主要兵力集结在此地。”刘文静仔细地研究了地图上的地点，经过深思后，决定放手让殷开山执行其计划。

第二天，根据刘文静的指令，三位大将军和八位总管率军共计八万余人，离开大本营，前往高墌城外的西南郊。部队在构筑好战壕和壁垒之后，主动出击，以挫败敌人气焰。这个策略果然奏效。薛举不得不令所部转移到泾水以西，随后完全停止了对唐军的骚扰性的攻击。

双方陷入了令人不安的僵局。几天以后，薛举突然从附近的浅水原（陕西长武东北）向唐军侧翼发起突袭。刘文静集中兵力反攻，迫使薛举撤军。唐军步兵、骑兵乘胜追击，在穿过浅水原时，却纷纷陷入沼泽中。此时埋伏在芦苇丛中的敌弓箭手突然万箭齐发。唐军顷刻被打得溃不成军。

当刘文静和殷开山率领残部杀回城中时，唐军损失已在半数以上；或被射死、或被踩踏而亡、或被俘获。其中三位大将军和八位总管皆成俘虏。

高墌城顿时陷入恶名昭著的薛举军的包围，遭到进攻。很显然，城中的残兵败将难以长期抵御敌人的猛攻。高墌城随时都有可能沦陷。不得已，刘文静和殷开山率唐军残部弃城而逃。

拿下高墌城后，薛举命令属下，按照古代的一种残忍的惯例，构筑了一座名为“京观”的高冢。它由唐阵亡将士（其中有许多在被俘后被屠杀）的骸骨堆积而成，其上盖上厚厚的泥土。站在这座令人毛骨悚然的高冢上，薛举举行了一次隆重典礼，庆祝对唐军军事行动的彻底胜利。

16. 薛仁杲

正当薛举的威胁与日俱增时，皇帝李渊收到劲敌李密的一封密信，请求归顺。李渊感到又惊又喜，欣然同意。李密遂即率领二万多名身经百战的瓦岗军将士进入长安城。这位曾是天下最强军的统帅，最近惨败在王世充手下。他称霸中原的野心破灭了，无奈之下，投降了唐军。

然而对于李密的高级幕僚魏征来说，长安意味着一个新的开端。魏征为人正直、忠诚，在历史、政治方面造诣很深。他提出过不少战略、战术上的建议。而李密则认为这些建议有悖于常规，一律不予采纳。

“大唐皇帝与他人有所不同，或许更容易接纳新想法。”魏征想道。他上书皇帝李渊，强调巨型粮仓黎阳仓（在河南北部）的重大战略意义；还提出愿亲自前往为朝廷接管粮仓。令人惊讶的是，他的主张立刻得到了皇帝的批准。于是，作为皇帝的使节，魏征来到了黎阳仓，见到李密任命的黎阳仓守将、老朋友徐世勣。魏征开门见山地要求他归顺唐朝。而徐世勣仅仅提出了一个要求：黎阳仓要以李密的名义献给唐政权。他并不想被人看作用旧主领土为自己邀功的人。李渊不但批准了徐世勣这一要求，而且赐予他国姓“李”，以表彰他对旧主的忠心。自此之后，徐世勣改名为李世勣，再后又改为李勣。

正当薛举汲汲营营地为占领长安做准备之际，一件意想不到的事发生了。他突然患脑溢血（或称“中风”）倒下，并于是年 9 月 3 日去世。其子薛仁杲遂即继位。他虽然在宁州（治甘肃宁县）受挫，但新近仍然进一步蚕食了唐朝的领土。与其父亲相比，薛仁杲有更卓越的军事才能，故给唐政权带来更大的威胁。

唐朝委任李世民为讨伐薛仁杲军的统帅。至此，李世民身体已康复。年底他率领大队人马前往高墌。他的战术依旧如故——避免与敌人正面交锋，以图消耗敌人的实力和意志。但他的属将却不断请求迎战。李世民回应道："我们的部队最近刚吃败仗，士气低沉。需要一段时间方能恢复锐气。此外，现在敌军志得意满。但是骄兵迟早必败。如果我们能再等一等，直到我军恢复士气，敌军更加骄躁。那时再出击，则可一举取胜。"

六十天过去了，双方都没有正面交锋过一次。

一天晚上，秦王已经入睡多时，忽被一郎官唤醒，因为薛仁杲麾下一位高级将领率二千人来降。李世民从床上一跃而起，连夜审问了降将，得到了一份珍贵情报：薛仁杲军的粮草即将耗尽。李世民决定立即采取行动。

他在浅水原（陕西长武东北）部署了一支由梁实将军率领的部队。冬季的浅水原，沼泽已呈半干涸状。躲在工事里的梁实所部，被薛仁杲发现，而遭到猛烈攻击。梁实守险不出，持续了数日。因为水源被切断，唐军的士卒和马匹开始死于饥渴。但是敌军更是疲惫不堪。就在这时，李世民发起了反击。黎明时分，他派遣了一支先头部队前往浅水原，与一支人数众多的敌军遭遇。这支先头部队显然不是敌手，被打得仓皇逃窜。正当薛仁杲军奋起直追时，唐军主力从浅水原北部突然杀出。李世民骑着一匹黑色骏马在数十名骁骑的掩护下，冲锋在前。

薛仁杲试图从浅水原调回所部，以攻打唐军主力侧翼，但他惊恐地发现，部队已经溃不成阵。他别无选择，只能仓促向西撤退。秦王率骑兵一路紧追不舍，一直到泾水南岸。薛仁杲率残部退入位于对岸的折墌城（甘肃泾川东北）中。

秦王未再继续追击。唐军主力陆续赶到，列阵在泾水南岸。他于是下令抢渡泾水。唐军迅速攻占北岸，建立几处桥头堡后，开始逐渐将折墌城团团围住。

不久，城中的粮食耗尽，折墌城的百姓源源不断地从城中逃出。这些百姓难民们，或用扁担挑着包袱或篮子，或推着手推车，车上堆满了破旧什物。难民中亦夹杂着军人的队伍，通常由手摇白旗的军官领队。在一支步兵队伍的簇拥下，几辆马车缓缓地从东门驶出。其中一辆马车，车厢的漆器外壳着暗红、黄、黑等色。在车的旗杆上插着两面旗子，一白一黑。黑旗中央是一烫金圆圈，圆圈中为一个烫金“薛”字。车上载的人正是薛仁杲。最后，一共有一万多薛仁杲军的将士以及五万多百姓归顺唐朝。可惜，这个军阀首领投降的时间太晚了，以至于没能保全自己的性命。薛仁杲和几位高级将领被押解到长安，立即在西市被公开斩首。

17. 李密

对李密而言，要适应长安的生活几乎比登天还难。向君王称臣跪拜，虽然符合所谓“人臣之礼”，但对李密来说却是奇耻大辱。毕竟不久前他还是雄踞一方的君主。皇帝任命他为鸿胪卿，也使他感到失望。鸿胪卿所管的鸿胪寺是一个三流的中央机构。鸿胪卿的位置也远低于降将屈突通所任的兵部尚书。

“皇帝与我，”李密对他的心腹王伯当说，“都姓李。而且，他曾经向我建议共享天下。我应当任尚书省仆射，至少也应是个尚书。我实在不明白，他为什么仅仅任命我为寺卿。”

“此一时，彼一时。他现在可是万人之上的皇帝。”

“我向他要一个公道。”

“如果我是您的话，我就不会这么做。”

“为什么？”

“首先，政府最高层的空位已经十分稀少。或许六部尚书已经没有空缺。但问题的关键在于，皇帝根本就不信任我们。”

“你真这么想的吗？”

“说实在的，瓦岗军的弟兄们并没得到应有的待遇，有时甚至很多天没有粮草供应。”

“是吗？我竟然一点都不知道。”

“没有人将此事告知您，是怕您担心。但我以瓦岗军的荣誉发誓，此事千真万确。”

“如果这件事是真的话，”李密痛心地说，“那么长安城就不是我等久留之地。”

接着，在写给皇帝的一封长信中，李密并没有流露出对自己任职的不满，却要求率所部东进，去完成旨在说服李世勣彻底归顺唐朝的重要使命。李世勣在不久前降唐，现名义上是唐朝命官，但实际上仍是割据一方的军阀。李密承诺在回师途中，将在李世勣的帮助下为唐朝夺下洛阳城。

没料想到，皇帝李渊立即批准了李密的请求。李密迫不及待地率领瓦岗军两万兵马离开长安。由于担心皇帝会改变主意，他们快马加鞭，直奔潼关。沿途所经过的每座城市都有唐朝兵马驻守，这使他们感到皇帝对关中的彻底掌控。

在离潼关仅仅三十里处，一位钦派特使追上了李密。特使所携圣旨要求李密将一半的士兵留在关内。李密别无选择，只能服从。

李密及所部安然无恙地通过潼关，到达稠桑，总算是松了一口气。在前面等待他们的是不受唐朝管控的、熟悉的土地。

此时又来了一个身携圣旨的特使。圣旨上说：“鸿胪卿李密单人入朝，另有任用。此令。”

“李渊此举的目的是什么？”怒不可遏的李密问王伯当道。

“这是一个不详的预兆。”

“我们怎么办？”

“我们应当马不停蹄继续东进，与李世勣会师。”

“如果我们不这样做，我相信李渊一定不会放过我们的。现在就开始行动吧。”

沉思片刻后，李密继续说道："听着，伯当。挑选几十个信得过的骑兵，为每人准备一套女装。"

"是的，大人。"

"今晚我们就在这里集合。"李密指着路边的一棵大槐树说道。

入夜之后，三十多名瓦岗军官兵身着妇人装，扮作少妇和丫鬟，在指定的地点集合。在李密的率领下，他们悄无声息地离开稠桑，向东进发。

在到达小城桃林之前，他们准备先歇歇脚。几个人走进一家驿站，抽出藏在红色上衣和花裙子里的短剑、匕首，制服了守卫。

酒足饭饱、养精蓄锐后，李密和随从们继续向桃林进发。在桃林，他们袭击了当地驻军的总部，并从马厩中偷得十多匹马，疾驰而去。

不知不觉他们走进了一座夹在陡峭悬崖之间的险要峡谷，几乎无路可走，只好下了马，小心翼翼地在布满卵石和巨砾的谷底里行走。突然间，无数弓箭如瓢泼大雨一般向他们射来。瓦岗军的将士们纷纷趴下，躲避箭矢。这时从崖壁上传来震天动地的呼喊声——一支唐军突击队冲了下来，将以李密为首的瓦岗军将士们斩杀殆尽。

李密企图逃离唐朝控制的拙劣行径使得黎阳的情况变得复杂起来。朝廷比以前更难相信黎阳李世勣的忠心。皇帝派遣使者前往试探口气。当认出使者带来的李密的头颅时，李世勣忍不住，嚎啕大哭起来。而后使者花了很多功夫解释为何李密要被诛杀：皇帝可以对他的夙敌以诚相待，却无法容忍那些试图背叛他的人。但是，李世勣仍然长时间沉溺于极度悲伤之中。

最后，李世勣平静了下来，使者随即传达了皇帝的圣旨，要求李世勣对朝廷保持忠诚。令人惊讶的是，李世勣对此并无异议。他唯一的要求是给他的前主人安排一场庄重的葬礼。使者以皇帝的名义答应了他。

下葬当天，李密的身首合在一起，被放置在一口精心制作的棺木中。瓦岗军旧部披麻戴孝，前来向曾经的统帅告别，并按君主的规格为他举行了葬礼。

一只陶盆摔碎在地上[1]，众人在李世勣的带领下，开始礼节性的嚎哭。不少李密的老部下痛哭失声。有人甚至伤心过度、血泪交下。

18. 宋金刚

李密于武德二年初（619 年）身亡后，唐朝夺取天下的势头日渐强劲。太上皇杨广死后不久，尧君素被属下杀害，从此河东不再构成威胁；薛仁杲已经被斩首，他所控制的地盘亦被唐朝兼并；而西方的李轨则承认了唐朝的霸主地位。但是，在北方，仍然有三个强势的地方军阀威胁着唐朝的统治：山西北部的刘武周、河北的窦建德、河南的王世充。

窦建德的崛起尤其令人吃惊。作为所谓夏王，他吞并了河北诸部。活跃于河北上谷的小军阀宋金刚感到窦建德的威胁。宋金刚无疑希望窦建德部受挫。当窦建德与魏刀儿（历山飞）交恶时，宋金刚派军队援助后者。与窦建德军相似，魏刀儿的军队也是由各地土匪、赤贫农民、流浪汉组成的大杂烩。但与窦建德部不同的是，魏刀儿的军队训练差，将领指挥素质更差，很快就被窦建德击溃，魏刀儿本人也成了刀下鬼。宋金刚部，原有一万多名，也遭严重减员，看来终究难以避免覆灭的厄运。

宋金刚率四千将士退往西山，随后收到窦建德寄来的一封书信。读毕后，宋金刚默默地流下了眼泪。他一边用右手举起信纸，一边向他的将领说道："兄弟们，这小子杀了魏刀儿不算，现在，又想要我的命了。好吧，拿着我的项上人头，领赏发财去吧。"宋金刚拔出一把大刀就要往脖子上砍。几位属将扑过来，用力按住宋金刚，将大刀从手中夺去。宋金刚，这个身材魁梧的汉子，开始像小孩儿一样哭泣起来。属将们试图安慰他未果，却自己抱成一团，失声痛哭起来。

"将军，请告诉我们，下一步怎么走？"一名属将说道。

"我们别无选择，只有向西走，加入刘武周的队伍。"宋金刚说道。"但我并不知道刘武周会怎样对待我们。"

---

① 旧时丧葬时有摔盆的习俗。

“尽管是这样，”属将接着说，“也比在这里等死强。”

“你说的没错。窦建德迟早会找上门来。”

“那么我们确定准备西进了？”

“是的。”宋金刚无可奈何地回答道。

刘武周热情地张开双臂欢迎宋金刚，完全打消了他的疑虑。刘武周器重宋金刚带来的四千名久经沙场的士兵，更欣赏宋金刚本人。宋金刚，作为一名卓越的战略家和指挥官，早已名声在外。刘武周任宋金刚为其副手，委以军事，甚至把自己颇有魅力的妹妹嫁给他。

宋金刚因自己命运的突然转变而大喜过望。为了表示谢意，他向刘武周提出了一项大胆的策略：

“大人，我们可以南下夺取太原，进而联合河东。”

“接着讲。”刘武周说道，看上去很有兴趣。

“太原城现在由李渊四子李元吉负责守卫。他不仅为人腐败，而且不孚众望。如果动作迅速，我们可以迅雷不及掩耳之势拿下这座城。”

“这次行动需要多少兵马？”

“太原是李渊的发家的地方，唐军驻扎了不少军队。我们需要比他们强得多的兵力才能攻陷。我们应该部署我军主力。”

“你看两路夹击怎么样？我亲自率领主力部队，你率领三万人马走另一路。”

“妙极了，陛下。”

从5月到7月，刘武周的军队大肆地向南挺进，直至太原郊区。宋金刚率部继续南行，至介休。根据皇帝李渊的旨意，裴寂率援军北上，阻拦宋金刚所部南下，但在介休附近战败，遂即退回关中。

现在保卫太原的重担落在亲王李元吉肩上。李元吉年方十六岁，精于马术，擅用长矛，此外并无所长。尽管现在是亲王，但他出生时，凶星高照，正值父亲李渊有公事在外。因为相貌出奇丑陋，其母命令一侍女将其丢弃。但是侍女并未遵命，私自将李元吉带回家抚养。之后，她曾试图将李元吉归还其父李渊，但是李渊坚持让她继续抚养。由于从小缺少关爱及安全感，李元吉长大后缺乏任何道德约束。有一次，他与养母争吵；一时冲动之下，他竟让手下将她杀死；而后他又感到非常懊悔。

裴寂兵败撤退之后，李元吉每日提心吊胆，生怕被抛弃的悲剧重演。他多次请求增援，但却无人理睬。他因而决定临阵脱逃。然而，未经朝廷允许弃城而逃定会惹怒皇帝，甚至会招致严重刑罚。但他认为，无论如何这也比落入凶残的敌人手中要好得多。

10 月某夜，在夜色的掩护下，一马车队出了太原城西门，无声无息地向西驶去。车上有李元吉的妻子、妾室以及大部分随从。车队由李元吉亲率的太原精锐部队护送。留下守卫太原城的仅仅是一支由司马刘德威指挥的由老弱组成的城防部队。

李元吉逃离后几天之内，一名支持刘武周的当地土豪，在一小群人的协助下，控制了城内的唐军，向刘武周敞开了城门。司马刘德威被俘，被迫改换门庭，效忠刘武周。多年之后他才重归大唐，任刑部尚书。

19. 刘文静

刘文静，李渊太原举义的谋主，不久前曾在李世民手下任长史，而最近因被告诽谤再度入狱。皇帝李渊下令组成一个最高级别的特别调查小组，负责审理此案。小组为首的是尚书仆射裴寂和中书令萧瑀。裴寂在救援太原失败后，遭到皇帝的训斥并受处分，但不久前又重获皇帝青睐。萧瑀为两朝元老，曾在隋任要职。隋朝核心领导层中，入唐后未身败名裂而官运亨通者，仅萧瑀一人。萧瑀固执己见而诚实不欺，可成为制衡裴寂的中坚力量。

在狱中审问之初，在裴寂和萧瑀的要求下，刘文静做了自我辩护。他说道："太原举义时，裴寂大人与我位望略同。而后，裴寂大人升为仆射，搬入甲等住宅，而我仍为尚书。我多次东征西讨，留老母在长安城破旧的家宅中。随着时间的推移，我开始有怨言。"

“但你而后晋升至门下省纳言，难道不是吗？”裴寂问道。

“是的，但不能与仆射相比。”刘文静回答道。

“你是否说过你要杀裴寂大人？”萧瑀问道。

“从未有过此事！”刘文静果断地回答道。

“但是我们有证据。”

“是何证据？”

“来源可靠的证据。”

“谁是来源？”

“你的二房妾室。”

刘文静陷入了沉默，意识到继续否认是徒劳的。他十分后悔在接纳三房妾后未能善待二房。但这一切都已经为时过晚。他现在要为了活命做最后一搏。

“那些话我都是在烂醉之后说的，”刘文静说道，“我以先人的荣誉发誓，我绝对无心伤害裴仆射。”

审问进行了几个时辰后，萧瑀和裴寂起身离开，并没有回答刘文静提出的有关他是否会被赦免的问题。现在一切都要取决于皇帝李渊的裁决。

在一次两天以后召开的重臣会议上，皇帝说道：“朕刚读过会审者的汇报。看来刘文静的确心存反意。”

“陛下，”萧瑀说道，“据臣下所见所闻，刘文静并无反状。”

“臣下赞同，陛下。”李世民说道。“当初在太原时，刘文静是谋划举义的第一人。他只身一人前往突厥谈判，成果斐然，归来时带来了义军所急需的马匹和突厥骑兵。他固守潼关，英勇无比，使得义军攻下长安成为可能。依臣见，文静从未有过发动叛乱的妄想，尽管他机会很多。臣下愿担保他的人格。”

皇帝李渊转向裴寂，问道：“仆射，你看如何？”

“陛下，”裴寂回答，“毫无疑问，刘文静是一名好官良将，但是他生性险恶，在此动荡年代，我们不能冒险留用。”

“但文静功勋卓著，他曾被授予两枚铁券。”李世民说道。铁券只授予为数很少的有大功之人，其功绩常常关系到帝国的存亡。一枚铁券可以免除死刑一次。

在经过深思熟虑后，皇帝颁布了旨令：收回免死特权，刘文静本人处斩；其家产充公；其女性家眷一并没入宫中为奴。

20. 雀鼠谷

皇帝李渊对李世民为刘文静所做的强辩感到十分厌烦，数日之后，仍难以平息心中之怒火。然而就在此时，更严重的事件发生了，转移了他的注意力：四子李元吉临阵脱逃，太原陷落。一怒之下，皇帝下令要将李元吉的一位佐臣因未能谏阻而处死。后来听闻佐臣曾以谏言相告，但并未成功，皇帝又收回了成命。他还曾声明要亲自对李元吉施以刑罚，但最后也不了了之。当得知宋金刚部已与位于山西西南的河东叛军会师时，他变得焦躁不安起来。宋金刚下一步很可能会攻下潼关，进击关中。次子李世民应诏步入两仪殿时，皇帝正在绞尽脑汁考虑如何防止事态失控。

刘文静死后的这几天里，李世民常常夜不能寐。走进父亲的书房时，他显得憔悴、疲惫。

“刘文静的死朕也感到遗憾，”皇帝对李世民说道，“但作为天子，朕不能容忍他威胁其他官员的行为。”

“儿臣明白，父皇。”

“这还差不多。我希望你不要再挂怀此事。”

“是的，父皇，儿臣一定不会了。”

“甚好。”短暂停顿后，皇帝李渊问道：“你是否听闻了有关宋金刚的最近消息？”

“是的。拿下太原后，他继续向南进军。”

“他现在已控制了河东，正要准备入关。朕要阻止他。世民，你能帮朕吗？”

李世民沉思片刻后，回答道："可以，但儿臣需要三万兵马。"

"完全没有问题。实际上，如果三万不够，你可以统领更多的兵力。"

"从现况来看，三万足矣，父皇。"

武德二年（619 年）12 月，李世民率将士在陕西东南角东渡河水进入山西境内，抵达龙门（今山西河津）。他手下的将领中最能征善战的要属李世勣了。归顺唐政权后，他曾一度继续驻守黎阳。不久，他的父亲被窦建德抓去当人质，他本人也被窦建德的精兵击败，被迫投降。而后他趁机摆脱了窦建德的控制，来到长安，正式归顺皇帝李渊。李世民尤其器重其将才，而并未对其坎坷的经历产生怀疑。

由此以东，在位于敌占区边境上的柏壁（今山西新绛西南），李世民所部安营扎寨。由于部队粮草严重短缺，宋金刚并不想在此地久留，故急于与李世民交锋，决一雌雄。但是，秦王李世民没有马上应战，而是在等待中消耗敌人锐气；并派出多股小队人马对敌军进行骚扰。

一天早上，秦王李世民在一队轻甲骑兵的护卫下，进行了一次侦察活动。期间，李世民与众人失联，身边仅剩一名骑兵随从。后李世民与随从在山坡上躺下打了个盹；骤然间，随从发觉有东西擦面而过而惊醒：只见一只老鼠正被一条蛇追逐着。他骂了声倒霉，准备再次入睡，竟发现宋金刚的人正在暗中向他们靠近。

"有敌人！"骑兵惊恐地喊道。

李世民一跃而起，他和骑兵二人立刻跳上马背，飞速逃去。宋金刚的骑兵在背后紧追不舍。李世民骑在马背上，回身向追兵射出数箭。顷刻间，宋金刚的骁骑将军——此次行动的指挥官——头部中箭，落下马来，当场殒命。李世民和随从纵马疾驰，直到追兵远遁。

下月里，李世民仅仅组织了两次小规模的进攻，两次行动都获得了成功。在第二次行动中，李世民亲自率领三千轻骑，重创宋金刚手下大将——尉迟敬德、寻相——所率的营救河东的骑兵。

秦王手下的几位将领建议：抓住时机，趁热打铁，主动出击。但李世民却不愿采纳，他决心继续等待，直到敌人彻底精疲力竭。

四个月后，武德三年（620年）5月，宋金刚的粮草用尽，迫不得已向北撤退。秦王李世民看到时机已成熟，决定全力出击。如同往常一般，他欲身先士卒，但却遭到激烈反对。一位副将争辩道："将敌人赶走已算是大功，您实在没有必要亲自冒险追逐穷寇。更为重要的是：我们的将士已饥饿不堪；待给养运到再出击似乎更为稳妥。"

李世民回复道："宋金刚之所以退兵是因为他的给养已全部耗尽；他的军队士气涣散，很可能一攻即破。这天赐良机我们必须抓住，否则会稍纵即逝。"

"但是并不需要您亲自上阵。"副将说。

"不必担心，我心中有数。况且，万一不幸捐躯，亦可流芳百世。"

唐军进军神速，在雀鼠谷追上了宋金刚部。唐军士气高涨，指挥得当，所以秦王李世民断言，即便没有数量上的优势，也完全可以击败宋金刚。在一日之内，李世民先后发起了八次进攻，屡战屡胜。唐军将士食不果腹，而敌军断粮已有数日。

当夜，唐军驻扎在雀鼠谷西一片空地上，养精蓄锐。李世民三天以来第一次卸下身上的盔甲，两天以来第一回进餐。随军厨师宰杀了最后一只羊，烧烤后，送至统帅李世民。这位年轻的统帅却将烤羊退回，坚持要与将士们共享。

宋金刚欲在位于雀鼠谷以北的战略要冲介休与唐军决一雌雄。他在城西门外部署了两万兵马。第二天早晨，秦王李世民和主将李世勣对介休城发动两路夹击。敌军阵列被打乱后，全线崩溃。宋金刚骑马向东逃窜。李世民乘胜追击数十里，直至张难堡。鉴于"猎物"已不见踪影，李世民转身向幕僚们说道："战斗就此告一段落。现在大家可以饱食一顿了。"返回营帐后，李世民安坐下来，享用晚餐——烧饼、猪肉炖蔬菜、一碗汤、一壶酒。对他而言，这算不上是一顿豪华大餐，但却是一生中最令人满意的一顿饭。事实上，这也是他多日来吃的第一顿饱饭。

与此同时，李世民手下的两名高级将领——任城王李道宗和宇文士及——正准备对介休发动进攻。李道宗是皇帝李渊的侄子，是一位名副其实的良将。宇文士及是宇文述的儿子，是一位杰出的行政管理者和指挥官。

至此宋金刚已逃得不见踪影，尉迟敬德则成为介休宋金刚部的统帅。他是一位在战场上视死如归的悍将。唐军在将介休城紧紧包围的同时，派奸细潜入敌人内部，策反了尉迟敬德的几位同僚。没过多久，被策反的官员就说服尉迟敬德，不要再为弃城而逃的主公卖命。于是统帅一声令下，介休敞开城门，以迎唐军。

李世民感到万分欣喜，直奔县府。尉迟敬德和部下多人已经在大门口等候。李世民刚一下马落地，尉迟敬德就要磕头跪拜。李世民并不想显出一丝胜利者的姿态，急忙将尉迟敬德扶起。

当晚，李世民设宴款待尉迟敬德和他的同僚。那时李世民已了解了尉迟敬德的身世。尉迟敬德是铁匠之子，加入隋军之前，曾以打铁为业。与许多山西北部的隋朝官员一样，他投靠了刘武周。李世民一见到他，就被他直率的举止和豪爽的性格所吸引。尉迟敬德是位没有受过多少教育、面容黝黑的莽汉，看上去就像个乡巴佬。显然，他不是一个能够谈诗论赋的人。然而，李世民觉得没有理由不信任他。宴会结束后，便当即任命尉迟敬德为唐军将军，并让他继续统率其麾下的八千旧部。

得到宋金刚惨败的消息后，刘武周连夜向北逃往突厥。宋金刚试图再聚残部，但却以失败告终。他亦向北逃亡。至此刘武周、宋金刚所率大军已大部丧失，对其突厥后台而言，也不再具有往日的利用价值。刘武周、宋金刚亦感到寄人篱下，不受欢迎，于是再度南下，试图东山再起。但在还未进入唐境之前，二人就遭杀害。亦不知是何人所为。

与此同时，唐军继续加强对河东地区的控制，不久就拿下了负隅顽抗的河东城。这让皇帝李渊狂喜不已，亲临河东，亲自督斩那位抵抗唐军的隋郎将。

唐朝所占据的河东（山西）地区实际上是一个有重大战略意义的军事基地。从河东可进一步进军河北和中原地区（河南）。唐军遂即将目光投向隋末战争中第二个重要的城市——洛阳。

21. 王世充和窦建德

洛阳是镶嵌在中原上的一颗王冠宝石。605年隋炀帝杨广建东都洛阳可以说是对其父所建大兴城（长安）的回应。尽管洛阳城市面积只比大兴城的一半稍大，但其建筑的奢华却远超出大兴城。无论是在城内的宫城还是郊区的西苑，各式各样设计华丽的建筑——宫殿、亭、台、楼阁等——举目可见。

洛阳有得天独厚的地理优势，能够比较容易地从周边地区聚纳财富，并通过大运河获得南方的谷物和方物。然而，洛阳缺乏潼关那样的、遏制敌军入侵的天然要塞。通过掌控河东（山西）和关中，唐朝实际上已经对洛阳形成了半个包围圈。

但拿下洛阳绝非易事。盘踞洛阳的军阀王世充部已成为一股不可忽视的力量。他曾击败李密手下的瓦岗军，也一度入侵窦建德的大夏国。王世充是印欧语系月氏人的后裔，鹰钩鼻子，面孔苍白。他发迹于长江下游的江都。自大业二年（606年）隋炀帝迁居江都以后，王世充一直负责其人身安全。王世充被调往洛阳间接地造成了江都皇宫护卫危机，从而酿成了皇帝被谋杀的结局。

王世充对关中唐军进军洛阳感到惊恐，急忙在城西四十里处的慈涧设重兵驻守。

秦王李世民是唐方负责攻打洛阳的统帅，公认为唐军最杰出的、几近百战百胜的将军。

武德三年（620年）8月，秦王亲率五万士卒（三万旧部和两万增援部队）兵临慈涧。为了抵御唐军，王世充加派了三万士卒前往慈涧驻防。

部队安营扎寨后，秦王李世民与副帅李世勣率两百轻骑，冒险巡视前线，观察地形。正当他们骑马行走在西郊绵延起伏的坡地上时，突然，一队轻骑从附近的小树丛中冲杀出来；为首的是一个体型魁梧、挥舞长槊的壮汉。

“秦王！”李世勣大声疾呼道。“他是单雄信！当心！”

霎时间，单雄信追杀过来，李世民无暇张弓射箭，只好拔出长剑，与敌人短兵相接。单雄信挥槊猛刺，擦伤李世民坐骑的侧腹；李世民一个趔趄，险些从马鞍上摔落下来。这时两名唐车骑将军率一队骑兵前来解围。趁单雄信前去迎战之际，李世民调转马头，疾速逃离。

当李世民和李世勣率唐军残部逃回到有栅栏围墙的本部大营门口时，天色已接近傍晚。

“打开大门，”秦王李世民高声呼喊着，“我是秦王！”

执勤门卫只看到马背上一个灰头土脸的人，轮廓模糊，并没能确定他的身份。

“有什么证明吗？”门卫问道。

“我就是秦王！”李世民气急败坏地回答道，脱下头盔。

迟疑片刻后，门卫打开了大门，李世民和所率将士蜂拥而入。

李世民与敌军首次交锋，就险些丢了自己的性命，而前来救援的多名骑兵，包括两名车骑将军，竟丧命黄泉。对唐军而言，这段经历远远谈不上是胜利，但却导致了一个意想不到的后果：王世充感到了唐军威胁，将驻防部队调离慈涧。占领这一前哨以后，李世民开始在洛阳城周围部署军队：北边的邙山、东边的虎牢关、南边的龙门山。两支分队分别袭击了洛阳城东北的回洛和洛口，并夺取了其最重要的粮仓——洛口仓。

位于河水南岸的洛口仓的陷落使洛阳守军的士气大跌，因为举世闻名的洛口仓是储存运自华北平原和南方的粮食的重要基地。切断通往洛口仓的通道，实际上起到中断了外粮输入的作用，使得城中军民不得不依赖于日益减少的城内储备粮。

放弃慈涧之后，王世充陈兵于洛阳广袤的禁（西）苑内的青城宫；李世民驻军在其西面，形成对垒。两军之间仅仅隔着一条小河。无奈之下，王世充提出了与秦王会谈的要求。

“隋亡之后，”王世充坐在马背上向对面高喊道，“大唐皇帝立于关中，大郑皇帝立于河南。作为大郑皇帝我未夺西部片土，为何秦王大举兴兵进犯我疆土？”

“我来告诉你为何。”秦王的副手宇文士及回应道：“四海之内都仰视着我大唐皇帝的风范；唯独你一人妄图阻挠声威、教化的传播。这就是我们来到此地的原因！”

王世充答非所问地说：“我们双方放下武器，言归于好，难道不是更好吗？”

“我奉召而来，”宇文士及回答道，“目的只有一个：夺取东都，而不是言归于好。”

显然，继续进行这场对话没有任何意义。王世充调转马头，怏怏不乐地返回大营。

在隋末唐初的英雄豪杰之中，窦建德与侠盗罗宾汉（Robin Hood）最为类似。他出生在现今河北与山东交界之处，于大业八年（612年）起兵。由于对战俘的仁慈宽容，对跟随者的慷慨大方，窦建德很快聚集了一支强大的队伍。他劫富济贫，从社会底层招募到众多新兵。

窦建德虽然身处河北，但却时时关注着河南的战局，曾多次拒绝王世充求援的请求。窦建德与王世充的关系并不融洽。一年以前，王世充曾进犯窦建德的大夏国。窦建德的部队实力与唐军不相上下，故能称霸一方；眼下，他希望唐郑之间继续交恶，两败俱伤，而从中获渔翁之利。然而，最近的事态发展表明，王世充旗下的大部分地方首领都已归降大唐，洛阳的大郑政权已岌岌可危。

由于幕僚们不断劝谏，窦建德逐步意识到，王世充政权的垮台会威胁到大夏的存在。因此，他不得不放弃作壁上观的策略，向旧敌施以援助之手。

在等待援军的同时，王世充采取了主动出击的策略，以遏阻唐军攻占土地。但他屡战屡败，一月之内，他接连失去了青城宫、洛阳西郊全部和洛阳城区的外城。最终，他实际控制的地区只剩下洛阳宫城。

进驻外城之后，秦王李世民派兵守卫城区的三个商业集市和一百多个里坊，以防止抢劫和骚扰商户、民宅事件的发生。包围宫城之后，秦王开始从四方发动总攻。多架可将五十斤重的石弹投掷二百步远的、巨型投石器不断以巨石轰击着宫门、宫墙雉堞。射程达五百步的“八弓弩”发射出一连串巨型箭矢，其箭身粗如轮辐，箭镞大如巨斧。

半月之内，李世民发起了至少十三次攻击，遣派训练有素的突击部队强攻城墙和宫门，但每次都以失败告终，突击部队无一人生还。此时唐军将士已疲惫至极，士气低落。

“将士们应当停战休整。”一名幕僚建议道。

“不行，”秦王坚决地回答道，“我们必须全力出击，一劳永逸地消灭敌人。洛阳以东诸州已纷纷归顺。洛阳只不过是孤城一座，不可能长期坚守。现在胜利唾手可得，万万不可放弃。”

“但我将士已精疲力竭，至少应返回营地作短时休息。”

“敌人肯定比我们更为疲惫。功在垂成，只需要最后一击。”

秦王的意志已再清楚不过了，但幕僚们仍劝谏不断。最终，秦王不得不下令全军：

在洛阳未破之前，我军必不返还，有敢言班师者，斩！

劝谏者被彻底禁声了。然而，令人意想不到的是，此时，秦王收到了皇帝李渊送来的密旨，命令他火速退兵。秦王迫不得已，只能命部队返回营地待命。皇帝主要担心的是唐军超高的伤亡率和窦建德的援军。

秦王速派军事参谋封德彝入朝见驾，讨论形势，之后，皇帝的态度有所缓和，终于批准了继续攻城的计划，但先决条件是，必须将窦建德的援军阻拦在外，使其不得靠近洛阳。

秦王给王世充下了最后通牒，劝其投降。王世充竟然没有做出回复。窦建德部的行动给了他一线希望。

与此同时，窦建德所部向西挺进，在虎牢关以东二十里处扎营停留。窦建德遂即发一封信给秦王李世民，俨然以大夏皇帝的身份提出媾和的要求。命秦王必须满足其条件，即率所部退入潼关。如若不然，他将亲率三十万大军继续西进。

秦王并没有被此信吓到，因为他知道窦建德在信中对其兵力颇有虚夸，而且其将士多数未必有多强的战斗力。但毫无疑问，这封信引起了秦王的警觉，使他作出了先迎战窦建德的决定。武德四年（621 年）4 月，秦王率三千五百骁骑向东边的虎牢关奔去。

窦建德所部在虎牢附近扎营二十余天，却未能向西推进一步。幕僚们在窦妻的支持下提出了一个新方案：放弃直接同王世充会师的计划，率军攻打山西，进而直接威胁长安；洛阳之围不战而解。虽然窦建德很清楚该方案的战略意义，但他眼下更关心如何履行对王世充的承诺。"君子一诺千金，"他说道，"我们有义务帮助王世充。"

5 月 28 日清晨，窦建德开始大举进攻虎牢关。其主力部队首尾相继，鼓角震天，连绵二十里。站在一高丘上观察敌军动向的李世民说道："这帮乌合之众，毫无纪律可言；自山东叛乱之后，还未遇到真正的对手。他们明显低估了我军的实力。只要躲过其锋芒，不与应战，几个时辰之内，敌军士气就会一落千丈。到时候出击，必然会旗开得胜。"

窦建德率所部抵达汜水东，沿岸列阵，并派遣三百轻骑渡水向李世民挑战，立即与两百名的唐骑兵遭遇。双方乍进乍退，了无胜负，相继撤离。突然，王世充的特使王琬将军，单身匹马，漫步出现在东岸。他所骑的高头白马立刻被认出是昔日隋炀帝最喜爱的坐骑。骏马左右跳跃，昂首甩尾；在朝阳的照映下，王琬身披的铠甲和手中的长剑显得耀眼夺目。

"真是匹好马。"李世民情不自禁地感叹道。

"非抓着这王八羔子不可！"尉迟敬德将军叫道。

李世民正要前去阻拦，尉迟敬德已骑枣红骏马，在两名副将的陪同下，疾驰而去。他们突如其来地出现在汜水对岸，使敌方措手不及。瞬息之间，尉迟敬德与副将已将王琬与白马一并擒获，疾速返回西岸。

大约中午时分，窦建德的部队，因为未食早餐，开始骚动不安起来。随后，又因争抢饮水而发生了骚乱。秦王抓住时机，命宇文士及将军即刻率三百轻骑，飞渡汜水，然后向南驰行，以牵制敌人。如果敌方站稳阵脚，不为所动，则应立即返回。如果敌军主动追击，则应诱之东行。

当宇文士及及所率轻骑抵达西岸时，窦建德的阵营里一阵骚动。“出击！”秦王李世民一边对随从郎官下令道，一边亲率一队轻骑，一马当先，投入战斗。唐军骑兵、步兵主力紧随其后。

双方开战之时，窦建德正在其大帐中接见文武高官。唐军先头部队已经发起猛攻，窦建德无暇布阵对敌，急令撤退。所部毫无准备，仓皇逃窜，全军溃败。

窦建德向东狂奔三十里，沿途被长槊刺伤多处，最终被唐军追上。两位车骑将军将他从马上撞下。其中一位举起长槊，正要给他致命的一击，窦建德突然大声叫道：“我是大夏皇帝，不要杀我。”两位将军下马，将其擒获。至此，窦建德所建立的、称雄一时的大夏国轰然倒塌。

22. 入洛阳宫

洛阳宫城的悲惨状况，已达到无以言表的地步。不久前被迫迁入的三万户居民，现仅剩三千户左右。城内食物异常匮乏：一匹帛也仅能换得三斗粮食；珠宝首饰则变得分文不值。地面植被已被完全破坏：杂草、草树根、树叶、树皮等因被当做食物充饥而消耗殆尽。但王世充仍然拒绝投降。

一天早晨，王世充登上宫城中央南大门的城楼，朝城外望去，看见一批被唐军押解的、身戴枷锁的战俘在游街示众。当他瞥见战俘中窦建德的身影时，他的内心世界终于崩溃了。

6 月 4 日，王世充身着白衣从宫城南正门走了出来。紧接在身后的是他的太子、单雄信和两千文武官员。当他们缓缓走过天津桥时，身披铠甲的李世民已在桥的南端骑马等候。

在征服者面前，王世充俯卧在地，长久说不出一句话来，额头上冒出晶莹的汗珠。

“怎么啦？王世充。”李世民问道。“堂堂郑王为何现在这样拘束？”

王世充跪了起身来，磕头数次后，用细微得几乎听不到的声音说道：“我胆敢抵抗唐军，该当死罪。”

“不必担心”，李世民轻蔑地说，“大唐不会斩杀任何献城投降的人。”

于是王世充以及其随从被拘捕押下。李世民派手下人接管宫城。记室房玄龄率属下和士卒直奔中书、门下省，收集隋朝图籍制诏，但却一无所获。毫无疑问，这些文件已被王世充销毁。萧瑀率另一队人马直奔府库。经秦王批准后，萧瑀取出部分黄金玉帛以赏赐有功的将士，而后将府库查封。

次日早晨，李世民步入宫城内，映入眼帘的是一座座宏伟的建筑，其中宫城主殿乾阳殿最为壮观。此殿高台广厦，飞檐排角，四坡屋顶，琉璃黄瓦，远观壮丽非常。屋顶是由一个十分复杂的、犬牙交错的斗拱系统所组成。殿身坐落在高九尺的花岗岩平台上。从表地至鸱尾，全殿高一百七十尺，进深三十间[①]，二十九架梁。三段台阶均有纹饰繁复的护栏。殿正面由一排廊柱组成，廊柱有二十四个合围之粗。殿中云楣绣柱，华榱玉珰，极尽华美。

殿西有石台阶通向观文殿。与正殿相比，观文殿则显得矮小，但其设计却别出心裁。前两厢为书堂，各十二间。每间置十二书橱，前设方形五香重床，饰以金玉。在十二间内，设有南北贯通的“闪电窗”，窗上有两龙相望，其雕刻之工，极为精美。镀金铺首、玉质椽头、华美的藻井天花板、雕画的椽子——这一切让人目不暇接。每三间有一方形门，门外有锦幔，上有二飞天仙女。门前有一机关。一旦脚踩机关，则仙女降下，捧幔而升，门扇、书橱也随之自动开启。

虽然饱受战争的蹂躏，但华丽的装饰和豪华的建筑设计仍令李世民感到震撼不已。

“这一切都是为了满足隋炀帝杨广奢华的欲望，”李世民一边观察一边说道，“如此穷凶极奢，不失去江山，那才是奇闻怪事呢。”

离开宫城时，李世民下令拆毁宫城南端门城楼、则天门上的阙、宫

① 间：长度单位，类似于日本的坪。

城正殿乾阳殿。摧毁这些著名建筑——不管是出于李世民本人的意愿还是代表他父亲所做出的一种象征性的行为——显示大唐决心要有别于腐败堕落的隋朝。

第二天，秦王李世民带几个幕僚和郎官微服私访，来到城西的玉清观。李世民将所有人都留在门口，仅带着房玄龄一人入观。房玄龄比李世民年长十九岁；早在隋文帝杨坚朝，年仅十八岁的他荣登进士科，成为科举历史上最早的进士之一。①

在大殿西屋内，道教大师王远知接待了二人。王远知虽然年事甚高，但仍耳聪目明。李世民和房玄龄刚进屋，王远知就说道："贫道能感觉出来，你们其中一位是王子。"

"大师，秦王前来向您致意。"房玄龄说道。

秦王行了礼之后说道："皇帝让我来表达对您的感激之情。因为大师的缘故，老子已被尊为李氏的先祖。"

"甚妙。贫道相信，在太上老君的护佑下，大唐定能为天下苍生带来太平盛世，唐朝定能国运绵长。"

王远知用好一会儿功夫仔细观望了李世民的相貌后，说道："我有一天机，仅可对秦王一人语。"

秦王指着房玄龄说道："他是我的心腹。您可以尽所畅言，不必有所顾忌。"

"好吧。天机如下：秦王迟早会成为天子；在位期间，天下将长治久安。"

秦王感到非常震惊，以致无言以对。这时房玄龄厉声说道："大师的话将陷秦王殿下于危境！"

"贫道知晓，"王远知说道，"贫道只是想让秦王明晰将来的命运罢了。"

"从即日起，"王远知继续说道，"秦王的一言一行都必须小心谨慎。

---

① 此处描写据新、旧《唐书》房玄龄本传而成。现代学者多认为进士科始于炀帝朝。

如果由于某种原因，命运与天机相违，后果将不堪设想。”

在与王远知这次颇为玄妙的会晤之后，李世民时常思考所谓天机的真正含义。他对登基上位的想法感到一种诱惑，但对其可信性却没有足够的自信。他想道：“尽管父亲已经年过五十，但只要看一看母亲去世后他所宠幸过的女人就知道他身体有多强壮。与此同时，李建成的太子之位丝毫没有动摇的迹象。如果我当上天子后，天下将长治久安，那又怎样才能完成登上宝座这第一步呢？”最后，他不得不将此念想置之脑后。

根据唐朝的政策，王世充集团中仅有十六名文武官员因为战争罪行和各种其他原因而被判处死刑。其中有一人是杜淹。他不仅与其侄子之死有关，而且还是王世充手下的权臣。受害者之兄杜如晦正好是李世民的手下。虽然官阶不高，但杜如晦却是李世民的心腹之一。受亲属嘱托，杜如晦在克服对杜淹的厌恶之后，跑去找李世民求情。李世民随后赦免杜淹的死罪，死刑名单上的名字由十六减至十五。

对于李世勣将军而言，好友单雄信被判极刑简直是不可思议的。在李密瓦岗军中任职时，二人便结为拜把兄弟，并发誓，虽未同生，却愿共死。李世勣深感有义务挽救好友一命，便到李世民面前替他说情。

“身为大唐臣民，”李世勣说道，“我愿用我所有的官爵、职位换得单雄信一条生路。”

“正是因为他，王世充才能苟延残喘如此之久。”李世民不为所动。

“或许确实如此。但以其忠贞以及高超的武艺，单雄信定能成为我大唐的一名勇将。”

“可他的双手沾满了唐军将士的鲜血。那天他杀害我方阵营两名车骑将军你也亲眼所见。单雄信必须死。”

为了说服李世民，李世勣再一次做出了努力，终遭拒绝，只好含泪离去。

单雄信的死期将至，李世勣前往狱中探视。

“我就知道你救不了我。”单雄信伤心地说道。

“未能救弟出狱，我很抱歉。我们曾发誓要像真正的拜把兄弟一样，死于同日。我虽愿与你同日死，但是……”

“不，不。我不是这个意思。”

“但我已发誓效忠大唐，再也不能履行同日死的承诺了。况且，我要是死了，谁来照顾你的妻儿呢？”

“世勣，你不需要自责……”单雄信话音未毕，李世勣已从靴子里拔出一把匕首，从左腿上切下一片肉，递给单雄信说道：“为了我们之间的兄弟之情，把这片肉吃了吧。让我的血肉在九泉之下陪伴你。”

“有兄这样的朋友，我死而无憾。”单雄信已是泪流满面；他接过那片鲜血淋漓的肉，将它吞食下去。

次日早上，十五个死刑犯，被五花大绑着带到坊、市，游街示众，而后被押上天津桥南的一个临时搭起来的木台子上，跪成一排。当刽子手砍落他们的头颅时，喧闹的欢呼声从观众群中迸发出来。此时，李世勣也夹杂在人群中，向挚友单雄信默默道别。

23. 李世民凯旋归来

武德四年（621 年）8 月 1 日，长安城张开双臂欢迎隋末唐初战争中的英雄秦王李世民。长安城的南北通衢——朱雀门大街——两旁站满了穿着节日盛装的人群。在人们热烈的欢呼声中，李世民身着镀金铠甲，骑着白色高头战马，由长安南大门明德门进入城中。延绵不绝的队伍缓缓前行，锣鼓喧天，旌旗飞展。李世民身后紧跟着二十五名骑马将军，李元吉和李世勣也在其中。再后，是一万铁骑和三万步甲兵。队伍的最后是战利品，包括几十辆隋战车和最知名的两名战俘——窦建德和王世充。

皇帝李渊身着礼仪盛装，率领三四十名文武大臣，于朱雀门大街的北端朱雀门外，迎接秦王。而后父子二人同登太庙（位于皇城东南角），祭告先人，并参加进献战俘、战利品的仪式。

第二天早上，皇帝李渊端坐于两仪殿的朝堂上。窦建德被带了上来。面对这往日的大唐劲敌、一代枭雄，李渊突然感到一丝怜悯。他被捆绑着站在那里，低垂着头颅，脸色苍白，从前的傲气早已消失殆尽。皇帝走上前，替他松绑，让他坐下。

“窦建德，”皇帝李渊说道，“你是否知罪？”

“在下不知，陛下。暴隋不道，不知鹿死谁手，天下群雄并起，逐鹿中原，乃理所应当之事。”

“说得对。但你妄图阻止我大唐夺取洛阳，毫无道理。”

“也许吧。但在下希望陛下能够从我的角度考虑一下。洛阳以及中原的陷落会直接威胁到大夏的安危。”

“所以你就率三十万大军来犯？”

“的确，我在信中提到了这个数字。但纯属夸张，实际兵力只有近二十万。”

“之后发生了什么？”

“陛下的部队在秦王李世民的指挥下击败了我部。”

“这怎么可能？与你部相比，秦王所部的人数要少很多。”

“我不得不承认，秦王要么是军事天才，要么是幸运所致。不管怎样，他选择了最佳时间，在我布阵之前就对我部展开了进攻。”

皇帝沉默了，显得有些心事重重，然后继续说道：“说到秦王，朕有事要告诉你；他向朕建议将你处以死刑。除非你能改变朕的心意，否则朕会采纳他的意见，杀鸡儆猴，以警告那些想和我们做对的人。你有什么话好说的吗？”

沉默许久之后，窦建德终于开口了：“我无话可说，陛下。但如果可以的话，我有一个请求。”

“你说吧。”

“我会对自己所做的一切负责。但我的妻子一直奉劝我不要发兵援救洛阳。陛下是否能够宽恕她？”

停顿片刻后，李渊说道："我应允你这一请求。"之后皇帝手一挥，窦建德被带出两仪殿。稍后，王世充被带了进来。

"你为何反复拒绝秦王向你提出的投降的要求？"皇帝厉声问道。

"罪人知错，陛下。"

"你的过错使数以千计的唐军将士丧失性命。"

"我的所做所为显然是应该受到最严厉的惩罚。但是秦王已经答应饶我一命。"

"我们自会信守承诺。但死罪可免，活罪难饶。你将被流放到蜀地（西南地区），并在那度过余生，永远不许返回国都。"

"我衷心感谢陛下的宽大处理。"

皇帝挥了挥右手，王世充被带出房间。

正当准备出发前往流放地时，王世充却受到了命运的捉弄，在长安家中被仇人暗杀。

24. 杜如晦和李神通

由于战胜了窦建德和王世充，李世民的权力得到进一步的巩固。他身边最为忠实的支持者包括长孙无忌（内兄）、高士廉（长孙无忌的舅父和抚养人）、房玄龄（伟大的战略家）、侯君集（前途无量的军中新秀）以及唐军打败宋金刚后归顺的、勇猛无惧的尉迟敬德。近来，能吏杜如晦和皇帝的堂弟、猛将李神通也成为李世民的羽翼。

但是，没过多久，意想不到的事发生了。杜李二人竟然严重影响到秦王与皇帝这对父子之间的关系。

一天早上，杜如晦骑马穿过长安东市附近某坊时，路过一座外观十分壮美的深宅大院。三个家奴模样的人围过来，不由分说地辱骂他。还没等杜如晦还嘴，三人已经将他拽下马来，痛打一顿，打断其小拇指。

"下次再让我们碰上，饶不了你！"其中一人吼叫道。

"我到底犯了什么错？"杜如晦对他无端被殴一事感到莫名其妙。

“你难道不知道吗？这是尹家大院。”

“尹家大院？”

“我们家主人是尹阿鼠。行人路过必须下马，以表示尊重。”

“我明白了。”杜如晦咬着肿胀的嘴唇说道，一边吃力地爬上马背，继续上路。

当得知幕僚的小拇指无缘无故被打断时，李世民气得脸色发青。通常情况下，他会将这类事件报给长安最高行政长官京兆尹。然而，此案与往不同，相当棘手：肇事者是尹阿鼠的手下。而尹阿鼠的女儿尹德妃非但是后宫中一百二十一名嫔妃之首，同时也是李渊的宠妃。她非正式地取代了613年故去的窦皇后的位置。由于未能荣升后位，她与皇帝所生的儿子——李元亨——自然不可能是皇位继承人。但是她是后宫经常侍寝的女人中的佼佼者，最受皇帝信赖，也最为皇帝宠爱。倚仗她的权势，她的父亲变得飞扬跋扈，连其家奴也嚣张起来。长安的地方官员实际上无权插手有关于尹阿鼠家的案件。因此，秦王将此事直接上报给父皇李渊。秦王话还没说完，就遭到皇帝一通斥责；皇帝指控杜如晦对尹阿鼠及其家奴“行为嚣张”，而李世民竟然对之“纵容护佑”。很显然，尹德妃已经向皇帝李渊告了一状。到最后，秦王非但未能够为杜如晦讨回公道，反而被迫代他道歉，以平息父皇的愤怒。

李神通的遭遇与此不同，但其结果却类似。因为李神通战功卓著，李世民在获得朝廷的允许后，将山东的一片不小的土地赏赐给他。然而，同一块地被一位姓张的暴发户看上了。李世民对此本来可置之不理，但张某与众人不同，是张婕妤的父亲。张婕妤是皇上身边的另一位宠妃。在后宫她虽无法与尹德妃平起平坐，但她比尹德妃年轻许多，故能够用魅力、年龄优势、美貌赢得了皇帝的宠爱。然而，她被纳入宫中时，皇帝的体力已由盛转衰，所以她无法为之生育儿女。不过，她依然能让皇帝听取她的意见；这足以使她成为颇有权势的人物。在她的请求下，皇帝下诏将原本赐予李神通的那片山东土地转赐给张某。当张某试图接管土地时，却遭到了拒绝。张某将此事通过女儿上报皇帝，皇帝马上召秦王进宫质问。

“为什么亲王的指令会高过圣旨？”皇帝厉声问道。

“儿臣感到万分抱歉，”李世民说道，“李神通拒绝转让一事，儿臣毫不知情。”他看上去唯唯诺诺，因为他知道，触犯天威，即便仅有一丝一毫的怀疑，后果必不堪设想。这次召见结束之后，李世民急忙迫使李神通向张某道歉，并立即转让有争议的土地。

25. 太子和四弟

武德四年（621 年）年末，国内绝大多数地域已被大唐所控制。随着窦建德和王世充的战败，包括中原在内的整个北方皆变为大唐领土。在伟大战略家李靖和皇室李孝恭的征战下，江水（长江）中游的萧铣独立政权被大唐兼并；江水下游的叛军首领杜伏威也被招安。位于漠北一带的突厥人，仍有时南下抢劫，但帮他们蹂躏唐境领土的汉人傀儡已被翦灭殆尽。唐与突厥之间的关系甚至得到改善。

长城以南真正挑战大唐政权的是刘黑闼新近建立的割据政权。这位占据漳南（今山东武城附近）的中年男子，曾是窦建德的老部下。窦建德的大夏政权垮台后，刘黑闼回乡务农。尽管窦建德曾善待过唐军的高级俘虏（例如李世勣的父亲），但他本人仍被处死。这在很多人看来十分不公。此后朝廷对窦建德旧部穷追不舍地搜捕、迫害，引起其强烈反感。其中一部分人随即揭竿而起。刘黑闼趁势加入了叛军,不久便成为其首领。

在刘黑闼的领导下，叛军数量经历了爆炸性的增加，让人为之震惊。李密旧部徐圆朗，在山东起兵呼应，夺取了兖州，并自称鲁王。

李神通奉皇帝命率部前去招讨，不久就败绩而退。随后李世民和四弟李元吉奉命继续征伐。届时刘黑闼已占有窦建德原先在河北占据的大部领土，从而成为继王世充之后对李唐政权的最大威胁。

武德五年（622 年）初，秦王李世民在洺水（位于河北邢台以北）南岸安营扎寨，加筑工事。虽然敌人屡次挑衅，但秦王一直拒绝应战，却暗地里派出小股部队切断刘黑闼水陆运输道路，并在洺水上游筑堤截堵水流。在秦王按兵不动等待时机的同时，刘黑闼军却因饥饿而变得躁动不安。5 月 16 日中午，在没有任何预警的情况下，李世民发动突袭，又于傍晚前掘开堤坝。由于预先得到警告，唐军将士及时撤往高地，基本上安然无恙。洪水袭来，滞留疆场的刘黑闼所部几乎全军覆没。

从洺水劫难中侥幸逃出后，刘黑闼北上投奔了突厥。李世民返回长安后，刘黑闼又以数万突厥骑兵为后盾卷土重来，至武德五年年底，已屡胜唐军，并将势力扩展到河南南部和山东西部。

尽管受到李渊嫔妃的诋毁，但李世民仍深得皇帝李渊的信任。身为尚书令的李世民，实为朝廷的最高长官。尚书省下辖六部——吏部、户部、礼部、工部、刑部、兵部——是唐政权的最高行政中枢。作为打过多次成功战役的军事统帅，他与军中某些最杰出的将领们结成了生死与共的友情。从山东返回长安后，他获得更多的皇帝赏赐的头衔和荣耀。他亦被授予了一个特殊的武官头衔——天策上将，其位在诸王公之上，在太子李建成之下。天策上将开府，设置司马、长史、诸下属官吏。更有意义的是，经恩准，李世民在宫城的西部开设文学馆。该馆实为李世民的智囊团，共有十八名学士，多为其亲信。

太子李建成首次感到自己的地位受到严重威胁。诚然，李建成被立为太子，不仅是因为他作为成熟的长子，亦是因为他突出的行政和军事能力。而且，他为大唐政权的建立也立下了汗马功劳。但是大唐王朝在长安建立后，他定居于东宫，再也未能获得一次指挥军事战役的机会。倒是二弟李世民因屡立战功而名声显赫。针对这些问题，李建成召其高级幕僚魏征前来东宫承恩殿议事。

“殿下，您有麻烦了。”魏征直言不讳地说道。

“何出此言？”

“您现在身居东宫只不过因为您是皇帝的嫡长子罢了。而秦王李世民在战场上所向披靡，无往而不胜。天下人皆知，近几年您没有做出一件与太子地位相符的大事来。而且您手中也没有多少实权。与您不同，李世民掌控中央政府与军队。他甚至还有自己的智囊团。”

“你是指文学馆？”

“是的。”

“但那只是一个学术机构，不是吗？”

“在文学馆中，确实有孔颖达和陆德明这样的学问家。但是，房玄龄、杜如晦这类人并非学者，而是战略谋划家。在我看来，所谓的‘馆’只不过是一个幌子。谁能知道在探讨文学的幌子下他们到底在干什么？”

“那我应当如何应对？”李建成警觉地问道。

“趁现在还为时未晚，殿下应当尽早立军功。”

“怎样立军功？”

“相对而言，刘黑闼比较容易对付。当然，同李世民交手后他重新占领了一些土地，但他的部队数量并不多，大约一万人。如果没有突厥的鼎力支持，我们很容易打败他。打败刘黑闼部会让你获得在山东豪族的支持，并巩固你在朝中的权势。”

“好，就这么办！”李建成同意地说。

几天后，经皇帝的特别批准，李建成担起了攻打刘黑闼的责任，并接管了河北、河南、山东的军务，齐王李元吉随行。武德六年（623 年）1 月，李建成率兵出征，抵达南乐（今河南长乐）后，遭到了刘黑闼军的顽强抵抗。

“我们应该释放敌方战俘。”战后，魏征建议道。

“为何？”李建成问道。

“刘黑闼手下的将士之所以忠于他，是因为畏惧我们。之前，每次唐军取胜之后，都要公布一个被判处死刑的、刘黑闼部将名单，并将他们的妻儿收为奴婢。难怪最近朝廷的特赦令毫无效果。释放俘虏不但能证实我方的诚意，而且还可以起到瓦解对方军心的作用。”

“此计甚妙！”李建成大声说道。“如果没有军心，刘黑闼的军队必将崩溃。”

于是，根据李建成的命令，在押的俘虏全部释放。起初，魏征所预测的事情并没有发生。然而，当刘黑闼的粮食储备即将耗尽时，他手下多人开了小差。有士兵甚至绑架上司一起来投诚。在李建成和李元吉的猛攻之下，刘黑闼部节节败退，向北逃窜，仅剩下几百人。刘黑闼气运耗尽，终被部下劫持，送至唐军。李建成立即将他就地斩首，并将头颅传送到长安。

与此同时，山东的另一个叛军首领徐圆朗被李神通和李世勣击败逃亡，在野地里遭当地人杀害。

剿灭刘黑闼之役产生了一个意想不到的结果——李建成和四弟李元吉之间的关系变得密切起来。返回东宫后不久的一个晚上，李建成造访李元吉，以表谢意。

"从前与世民相比，我显得是那样黯然失色；现在好了，起码不必再像以前那么担心了。"李建成说道。

"但是，"李元吉面带疑惑地说，"要走的路恐怕还非常遥远。"

"你真这么认为吗？"

"是的。我太了解二哥了。在剿灭刘武周的战争中，我与他朝夕相处。他是一个极具野心的人。"

"此话怎讲？"

"显然他想登上宝座。"

"不，世民不是这样的人。"

"相信我，他就是这么想的。文学馆和天策府是他影子政府的文武两大分支。一旦李世民取得皇位，他们将会立即掌控整个国家。"

李建成因元吉流露出对世民的敌意而感到震惊，问道："就算你刚才说的是真的，怎样才能遏制他的野心呢？"

"让他消失。"

"杀害二弟？"

"大哥，如果你现在不除掉后患，将来肯定会后悔的。"

"我想我能遏制他。"

"好吧，如果你真这么想的话。但动作一定要快。我也许能帮助你。"

两人继续交谈一直到深夜。

半月之后，李元吉突然造访东宫，似乎是带来了一则秘密消息。太子李建成命随从退下后，问李元吉道：“四弟，有什么消息吗？”

“听说父皇后天会来看我。”

“是吗？”

“你和二哥都会随行。”

“那又怎样？”

“所有人都要在我府上过夜，第二天清晨离开。”李元吉降低了音调说道：“我可以安排一名刺客躲在二哥的寝室里，半夜行动。”

李建成不敢相信自己的耳朵，问道：“刺客是谁？”

“宇文宝，一位勇士。他的命都是我给的。为了我，他会赴汤蹈火，在所不辞。如果计划妥当，他肯定不会被抓着。”

“我认为这么做太冒险了。”

“大哥，这都是为了你，不是为了我自己！”

“不管你怎么说，我绝不允许这么做。”

会面不欢而散。但李元吉的提醒逐渐使李建成意识到，李世民对太子位是潜在的威胁。李建成开始考虑各种方案，以防不测。他采取的第一个措施就是强化东宫的防卫。通过前宿卫杨文干的安排，两千多骑兵由庆州（在甘肃东北）调往东宫。这些精心挑选的士兵个个是勇猛善战。他们被安排驻扎在东宫的左右长林门附近，故称长林兵。通过另外一个幕僚，又从幽州（在河北北部）调来三百骑兵，驻扎在东宫东边的里坊中，作为长林门兵的后备军。

26. 张婕妤

长安城以北三百里，延绵数里的仁智宫（陕西铜川）正在建设当中。大多数建筑坐落于玉华山中。这里气候凉爽，风景秀丽，是一处绝佳的避暑胜地。

仁智宫于武德七年（624 年）6 月落成。皇帝李渊对长安宫城中夏日的燥热早已不堪忍受，立即移驾前往。在仁智宫避暑的日子过得非常愉快;然而，一份意想不到的密报扰乱了生活的平静。密报称，庆州（治甘肃庆阳）有一个叫杨文干的人被怀疑密谋造反。据说他幕后的支持者之一是太子李建成。一怒之下，皇帝声言要废黜太子，但冷静下来后，决定先召他见驾，问个究竟。

在仁智宫伴驾的有两位亲王，李世民和李元吉。太子李建成留守长安，以监国的身份，代理朝政。

事实上，李建成对所谓的密谋毫不知情。不过他私下确实进行了一些秘密活动，但这些活动与谋反完全无关。他所居住的东宫可由右长林门进入太极宫。作为东宫的主人，他离太极宫近在咫尺；而太极宫内有皇帝的女人们所居住的后宫。张婕妤即是其中之一。虽然她常陪伴皇帝（二者的性生活未必不如意），但她也因为皇帝的花心而心生不满。况且，她年方二十出头，而皇帝已进入暮年。

由于她的姿色能使皇帝动情，也能让皇帝听取她的意见，因此她被视作后宫中最有权势的女人之一。当李建成着手在皇帝身边寻找政治同盟时，张婕妤成为其首选。他送给她许多贵重的礼品，诸如翡翠手镯、金银发夹、宝盒、钻石项链、宝石胸针等。

不久李建成收到一封来自张婕妤的感谢信，让他感到高兴。信的内容是一首古怪的短诗，起初并未引起他的注意。入夜，他坐下来独自一人再次读诵。当从右向左横读时，他竟然发现第一行中隐匿的信息："想念建成。"太子激动不已。不过，他要确保自己没有曲解婕妤的真意。于是，他将一个红色丝制同心结放置在一个银饰化妆盒中，与其他礼物一同送给婕妤。这一举动点燃了她的欲火。她立刻给他一个秘密答复，对他的殷勤表示欣赏。

经过几次交流后，他们决定私下会面。张婕妤打扮成宫女的模样，在两个值得信任的女仆陪伴下，来到东宫西北角的宜秋宫，被带到了二楼的一个僻静的房间里，与太子相会。二人于是翻云覆雨一番。

第一次幽会之后，他们频繁相见；而皇帝宠幸其他女人时给他们提供了见面的机会。不过，好景不长，当皇帝准备前往仁智宫避暑时，他带上张婕妤同行。

身处长安城的太子李建成望眼欲穿地等待着来自仁智宫的秘密情书。很多天过去了，他仍未收到一封。这天夜里，倒是来了一位皇帝特使。其使命是紧急召太子赴仁智宫见驾。这突如其来的诏令让太子陷入恐惧之中。虽然诏令未透露召见原因，太子不得不做最坏打算。他的罪过——给皇帝戴绿帽子——不但会使他失去太子之位，甚至可能丧失性命。

一位亲信立刻建议以长安为基地，起兵谋反。另一位则认为这样做风险太大，主张太子赴仁智宫见驾。不过，亲信建议他应乘素面马车，身着简装，不带或少带随从。在稍许犹豫后，太子带上一小队人马，匆匆上路。到离仁智宫六十里的毛鸿宾堡后，太子将大部分随从留在当地旅店里，在十多名骑兵的陪伴下，前往仁智宫。

当太子李建成面见皇帝时，皇帝依然怒火未消。

“罪臣前来晋见父皇陛下。”李建成用悔恨的语气说道。

“你有什么罪？”

“儿臣并未完全知晓，父皇。”

“你若不知，为何认罪？”

“父皇看上去怒不可遏，必是因儿臣有事触犯龙颜。”

“好吧。杨文干这个人你很熟吧？”

“他曾任东宫卫队的中层官员。”李建成回答道，心中窃喜，老头子没有提及偷情之事。“他一年前调往庆州。我认识此人，但并不熟。”

“他被怀疑在你的支持下图谋造反！”

脸色变得苍白的李建成立即下跪，在大理石地板上反复磕头，大声说道：“父皇饶命！儿臣以先祖的名誉发誓，对此事确实一无所知。”

“那你如何解释那两千骑兵呢？”

“他们由庆州招募而来不假。但他们的职责是护卫东宫，与杨文干谋反一事毫无关系。”

对李建成进行了一场紧张的问询之后，皇帝感到疲倦了，一声令下，李建成被卫士带走扣押起来。

两天之后，噩耗再度传来。杨文干无视朝廷的传唤，在庆州起兵谋反。皇帝派去的特使司农卿宇文颖竟然背叛朝廷，参与叛乱。

沮丧的皇帝召李世民入殿议事。

“此次叛乱有可能涉及建成，”皇帝严肃地说道，“故朝廷内部也可能会有内应。朕需要派一名最强干的人前往平叛。事实上，朕觉得应该你去。朕意已决，待你凯旋归来，朕就册封你为太子，贬建成为蜀王。朕只能做这些了。朕不能够像隋文帝那样随便给太子定罪。不过，蜀地兵力薄弱。当你登基之后，建成如愿意听命于你，你应当容得下他。反之，你可以轻易地将他拿下。”

李世民离开了仁智宫，悄然起身赴任。他回味着父亲的承诺，心里感到一丝惬意。看来王远知的预言即将变为现实。

当李世民达到庆州时，叛乱已经结束。杨文干已伏诛，其他主要胁从也被擒获。

李世民随即返回仁智宫，届时，他做太子的希望已完全落空。李世民在外期间，尹德妃和张婕妤曾多次试图说服皇帝李渊收回废黜李建成的成命。在朝上李元吉和中书令封德彝也为此事轮流向皇帝建言。

由于无法证明参与叛乱阴谋一罪，李建成被赦免，并允许回到长安继续任监国。尽管如此，他手下的两名幕僚被流放，作为一种象征性的惩罚。因为担心舆论会认为他过分偏袒次子，皇帝也流放了李世民的一名幕僚。

27. 迁都争论

8 月中旬，皇帝李渊与随从返回长安。是时，突厥人又卷土重来。突厥人的首领颉利可汗在她妻子前隋朝公主的怂恿下发兵入侵，深入大唐腹地，严重威胁着长安。在皇帝的要求下，朝臣各抒己见，其中有人提出了一个一劳永逸的办法：

> 突厥之所以屡次入寇关中，就是因为长安有玉帛、金银、美女。如果我们将长安付之一炬，移都他处，则突厥入寇的祸患会自然消除。

这一建议得到了太子李建成、齐王李元吉、裴寂等朝中重臣的赞同，最终得到皇帝的首肯。皇帝派宇文士及前往南山（钟南山）以南为新都选址。

“但是，”朝会散后，李世民对萧瑀争辩地说，“迁移首都必然要花费巨资，而这些负担都要由农民劳役来承担。我们难道没有从隋炀帝兴建洛阳一事中吸取足够的教训吗？大唐刚刚草创，这种鲁莽的举动可能会带来严重的社会动荡，甚至可能导致王朝的毁灭。”

“秦王殿下，您的看法完全正确，”萧瑀同情地说，“但是这一计划是由皇帝钦定的，并得到了多数朝中大臣的赞同。”

“我们必须阻止它的实施。”

“怎样阻止？”

秦王沉默不语。是日夜里，他写了一份奏章，第二天早上，亲自上呈给皇帝。奏章说：

> 戎狄入侵的事，在古代就发生过。陛下以圣明英武的气概，兴建王朝，光芒普照华夏；以精兵百万，所向无敌；而当今仅因为胡人骚扰边疆，难道就要迁都回避吗？这样做，只会在四海之内受到羞辱，在百世之后仍被耻笑！昔日霍去病仅为汉朝一名将军，犹立志翦灭匈奴，何况今日臣下有幸为朝廷巩固边防；如能给臣下几年的时间，臣下定会将颉利可汗的项上人头拿下，送至朝廷。如未果，届时再迁都也不为晚。

李建成悠悠说道：“这让我想起了汉代鼓噪一时的樊哙。他企图以十万汉兵击败匈奴，而实际上，当时汉朝显然没有这种实力。”

公元前192年，汉廷收到匈奴单于的信件，信中措辞对吕后无礼。故此，汉代名将樊哙建议杀死特使，向匈奴宣战。最终，朝廷的理性派占了上风，避免了一场毫无胜算的战争。

李世民对李建成的比喻感到愤怒，说道："今非昔比。举竖子樊哙的例子是不恰当的。我敢断言，不出十年，定能击败漠北突厥。"

一场尖锐的辩论随之展开，直到兄弟二人开始互相辱骂。皇帝不得不下令阻止他们。

虽然李世民的奏章皇帝并不以为然，但它使皇帝心中产生了犹豫，于是迁都计划就被搁置起来了。李建成及其支持者们，后宫的尹德妃、张婕妤等人，并没有放弃。"突厥屡次造成边患，"她们说道，"收买他们比收服他们要容易得多。秦王表面上说要击败突厥，实际上是想掌控军权。"

这种诽谤中伤并没能改变皇帝李渊对秦王的看法，但却让他痛心地意识到建成与世民二兄弟之间的尖锐矛盾。

28. 李氏兄弟

在长安以南地势辽阔的少陵原上，繁衍着种类丰富的野生动物，诸如野猪、野马、麋鹿、狐狸、野兔等；以及不同类型的水鸟，诸如苍鹭、翠鸟、天鹅、鸬鹚、鹤等。因为其便捷的地理位置，少陵原成为皇家钟爱的狩猎场所。

一日清晨，李世民来到原上打猎。他骑马张弓追逐一群鹿，连发数箭，射中其中两只：一母鹿、一小鹿。几只猎犬冲向前方，将猎物从灌木丛中拖了出来。狩猎持续到中午时分；在随从的伴随下，李世民骑马走到皇家狩猎小屋前下马；随从将战利品放入储藏间，包括：五只鹿、十几只野兔、两只野猪。

李世民跨上台阶，步入小屋，看见皇帝正坐在一张长桌旁，桌上摆着酒壶和酒杯。皇帝对面的长凳上坐着李建成和李元吉。三人正把酒言笑。见到父皇招手，李世民在李建成身边坐下，一同欢饮。酒过数巡，皇帝站起，建议兄弟三人尽弃前嫌。在皇帝的敦促下，兄弟三人相互拥抱，轮流将同一杯酒饮尽，并发誓，兄友弟恭，情谊永在。

在一顿野味宴席之后，在父皇的提议下，三兄弟漫步林中，并进行射击和马术友谊赛，重温旧日美好时光。李渊看着他们逐渐远去的身影，流下了多年以来第一次感动的泪水。

为了表示友好，李建成带来一匹强健的突厥枣红马，黑鬃黑尾。

“世民，”李建成说道，“这是一匹好马，可一跃跳过十步宽的深沟。你要不要试一试？”

李世民接受了建成的提议。他刚跳上马背还没坐稳，骏马就开始奔腾跳跃起来。他立刻用双腿紧紧地夹住柔滑的马背两侧，双手紧握鬃毛。但这匹马野性难驯，四蹄腾空，癫狂不羁，试图将骑手甩下马背。李世民趁势跳跃空中，着地于数步之外。此后，他又试了两次都没能驯服骏马，只好放弃。

李世民显然是受了刺激，他对随从宇文士及生气地说：“生死有命，想用马来伤害我，又怎么可能？”

几日后，李世民被皇帝召进甘露宫。李建成和李元吉已经在场。

“你实在太傲慢了，世民！”皇帝愤怒地说道：“你怎能说‘因为我有天命，我必将成为天下之主’这种话呢？”

“父皇，儿臣并没有……”

“你不要矢口否认！”皇帝李渊大声呵斥道。通过张婕妤之口，皇帝已经知道了驯马一事，对于李世民的辩解并无兴趣。

李建成和李元吉离开后，皇帝李渊用训责的口气说道：“世民，即天子位，取决于天意，绝不是痴心妄想就能得到的。”

李世民双膝跪地，免冠叩首，说道：“陛下，儿臣从未说过那些话。”

“戴上你的帽子，坐下吧。”

李世民依从父命。

“告诉朕你说了什么？”皇帝问道。

“儿臣说的是‘生死有命，想用马来伤害我，又怎么可能？’”

“但朕听到的可不是这些。”

“如果陛下不相信儿臣的话，我愿意接受刑部调查。”

“没这个必要，”皇帝轻轻地挥着手说道，“这次我姑且相信你。但是你要记住：如果你觊觎本不是属于自己的东西，后果将会十分严重。”

29. 傅奕

有关突厥的恐慌很快就消失了。随之而来的和平让皇帝有更多的精力处理内政问题。其中之一便是宗教。建国伊始，他便采取了宽容的宗教政策。然而，至今登基已近八年，他已开始怀疑这项政策的明智与否。虽然他对佛教本身并未怀有敌意，但是佛教的迅猛发展和对经济的负面影响使他感到担忧；因此，他准备采取措施，进行控制。

就在此时皇帝读到了星象学家傅奕建议废除佛教的奏章。从很多方面看，傅奕可被视为安伽陀的继承人。在朝廷，他的工作包括占卜、观星、预测吉凶。傅奕的观点受其偶像北齐儒士章仇子佗的影响。章仇子佗抨击佛教僧尼、寺院耗费钱财，后因言获罪，身陷囹圄。他在狱中矢志不渝，最终因亵渎神明罪而被处死于北齐国都邺城。

对于皇帝而言，禁绝佛教是不可能的。尽管如此，皇帝于立政殿的大堂召集一次朝会，专门讨论如何抑制佛教势力增长的问题。但是，在参会的百十来名文武官员中，惟有一人附和傅奕的意见。萧瑀在表达了多数人的观点时说道：“佛陀是伟大的圣人。圣人不可非议，而傅奕却偏要诽谤他，所以傅奕应当治罪。”

傅奕毫不畏惧，反驳道：“在人伦关系中，没有比君臣、父子关系更重要了。佛陀是其父的继承人，却背弃父亲，抛开俗世。佛教徒是普通匹夫，但却拒绝尊崇父亲和君主。因此佛教是无父无君之教。萧瑀你对佛教深信不疑。然而，《孝经》说，‘不孝的人等于没有父母。’这里说的不正是你吗？”

萧瑀不知如何应答，将双手合于胸前，轻声说道：“地狱就是为你这种人准备的。”

“朕对你们争论的问题并不十分感兴趣。”皇帝插话道。“但是，佛教僧尼和道士、女冠逃避徭役、赋税，不遵守法规，正如刚才傅奕所说那样。除此之外，寺庙和道观往往与行市、邸店相邻，使僧道与屠夫、商贾等贱人混杂交往。现在已经到了要采取措施的时候了。”

皇帝李渊以傅奕的奏章为借口，不顾朝廷内外的广泛反对，于武德九年（626 年）4 月 22 日下旨：大量裁汰僧人、道士，精简寺庙、道观数量。当时长安有一百多座佛寺、尼寺，十多座道观、女冠观。仅允许保留三座佛寺和两座道观。其他的建筑或被摧毁或改作俗用。多数神职人员要勒令还俗，遣返乡里。

朝廷官员们多数是佛教徒，接受抑佛诏令，实属无奈，但在执行过程中却刻意拖延、敷衍。

30. 东宫的酒宴

盛夏时节，太子李建成在东宫举行盛大的生日酒宴。邀请的客人有包括李世民在内的所有皇子；在李渊的撮合下，李建成和李世民两兄弟已握手言和。

酒宴在下午晚些时候开始，一直持续到深夜。李建成提出要与李世民比一比酒量，李世民欣然同意了。当喝第二杯酒时，李世民突然感到腹中一阵剧痛，随后摔倒在地。李神通将他扶起，两个侍从将他抬上轿子，送回秦王府——宫城以西的弘义宫（622 年由皇帝修建）。

长孙氏正坐在弘义宫的闺房里一面青铜镜前。映入镜中的是一位二十五六岁的、相貌平平的女子，她心里想：“世民是如何看上我的？我现在也想不通。”父亲死的时候，她还是一个蹒跚学步的稚童。高士廉舅舅收留了他们一家。舅舅，也就是养父，在她十二岁那年，将她嫁给李世民。尽管舅舅的朋友、同僚们经常称赞她的容貌，她总是认为自己姿色平平。能够嫁给这样体贴的丈夫使她感到万分幸运。

是日夜晚，当李世民回府时，她照常出门迎接；映入眼帘的却是躺在轿子里的夫君，毫无生气、面无血色。

在几个侍从的帮助下，李世民终于被安置在床上。突然感到一阵恶心后，他呕吐了一地。暗色的呕吐物夹杂着几缕血丝。李神通派人请的宫廷太医匆匆赶到。太医弯下身来，给病人把脉，一边观察舌苔，然后从一个银药盒中拿出两颗草药丸，递给躺在床上靠枕头支撑着身体的病人。病人一口水将药丸服下。太医将药盒交给长孙氏，说道："记住每天晚上睡前服用两丸，直到服用完为止。"

辞别长孙氏后，太医在李神通的陪同下，走到了宫大门口，突然对李神通轻声耳语道："秦王被人下毒了！"说完太医就上路了。

第二天早上，李世民被盛夏炙热的阳光唤醒，见到李神通在床边坐着，脸上露出一丝笑容。

"昨晚殿下看上去实在吓人。"李神通说道。

"喝下第一杯酒我就感到有点奇怪。"

"你知道吗？有人在你的酒里下了毒。"

"是太医告诉你的吗？"

"是。"

"畜生！"李世民有气无力地吼道。

"秦王息怒。此时不是生气的时候。愤怒只会加重病情。"

李世民同意地点点头。他现在太虚弱了，以至于想不出如何回敬他的对手。

酒宴事件发生后，皇帝李渊听到了一些关于太子试图毒害秦王的传言，但无论如何也不敢相信它们。但是，他仍然深深地感到不安。他想道："朕现在还健在，他们已经开始自相残杀，朕死后又会发生什么呢？"

皇帝前往弘义宫探望李世民，见到次子如此虚弱以至于无法起身，忍不住落下了眼泪。他立即下命给李建成："世民不胜酒力。日后不许你邀请他参加酒宴！绝对不许！"

几天后，皇帝再来探望，带来了一个解决问题的方法。

“看来你和建成无法和睦相处，”他说道，“只要你们生活在同一个地方，就一定会斗得你死我活。朕现在决定：完全康复之后，你就搬到洛阳定居。”

李世民流着眼泪祈求道：“父皇，请让儿臣留下吧。儿臣不忍与父皇离别。”

“你怎么回事，世民？”皇帝试图安抚他，接着说道：“李氏王朝，领有天下，其中也包括洛阳。再者，洛阳与长安别无二致，离长安也不算远。只要朕想你，朕就会前往洛阳。你不要太难过了。”

在皇帝探望后不久，李世民就开始准备迁居洛阳。他逐步克服了之前的抵触情绪，开始认命。其实去洛阳并不是太坏的选择。几年前，当与李建成的矛盾日渐激化时，他曾派遣两名心腹——温大雅和张亮——前往洛阳执行任务。温大雅任洛阳政军最高领导；张亮则有特殊使命，率属下一千余人，用大量黄金和丝绸笼络山东豪杰，以防不测。

齐王李元吉闻讯后，要求对此事进行调查。结果，张亮以阴谋罪被判入狱。但他拒不招供，最后，有司不得不因证据不足而将他释放。至此之后，洛阳已成为李世民在东部的权力中心。

当听闻皇帝命李世民搬出长安的计划后，李元吉匆忙来到东宫。

“李世民要去洛阳了。你有什么看法？”李元吉见到李建成时问道。

“这再好不过了。”太子回答道。

“可是，洛阳拥有强大的兵力和众多的人口。他一旦在那里站住脚，想控制他几乎不可能。”

“你的意思是说最好让他待在长安？”

“没错。在长安他如同笼中困兽，无法兴风作浪。难道不是吗？此外，我们还会有机会干掉他。”

“但是如何让父皇改变主意呢？”

“不用担心，这事包在我身上。”李元吉充满自信地说。

几天后，皇帝收到一份密报，上面写着：当得知秦王将迁居洛阳时，其幕僚竟欣喜若狂。由此不难看出，秦王及其属下可能永不会返回长安。这意味着在皇帝百年以后，大唐将会出现噩梦般的分裂。

与此同时，太子的盟友尹德妃和张婕妤在后宫中不断劝说皇帝收回成命。但皇帝并不愿这么做。不过，因为劝说的作用，他在心中也产生了疑虑，决定缓期执行迁居计划。随着两个阵营之间的冲突不断升级，皇帝也感到愈发沮丧。

而太子李建成，在幕僚魏征的怂恿下，开始了一系列削弱李世民实力的活动。其中一个重要步骤就是收买李世民的支持者或将他们调离都城，以达到孤立李世民的目的。同时，李建成和李元吉相继向皇帝提出针对李世民的严厉指控。他们声称李世民在暗中活动，威胁太子和皇帝本人。皇帝曾经一度认真考虑过惩罚李世民，但当他听到李世民支持者的辩驳后，便放弃了这一念头。但是，皇帝并未极力为次子的清白辩护。看到皇帝犹豫不决，李元吉提出了最严厉的指控：自从取得洛阳后，李世民一直在密谋发动叛乱，违抗圣旨，用金钱和丝绸贿赂当地官员和显贵。“应该立即除掉他。”李元吉敦促道。但是，这样说未免太过分了。

皇帝面有愠色地责备道：“世民不但是朕的儿子，更是朕的大将。大唐从建立到政权巩固，世民功不可没。你横加指责，却没有一点证据。如果因为这些苍白无力的指控就杀了世民，那么世人将会怎样看待朕？”

李元吉听罢，只得悻悻而去。

31. 玄武门

数日以来，秦王李世民感到苦恼不堪，不知道下一步应该何去何从。面对想要致他于死地的敌人，他难道要束手待毙吗？绝对不应。如果要战胜他们，首先要取代太子建成。但父皇是绝对不会允许的，除非有外力强迫他这样做。那就只有先杀死建成将之作为既成事实上报朝廷才能迫使父皇同意易储。但这一行径会被认为是一种极端恶劣的大不敬罪。

正当李世民进退维谷之际，他惊讶地听到房玄龄——他最温和的幕僚之一——竟然用斩钉截铁的口吻说道："毫无疑问，现在木已成舟。如果继续放任太子一党胡作非为，那么您和您的下属都将死于非命，大唐的气数也将耗尽。现在已经没有考虑的余地了。秦王殿下，您必须效仿周公之道。存亡之际，间不容发。"

秦王明白房玄龄的言下之意。在古代，西周周公的权力遭到反对，两个亲弟弟发动了叛乱。平叛之后，周公将其中一人处死，一人流放。

"这些正是我想要说却不敢说的，"秦王的内兄长孙无忌附和道，"玄龄道出了我的心声。"

"太子和四殿下一直想诱惑秦王的幕僚离开天策上将府，"杜如晦说道，"我也赞同玄龄所言。如果我们现在不采取行动，军方的支持将被严重削弱。到那时就追悔莫及了。"

秦王属下的谏言逐渐使秦王认同房玄龄的观点。但是，他还想进一步确认军方的支持。私底下他探访了当时军中最有权势的两位将领：李靖和李世勣。令人懊恼的是,两人都拒绝干涉李氏的"家事"。这样一来，一旦政变发生，军队上层（除自己亲信外）将如何反应，成了一个十分不确定的因素。

更不幸的是，就在此时，突厥人兴兵进犯武威（在甘肃）。在太子李建成的要求下，李元吉带兵前往迎击。以此为借口，李元吉要求将秦王最信任的几位将军和他们的精锐部队调入自己帐下，其中包括尉迟敬德、程知节、段志玄、秦叔宝等。正当李世民竭力试图阻止李元吉的计划得逞时，朝廷宣布将为李元吉举办饯行宴会。

就在宴会的前几天，李世民从一个间谍手中得到了一份紧急密报：一场阴谋正在酝酿之中。在宴会当天，李建成将派壮士在帐中杀死李世民，并将之作为事故上报。

秦王李世民与其亲信召开紧急会议。"我该怎么办？"秦王问道。在场的所有人都催他马上采取行动。

"但是，自古以来，杀害兄弟被视为大罪，"秦王说道，"我要等他们先动手。"

“我们不能坐在这里等死！”尉迟敬德焦躁地说。“如果再等下去，我们就会被屠杀。谁不珍视生命？但是，我们所有人都愿意豁出命来为您效力。秦王，如果您不能做出决定，那我就只好离开了。”

“敬德所言极是，”长孙无忌说道，“殿下，如果您不接受敬德的建议，您就必然会败亡。我们也将同敬德一样离开您。”

其他人都表态支持尉迟敬德和长孙无忌。

在沉思片刻后，李世民斩钉截铁地说道：“既然别无选择，那么咱们就动手吧。”

为了提高胜算，李世民想通过占卜选择最佳日期。当卜者正在烧灼龟甲时，僚属张公瑾闯了进来。他抢过乌龟，并将之投掷在地上，说道：“事已至此，占卜又能有什么用呢？”

李世民一脸困惑地看着他。

“占卜是为了解决疑惑的，”张公瑾接着说道，“今日之事毫无疑惑可解，所以我们不需要占卜。要是占卜的结果不吉，您难道要停止行动吗？”

“我想不会吧。”秦王说，把最后一丝谨慎抛之脑后。

武德九年（626 年）7 月 1 日，太白金星划破白昼的天空。太史令傅奕上密奏于皇帝说道：

> 太白金星出现在秦地分野。秦王将得帝位。

皇帝李渊感到十分焦躁不安，立刻召秦王李世民入殿。

“你对这个还有什么说的，秦王？”皇帝问道，一边用手指着傅奕的奏章。

“荒唐！我怎么可能夺得帝位呢？”

“通过取代太子之位？”

“如果陛下相信此占卜，愿意为王世充、窦建德等复仇，那就杀了我吧。”

皇帝对秦王的激烈反应感到吃惊。

“当我的灵魂坠入阴间地狱时，我恐怕会耻于与那些叛匪头子见面。”秦王说着，此时有些哽咽了。“关于大哥，我一直是清白的。对陛下您，我一直是忠臣孝子。可陛下总怀疑我威胁帝位。真正的威胁不是我，是建成！”

“这可是非常严重的指控！你必须要有证据。”

“我有千真万确的证据表明，建成和元吉秽乱后宫！”

“够了！”皇帝吼道，简直不能相信自己的耳朵。“明天清晨，你们兄弟三人到临湖殿来。朕要亲自审问。”

秦王怒气冲冲地离开了宫殿。

第二天 7 月 2 日早晨，一群全副武装的人骑着马聚集在太极宫北门玄武门下。其中为首的是李世民；他正被其最忠实的追随者们簇拥着。他们包括其二十多岁的内兄长孙无忌、比无忌还年轻的侯君集（曾任世民的郎官）、无忌的养父高士廉、拼命将军尉迟敬德等。

张婕妤察觉到了异常活动，恐怕生变，立即派一侍女去东宫报信。太子李建成遂即召来李元吉。

“世民伙同一帮人现正聚集在玄武门下。”李建成对四弟说道。

“是吗？这意味着他们向我们宣战了，必须马上集结我们的军队，大哥。”

“我会调动军队的。但在这之前，我们最好先去见父皇。他正在临湖殿等着呢。”

“就说我们病了。”

“这会惹父皇生气的。”

“可是，这关系到我们的性命。为什么李世民一伙在玄武门？因为玄武门是宫城警卫的关键。”

“不必担心。负责把守玄武门的中郎将常何是我的人。”

“是吗？”

“是，我敢肯定。”

“我们现在怎么办？”

“去临湖殿见父皇。我们已经晚了。”

李元吉十分不情愿地答应了大哥的要求。在一小队随从的伴随下，兄弟二人骑马朝着太极宫的方向出发了。

此时，皇帝正与裴寂、萧瑀等重臣在临湖殿主持朝政。皇帝对三个儿子没有及时到来而感到恼怒。在裴寂的建议下，皇帝中断了朝会，来到临近被称作“海池”的小湖泛舟。

正在自东走向临湖殿的路上，李建成和李元吉看到一队黑衣骑兵朝他们冲了过来。突然间，李元吉向南掉头，策马向武德殿狂奔，李建成紧紧跟在他身后。

此刻，后面传来一个宏亮的声音：“站住！”李世民骑着突厥白马向他们冲来，箭在弦上。一箭射中头部，李建成摔下马来。李元吉惊慌失措地拔出弓，还没来得及拉开，就被群箭射中，从马上摔下。尉迟敬德率七十名骑兵追赶过来。忍着箭伤的疼痛，元吉挣扎着向武德殿挪动，但没走几步，就被尉迟敬德致命的一箭射中身亡。尉迟敬德下马，将这两位皇子的头颅割下。

与此同时，李世民的坐骑受了惊吓，突然向附近的树林奔去。李世民上身横撞在一低矮的树枝上，一头栽到地上，不能动弹。几个随从急忙跑过来将他抬走。

忠于李建成和李元吉的官兵组织的反击仍在继续，直到他们看到尉迟敬德举起的两颗人头。

此时皇帝还不知道外面究竟发生了什么事。泛舟之后在大臣们的陪同下，皇帝向临湖殿走去。在殿门口，一个身着盔甲手持长矛的大汉站在那里。

“发生了什么事？”皇帝惊慌地问道，担心性命不保。

“太子和齐王，”尉迟敬德沉声回答道，“图谋不轨，已经被秦王殿下带兵镇压。”

“这太出人意料了！”皇帝回答道。面向身边的裴寂等官员，皇帝问道："我们该怎么办？"

"陛下当初率义军起事，建成和元吉都不在晋阳，"萧瑀说道，"他们后来参加义军，却并未立汗马功劳。出于嫉妒，他们处处与秦王为敌。既然现在秦王已经将他们正法，陛下应当立秦王为太子。如果天下人闻知此事，定当欢欣鼓舞。"

"正合我意。"皇帝一边回答道，一边斜眼看了看尉迟敬德，似乎希望他迅速离开。

尉迟敬德站在那里纹丝不动，说道："太子和齐王还有不少同党，他们仍然顽固不化。陛下是否能够降旨让他们听命于秦王。"

"好的，朕这就起草诏书。"

拿到诏书后，尉迟敬德才告别了皇帝。

李世民终于一瘸一拐地出现在李渊面前。他投入了父皇的怀抱，吮吸他的乳头[①]，像婴儿一样大声哭泣着。

"现在一切都好了。"皇帝安慰道。

父子之间和好如初——至少表面上看去是这样。

32. 太子李世民

7 月 2 日的这场政变，史称"玄武门之变"，对现太子李世民而言，无疑是重大的胜利。他一举消灭了自己的竞争对手，架空了父亲，从而成为朝廷的真正掌权人。

次日早上，李世民坐在东宫承恩殿的书房中，思考着各种吸引他注意力的问题：

尉迟敬德，政变的首功之人，应当得到丰厚的奖赏。长孙无忌、房玄龄、高士廉、杜如晦、侯君集以及其他的忠实的支持者们也应

① 编者按，《资治通鉴》191 卷载："世民跪而吮上乳，号恸久之。"在古代有一种风俗叫"乳翁"，也就是父亲哺乳婴儿的行为，来表示父子之间亲密无间的关系。

得到如此的奖赏。当然不能忘了玄武门的禁军首领常何。他弃暗投明起到至关重要的作用，避免了禁苑禁军干涉政变。

如何处置张婕妤和尹德妃？她们不断在父皇面前中伤我。但由于父皇的缘故，最好还是不动她们。

建成和元吉的手下呢？这些人数以百计。有些幕僚建议严厉处罚他们。但我更认同尉迟敬德的观点：对他们既往不咎。实际上，我倒是挺欣赏他们的。他们既然能为旧主赴汤蹈火，将来也会对我忠心不二吧。

建成和元吉的后代呢？二人各自有五个儿子。他们都是我的侄子，有的还仅仅是婴儿而已。我非常同情他们。遗憾的是，斩草必除根！帝位传承毕竟是残酷无情的。

如何处理宗教问题？名义上，父亲对道教特别是对佛教的限制政策仍然有效，虽然没人认真执行。萧瑀建议我改变此政策，我想他是对的。

李世民在脑海里不断思考着这些问题，同时开始向手下传达口谕。这时，一名郎官前来报告太史令傅奕的到来。

“你近来可好？”李世民问道，看到这位年逾七旬老人的苍白的面孔，感到有些惊讶。

“感谢殿下关心。”傅奕回答道。“我很好，只是……”

“只是什么？”

“这几日滴米未进。”

李世民立即命侍者送来菜肴，请傅奕坐下，并开始与他随意交谈。不一会儿，侍者端来了一个漆器托盘，托盘上有胡饼、三盘菜（猪肉、青菜、豆腐）、一碗浓汤、一壶酒。侍者将食物摆在桌上，倒上两杯酒。

在傅奕津津有味地进餐的同时，李世民静静地品尝着酒。

酒足饭饱之后，交谈继续进行。李世民说道：“你几天前的奏章差点毁了我。”

“臣确实有罪。”傅奕回答道。

“但我并非谴责你。观察并汇报天象是你的职责所在。你应当继续任太史令，不要在意之前发生的事。”

“感谢太子殿下。感谢您的宽宏大量，能够为您奉献心力是我的荣幸。”

“我注意到你之前关于佛教的谏言，”李世民转话题说道，“佛教玄秘非凡，有助于教化。这点你难道不明白吗？”

“佛是胡人中的凶悍狡黠者。他欺骗迷惑北方夷狄。信奉此教者都是邪恶小人。佛教模仿庄子、老子玄妙的语言，是文过饰非、淫邪魔幻的宗教。它对百姓毫无益处，对国家只有害处。”

显而易见，傅奕丝毫不愿意改变他的看法。李世民放弃了说服他的念头。

从太极宫到东宫的权力交接进行得非常顺利。它显然得益于李世民赦免李建成属下的决定。玄武门之变后发生了若干小规模的叛乱。例如与李建成交往甚密的幽州大都督李瑗，父皇李渊七叔的孙子。这些叛乱都被迅速镇压，叛首也被诛杀（通常是在当地执行）。在处理反叛者的僚属时，太子李世民同以前一样，遵循从宽的政策。

但是，李世民还未打算宽宥李建成的忠实幕僚魏征。在李建成的诸幕僚中，魏征以其敏锐的洞察力和战略眼光而闻名。他曾经不断提醒李建成防范李世民的威胁。

一日清晨，魏征被带到承恩殿的书房中。

“你为何，”李世民带着谴责的口吻说道，“要离间我们兄弟之情。”

“太子殿下，”魏征敬重而不谄媚地回答道，“我是建成的幕僚，有责任忠心耿耿地侍奉他，助他上位。”

“他是否对你言听计从？”

“不一定。如果听了我的建议，就不至于有今天的结局。”魏征的话中带有一丝的惋惜。

李世民望着这个年近五旬、相貌平平、中等个头的人，对他犀利的语言感到震惊。任何人都可能误把魏征当成是朝中一名普普通通、循规蹈矩的官僚。从他坚定的声音、直率的表情，根本无法看出他是经历种种变局而侥幸存活下来的智者能吏。

“忠于前太子并非罪过，”李世民说道，“在效忠建成之前，你曾经在李密麾下效力。请坦诚地告诉我，李密因何而败？”

“李密是一个有远见的领袖，并具备很高的人格魅力。而且他掌控的军队数量也是最多的。但他犯了一个致命的错误。他的所作所为证明他远不是一位开明君主。”

“开明君主？”

“是的，”魏征毫不迟疑地说，“开明君主听取身边每个人的意见。而昏君只愿意听取悦耳之言。”

“这点我赞同。那么统治者和臣民之间应该是怎样的关系呢？”

“我们如果用舟与水之间的关系来比喻，君为舟，民为水，那么水能载舟，亦能覆舟。”

“甚妙！你有没有什么治世良方？”

“为政者可比作风，民众可比作草。强风吹草上，草势必随之而倒。”

“是引自《论语》吗？”

“正是，殿下。这就是‘仁政’。”

“那么又该如何对待法律与刑罚呢？”

“毫无疑问，这些也是维系统治的必要手段，殿下。但是如果过多地使用这些手段，老百姓就会害怕您，而不是敬畏您。如果只是恐惧您而不敬畏您，在绝望之时，他们就会奋起反抗。隋炀帝就是前车之鉴。”

“你认为哪些是仁德之君？”

“远古的尧和舜、西周的文王。较近的有西汉文帝。”

“汉文帝有什么地方值得称道？”

“汉文帝推行‘休养生息’的政策。轻徭薄赋、明法宽刑、奖励大胆谏言。”

……

长谈持续了几个时辰后，太子李世民命卫士将魏征带出书房等候。

在与幕僚交换了意见之后，李世民再次唤魏征进入书房。

“魏征，我授予你谏议大夫一职。你将供职于尚书省。”

谢过太子之后，魏征问道：“我的主要职责是什么？”

“犯言直谏，也就是说，指出朝廷高官和君主的错误，并提出改正意见。”

“也包括殿下所犯的错误吗？”

“当然了。”

“太好了，”魏征说道，“承蒙殿下如此信任，我感到非常的荣幸。绝不会辜负殿下的期望。”说完这些话，魏征告别了太子。

在“仁政”思想的启发下，与幕僚们商议后，太子李世民于东宫颁发了一项法令：

> 禁苑中的猎鹰和猎犬都予以放生。无限期停止皇室在禁苑的狩猎活动。罢四方贡献。鼓励百官上书陈述治世之道。

能够为真正的明主服务使魏征感到兴奋。他在现太子任下的第一次使命是宣慰山东，因为那里仍有很多李建成的追随者。

魏征一行至磁州（治河北磁县）停留休息。晚间，他看到一群犯人正被押送长安。其中一人是李建成的卫士；他曾是太子千牛卫的一员。另一人是李元吉手下。犯人们身戴镣铐、枷锁，被绳索系在一起。魏征因此而感到不安，想阻止这种侮辱人格的做法。

一位随从郎官提醒他道：“鉴于您同前太子李建成的关系，这种事或许不该管。”

“我的确曾是李建成的主要幕僚。”魏征说道。“但我不能因为怕被怀疑而对此事不闻不问。”

他找到了负责押送犯人的长官，说道：“我受太子之托宣慰山东。”并向他展示了太子令。

长官鞠躬行礼，说道：“魏大人，能够见到您是卑职的荣幸。有什么事情，尽管吩咐。”

“太子李世民，”魏征说道，“已经下令宽宥李建成和李元吉手下所有人。如果你将这些人作为犯人押往长安，那么那些曾在李建成和李元吉手下效力的人们就会对当局产生恐惧，朝廷也会因此而失去信誉。”

“您希望卑职如何处置他们？”

“把他们放了。”

“是的，大人。”

随即，犯人们被摘掉镣铐，重获自由。

二、贞观之治（626—643）

33. 皇帝李世民

武德九年八月初九甲子日（626 年 9 月 4 日），太子李世民在东宫显德殿（隋时称嘉德殿）参加简略的典礼后，正式登上帝座。刚退位的父亲李渊被冠以“太上皇”的称号。次年年初，将启用“贞观”的年号。在诸州之上设十道，为最高地方行政单位。按照传统，登基伊始，皇帝李世民大赦天下。除了十恶不赦者以外（其罪行包括谋反、谋叛、不孝、内乱 [此处指与近亲发生性关系] 等），其余服刑犯人都将获释。关中和邻近诸州免两年租调与一年庸（劳役）。对于年龄较长的宫女，皇帝表示深切同情，故下诏允许她们回娘家，以出嫁他人。

忙碌了一整天后，皇帝终于有了点空闲时间。他静下心来，开始思考自己是如何走过漫长、艰辛的道路，最后登上权力巅峰的。作为在位的皇帝，李世民从一个崭新的视角审视着宫殿和帝都长安。若非因他当时以理据争，长安早被付之一炬，不复存在。他拿起毛笔，写下表达内心情感的五言诗：

秦川雄帝宅，①
函谷壮皇居。②
绮殿千寻起，③
离宫百雉馀。④
连薨遥接汉，⑤
飞观迥凌虚。⑥

---

① 秦川：渭水流域。

② 函谷关原在陕西宝鸡，后东移。此处函谷应指秦川中部。

③ 寻：长度单位。

④ 雉：长度单位。

⑤ 汉：银汉，即银河。

⑥ 观：宫门外的高大建筑，与阙同。凌虚：凌驾云霄；极高处。

云日隐层阙，[①]

风烟出绮疏。

加冕半月后，长安仍然沉浸在浓烈的气氛中。但大唐却遇到了建国以来最严重的生存危机——突厥对唐发动了最大规模的入侵。

“突厥人很快就会到长安了。”皇帝李世民在一次紧急会议上警示其高级幕僚和将领时说道。

“陛下，不知尉迟敬德部的战况如何？”长孙无忌问道。

“尉迟敬德部在泾阳（陕西泾阳，长安城以北七十里）大获全胜，”皇帝回答道，“但突厥的大军主力来自西方。”

皇帝转向杜如晦，问道：“兵部尚书，我们在长安城及其附近共有多少军队？”

“陛下，共有五万余人。”杜如晦回答道。

“可如果我没记错的话，”李世民面带焦虑地说，“仅十二卫就有三十万余人啊。”

“是的，陛下，”杜如晦回答道，“但十二卫散布在整个关内道。”

皇帝突然感到心情沉重起来。关内道幅员辽阔，包含整个关中地区；其北部远至今内蒙古河套地区。

“他们大多数离长安太远，来不及调动，是这样吗？”皇帝问道。

“是的，陛下。”

“此次突厥大军压境，”皇帝对在场众人说道。“我军的数量很可能仅是他们的五分之一。我们必须动员军民共同保卫长安。”

“请陛下移驾汉中，”左卫大将军侯君集建议道，“在援军到来之前，我们有能力将突厥人挡在西郊。”

一时间，皇帝也动心了；侯君集的建议似不无道理。“或许当时父亲迁都的决定是对的。”他想道。但他立刻想起了弃都的巨大成本和对大唐的威胁。这正是他当时极力反对迁都的原因。

“不，”皇帝随即果断地说道，“朕哪里也不去。”

---

① 阙：宫门外的高大建筑，与观同。

不顾高级臣僚的反对，皇帝决定亲自挑起保卫长安的重担。

9 月 23 日，突厥军在距长安八十里的渭水西岸停止东进。突厥可汗颉利派使者执失思力前来与皇帝李世民谈判。颉利是在兄长处罗可汗(始毕可汗的继任者)死后继承可汗位的。

入宫城后，执失思力向皇帝提出了众多要求作为撤兵条件，包括每年向突厥进贡银、帛、粮、牛、羊等。

“颉利带了多少军队前来？”皇帝反问道，并没有理会执失的要求。

“百万左右，陛下。”

“真可谓虎狼之师。但是，如果以为朕上位不久，没有执政经验，那你就大错特错了。太上皇退位之后，权力交接进行得非常顺利，没有丝毫的紊乱。”

“我敢向陛下保证颉利可汗从无此想法。他只想通过谈判来达成一项协议。”

“我不反对谈判。但难道你不觉得你们军队离朕的宫城有点太近了吗？”

“可是，我突厥大军已经停止了前进，陛下。”执失思力说道，接着许诺，在任何情况下突厥都不会攻打长安。最后，他又加了一句：“除非唐朝拒绝进贡。”

“那又当如何？”

“如果是这样的话，我将无法保证此对峙局面会继续下去。”

皇帝面带愠色，严厉地质问道：“你是在恫吓朕吗？”

“不，我只想提醒陛下，识时务者为俊杰。”

“坦白地说，我们不欠突厥任何东西。”皇帝厉声说道。“我们同你们可汗和亲，向你们馈赠了钱币、绵帛。但颉利屡次背信弃义，兴兵来犯。你们虽然是夷狄之人，但夷狄之人也应当知道廉耻。你们的廉耻之心何在？”

停顿一会儿，皇帝以激昂的音调说道：“朕必须砍下你的项上人头，给颉利一个明确的信号！”

“陛下饶命！”执失思力求饶道。

萧瑀和封德彝匆忙上前，阻止了皇帝。杀死敌方的使者不仅会玷污大唐的声誉，还必然会使突厥人一怒之下发起对长安的进攻。两位大臣试图说服皇帝，按惯例将执失思力送还给颉利。

恢复平静后，皇帝做出了一定让步。但他并不想示弱，因而说道：“如果我今天放他回去，突厥人会认为朕害怕他们。他们会愈加猖狂。”

“您打算如何处置执失，陛下？”萧瑀问道。

“监禁在门下省。”皇帝简短地回答道。随后，这位突厥使者和他的随从被拘留了起来。

皇帝李世民，披甲戴盔，骑着高头白马，在六名轻骑兵以及房玄龄、高士廉等幕僚的陪同下，来到渭水上的便桥东岸。颉利可汗因李世民的突然出现而大吃一惊，匆忙前往桥头与之相见。与此同时，唐军开始陆续抵达河岸，阵容整齐；旌旗在风中飘展，铠甲在阳光下熠熠生辉。皇帝一声令下，唐军各部稍作后退。

骑在马上的皇帝正要向便桥靠近，萧瑀匆匆骑马上前阻拦。李世民深知此举绝非安全，但却不为之所动；他说道：“突厥之所以敢前来进犯，是因为他们以为朕不敢还击。在此关头，万不可表现出一丝怯弱和恐惧。”

皇帝又一次出现在突厥对手面前，双方立刻展开了对话。对话虽未取得实质性成果，但却显示了唐军阻止突厥渡过渭水的决心。

晚些时候，可汗派使者前来表达结盟之意。皇帝立刻抓住了这一机会。

两天之后，皇帝和可汗各自带着随从再次来到便桥。颉利由桥西向东来到皇帝李世民这一侧。一头白马被屠宰后，分作数段，置放在临时搭建起来的祭坛上，以告祭昊天上帝。二主在桥头一同参加了庄严的会盟仪式。随后突厥使节执失思力与被突厥扣押多时的唐使节温彦博双双获释，回归各方。不久，突厥人便撤军北上。

34. 皇后与太子

为了保证政权的承续性，皇帝李世民留用了多数前朝旧臣，包括昔日与李建成和李元吉关系密切者。但是在领导最高层，他进行了彻底的人员更换，提拔了一批有才能的亲信。同时他还将官爵和封地赏赐给一些有功的支持者。

考虑到必会有人会对此类决定不满，皇帝特意提供了一个申诉渠道，并下旨说道："如果你认为你的官爵、财富与贡献不符，朕鼓励你向朕申诉。"

淮安王李神通第一个作出反应，说道："臣下早应义举，起兵关中。而房玄龄、杜如晦之辈只会舞文弄墨。但是其官爵却在臣下之上，这是为何？"

"此言差矣。"皇帝回答道。"你确实先于众人举兵起义，但在战场上你也遭到过惨败。窦建德吞噬山东，你率军前往镇压，几乎全军覆没。你与刘黑闼的叛军交锋，又被击败。房玄龄、杜如晦等文士运筹帷幄，坐安社稷。当然，你还是我的堂叔；但是朕不能因此而对你有所偏私。"

这番话语让李神通无话可说。但是仍有一些武将，因文官受到高于自己的封赏而愤愤不平。秦王府的旧人中就有不少人心怀不满，公开地抱怨道："现在我们还不如那些曾经听命于前太子李建成和齐王李元吉的人。"

对此皇帝回应道："王者应该以天下为先，至公无私。这样才可以让天下之人信服。朕如何能专赏旧部？若如是，新辈贤能，而旧部平庸，朕又将怎么办呢？"很显然，皇帝不认为资历是晋升的理由。随后那些牢骚满腹的人们不情愿地撤回了申诉报告。

随着玄武门之变逐渐为人们所淡忘，皇帝能够更加超然地看待自己的两位兄弟，使他们的名誉得到部分恢复。二人再次被冠以亲王的称号，并被赐予谥号：故太子李建成谥隐，齐王李元吉谥刺，二者均带有贬义。但是，谥号本身就是一种有身份的标志。他们的遗骨也按礼数改葬。生前僚属魏征、王珪等人被允许参加改葬仪式。同时，皇帝参加了在东宫宜秋门举行的追思仪式，并因兄弟亡故而痛哭流涕。

而后皇帝颁布了两项与夫人和长子有关的诏令。

首先，夫人长孙氏被正式册封为皇后；随后便举行了盛大的加冕仪式。虽然这只不过是因循惯例（几乎所有皇帝都册夫人为后），但是朝臣们却为之感到高兴，因为长孙氏被广泛认为是堪称楷模的政治夫人。她不仅不干涉夫君的公务，而且她还常常告诫亲属（如，其兄长孙无忌），绝不能够因与皇后的血缘关系而享有特权。

长孙皇后是鲜卑人。鲜卑人的祖先可能是原蒙古人或原突厥人。于公元二世纪，他们从东北北部和内蒙古东北部的大兴安岭迁移到了东北南部和内蒙古中部。在以后的的几个世纪里，鲜卑人成为北方王朝的缔造者。皇帝李世民取鲜卑人为妻不足为怪；其母亲窦氏就是鲜卑人。但是她们究竟有多少鲜卑血统却不得而知。她们的祖先祖祖辈辈生活在中国北方，与汉人通婚，故都受到不同程度的汉化。

其次，皇帝与皇后的长子李承乾被册封为太子。没有人能知道这个年仅七岁的储君将来会变成什么样子。皇帝对此并无侥幸心理。为了确保太子将来继位后能够堪当大任，皇帝精心挑选了一批学德兼备的官员辅佐他。

35. 文武之间

参照魏征提出的“仁政”，皇帝在大幅度减轻百姓经济负担的同时，多次督促官民批评时政。这些措施还未见成效，一场灾难突然降临，严重地威胁到国家安全。夏季长期的干旱影响了北方大部分地区，特别是河东（山西）、河南、陇右（主要是甘肃）和关中。粮食短缺严重，以至于一斗米可在长安换得一匹丝绸。皇帝的应对措施是通过暂停或者减少征税以鼓励农耕，倡导节俭以削减政府支出，限制诸侯封地，精简官僚机构。

“官在得人，不在员多。”皇帝曾经说过。房玄龄及其同僚心领神会，大幅度裁减供职于中央的文武官员，最后仅剩六百四十三人。

随着食品价格的上涨和货币购买力的下降，如何防止官员腐败成为摆在皇帝面前的一个重要挑战。皇帝授意自己的心腹，用假贿赂的方式来检验官员的廉洁度。刑部某低级官员上了钩，接受了一匹丝帛的贿赂。皇帝下令将他处死。

民部尚书裴矩对皇帝这一武断的做法感到震惊。他上书皇帝，说道：

> 此朝廷命官接受贿赂，的确实应处以极刑。但陛下用财物引诱其犯罪，违背了夫子所言“道之以德，齐之以礼”[①]的古训。

皇帝读罢裴矩的奏章后，立刻召刑部尚书入宫。

“你们部门的那个受贿的人是否已经行刑？”

“还未行刑，陛下。”

“那就好。”皇帝松了口气，说道。

“是否暂缓执行？”

“你先读读这个吧。”皇帝说罢，将裴矩的奏章交给他。

刑部尚书迅速浏览奏章后，说道：“裴大人说得对。诱人犯罪是暴秦臭名昭著的做法，特别是在商鞅当政时期。后世明君对此多有批评。”

“你认为下一步应怎么做？”

“减刑为流放。”

“好的，”皇帝说道，“就按你说的办。”

晚间，皇帝再次阅读裴矩的奏章之后，写下了如下批语：

> 假如事事都会有人如此坦诚相谏，天下何愁不治！

第二天早上，皇帝在朝堂上将裴矩的奏章在诸位大臣（五品及以上）中传阅，鼓励他们犯言直谏。

---

① 以道德来引导，以礼法来约束。

李世民有志于仿效古代圣贤，力图保持文（内政和文学官僚）与武（军事将领）——这两个相辅相成的、至关重要的统治元素——之间的平衡。为了加强文的分量，他扩大了弘文馆（即原修文馆）的规模。[①]弘文馆置于门下内省院（太极殿东南）内，藏书二十多万卷，是长安之最。经扩大后，弘文馆开始培养学生；生员皆选自皇亲、外戚、高官子弟。弘文馆学士，通常由有文学造诣的高官担任，时常被召入内殿，与皇帝商讨国家大事，间或讲述古代圣贤的教诲和典故。

"文"不但指政府的文职职能，还指一种领导艺术；它强调宽仁，反对苛政；强调教育，反对刑罚。可被称为"文明""人道"。这一概念也十分适用于法律的制订和实施。皇帝李世民敏锐地意识到现行的法律太过严苛，于是就任命了一个由高官和法律专家组成的法律修订小组，为首的是吏部尚书长孙无忌和中书令房玄龄；其旨在于使法律变得更"文"，或者说，更文明。其结果之一是将五十余种死刑改为"断右趾"。这立即引起了皇帝的注意。

"这似乎不妥，"皇帝说道，"肉刑已废除多年。应该用别的刑罚替代。"

"陛下，"一位小组成员说道，"过去肉刑与死刑无关。修改后的律法用肉刑代死刑，以生换死，已经体现了您的宽仁之心。"

"施行仁政是朕修改律法的初衷。"皇帝说道。"截趾似乎太残忍了。"

房玄龄及其幕僚支持皇帝的看法，上书说道："肉刑废除后，记录在案的刑罚有五类：死刑、流刑、徒刑、杖刑、笞刑。[②]再加上肉刑，就会有六类刑罚。这样一来，大唐的刑罚就会过于严苛了。"

读罢上书，皇帝写下了自己的意见："很清楚，唐律中不应再有肉刑。"并将上书连同御批转送至八座（指中央政府的八个重要官员：尚书省左右仆射和尚书省六部尚书）进行复议。随后八座建议改肉刑为流放三千里和服劳役（徒刑）三年，立即得到皇帝的批准。

---

① 这不同于之前的文学馆，文学馆至此已经解散。

② 流刑：流放边远地区；徒刑：服苦役；杖刑：用棍棒殴打；笞刑：用荆条殴打。

至于政府的“武”的方面，一些文官特别是魏征力图缩小其影响力，但是突厥的威胁让皇帝意识到武的重要性。作为曾经最负盛名的统帅，皇帝对自己所取得的军事成就感到非常自豪。他同李靖将军对谈兵法的见解反映了他在战略上的敏锐判断力。最为重要的是，他深刻意识到军队对保卫唐政权和国家所起的不可替代的作用。

10 月份的一天早上，数百官兵齐聚东宫主建筑显德殿庭院内。皇帝身着铠甲发表演说道：

> 自古以来，戎狄侵犯我华夏疆土。这并不可怕。怕就怕君主见边疆战事稍有平息就放松警惕，忘记备战的责任，以至于敌寇入侵时，不能抵御。所以，今天，朕不让你们挖掘池塘、修筑御苑。与之相反，朕要你们专门练习弓箭法。天下无事时，朕就当你们的老师。突厥入侵时，朕就带你们上阵杀敌。

在皇帝的注视下，诸卫官兵开始进行射箭练习。每当看到有人射中靶心，皇帝就会喝彩叫好，以示鼓励，还亲自将弓弩、丝绸、宝剑等奖品赠送给射箭比赛的优胜者。很显然，射箭练习的目的是强调政治统治中“武”的意义，加强诸卫将士的武备。但皇帝的一位随从郎官却感到焦虑。他说道：“让这些兵卒在陛下面前张弓射箭是非常危险的。如果箭手是个疯子，暗中瞄准陛下怎么办？要真出了事，整个国家会陷入危险。陛下必须停止参加射箭活动。”

“不，朕是不会停的。”皇帝回答道。“王者视四海为一家。凡是住在国境之内的人都是朕的赤子。朕信得过他们每一个人。为什么偏偏要怀疑朕的宿卫士兵呢？”

皇帝一整上午与官兵们擦肩接踵，共同操练。至此之后，显德殿的宿卫射箭练习成为了定期举行的活动。

没过多久，皇帝在尚书仆射封德彝的陪同下又观摩了一次显德殿射箭练习。皇帝在与封德彝的谈话中谈到北方日益增长的威胁，以及扩军的需要。“但前提是不能扰农。”皇帝补充道。

“是的，陛下，”封德彝说道，“臣下有一建议，可能行得通。”

“说说看。”

“正如陛下所知，所谓‘中男’（十五岁到十七岁的男子）不需要服兵役。臣下认为，中男只要个子够高，就应当被征召入伍。”

“这或许可行。”皇帝沉思后回答道。“让我再听听其他大臣的意见。”

射击练习结束后，皇帝召集了一些大臣商量，大臣们对此建议都表示赞同。故此皇帝下诏要求征召符合条件的中男入伍。根据程序，诏书需要得到魏征的批准才能施行。但是，魏征拒绝在这份诏书上署名。皇帝手下的人先后试了四次，均无功而返。

皇帝对此非常愤怒，召魏征入殿，大声斥责道：“招那些高个子中男入伍有什么错？这些人很可能本来就是想逃避兵役的骗子。”

“陛下，恕臣斗胆，臣下不能同意。”魏征回答道。“军队的强大与否并不在于规模的大小，而在于能否正确地指挥。如果征召健壮者并且正确地指挥他们，那我们的军队将无敌于天下。还有必要征召孱弱者吗？此外，臣下另有事要与陛下讲。陛下常言，‘朕以诚信治理天下，但愿朕的臣民都会杜绝欺诈。’但是陛下登基后不久就失信了。”

“果真是如此吗？”皇帝疑惑地问道。

“陛下曾经说过，‘关中免租调二年，关外免租、庸、调一年。’陛下还曾许诺，‘已经服役、交租的人，从来年开始算起。’但是，今年还没结束，陛下就开始征召百姓。这难道就是陛下所说的‘以诚信治理天下’吗？”

皇帝听了魏征的话，脸上露出羞愧和尴尬的表情。最后他说道：“魏征，朕很高兴你能够指出朕的过失。在这件事上是朕错了。”他停下来思考魏征的话，沉默片刻，叹了一口气，说道：“以前朕以为你很固执，这是因为你缺乏处理政务的经验。现在朕明白了，你真正精于治国之道。如你所言，如果朕的号令言而无信，老百姓就会不知所从。如果老百姓不信从朕的号令，无论有多少军队，都无法治理好天下。”

皇帝立即取消了封德彝的征兵计划，并赠予魏征一只黄金罐，以鼓励他直言进谏。

36. 玄奘法师

在长安城内一百多座寺院中，庄严寺是最大的两座之一。它以壮丽宏伟的建筑而闻名，位于长安城西南角，占据了整整一大坊之地。天下伽蓝之盛，莫有胜于此寺者。在其二十座院落中，规模最大者位于寺院中心；院中有寺院的主殿——大殿。这是一座雄伟的四坡屋顶式建筑。屋顶的琉璃瓦在阳光的照射下熠熠生辉。内容丰富的佛教题材壁画绘于大殿和其他高耸建筑的四壁院墙上。寺内耸立着一座七层木塔。它坐落于城市的西南角，高七十余米，为长安之镇。寺院里栽满了观赏植物、茂密的竹林、高耸的松树。因其绝妙的建筑、艺术、风景，庄严寺被誉为“人间天堂”。

在尚书省仆射萧瑀的帮助下，玄奘法师驻锡于此寺。玄奘身材高挑，相貌英俊，两眼炯炯有神，眉毛微微拱起；虽年仅二十五，却已经是名满天下的佛学者。当时流行的摄论、地论（分南道北道二宗）对于法相的理解矛盾重重，使玄奘感到迷惑。故此，他开始有了西行求法取经的打算。玄奘尤其想看到无著（Asanga）写的《瑜伽师地论》一书。这是一部极重要的梵语著作。

贞观元年（627 年）9 月的一天，玄奘受到吉祥梦的启发，决定启程赴印度朝圣取经。一个月后，他来到凉州治所凉州城（甘肃武威）。凉州城是西北的重要城市；这里有许多来来往往的、深目高鼻的西域商人。应大众的要求，玄奘法师宣讲了几次佛法。听众对法师的学识和才华钦佩不已，慷慨捐赠大量黄金、白银、甚至马匹。玄奘将大部分赠物转送给了当地寺院。

当他正准备继续西行时，玄奘从一仰慕者那里得到一则坏消息：凉州总管李大亮已发出了对玄奘的逮捕令。当时未经允许出国旅行是法令所禁止的,违者会被判以流放。地方执法人员计划第二天拘留玄奘。当晚，在两学徒僧的陪伴下，玄奘凭借着夜色的掩护匆匆逃出了凉州城。

穿过甘州和肃州后，玄奘进入瓜州。瓜州最高长官刺史也非常仰慕玄奘。在其保护下，玄奘得以平安度过了数日。

一天夜里，玄奘即将下榻休息，一位中年男子出现在他房间门口，自称是凉州官员，名叫李昌。

李昌的盘问持续不到一刻玄奘便承认了自己的身份。李昌竟然出人意料地做出双手合十的姿态，恭敬地说："请接受弟子最深切的敬意。"

"法师请看，"李昌说着，一边从怀中掏出一张纸。"这是法师的逮捕证。弟子要当着法师的面将它销毁。"随即李昌将那张纸撕成碎片。

"真是十分感谢您。"玄奘感激地说。"贫僧有一点不解：使君长途跋涉就为了当面撕毁那张纸吗？"

"弟子是法师的仰慕者，一直想亲见法师一面。"

玄奘深鞠躬表示感谢。

"弟子必须告诉法师，"李昌接着说道，"瓜州也不安全。官府正在搜捕法师。请尽快离开吧。"

道别李昌后，玄奘立刻启程上路。

玄奘通过玉门关时，没有遭到官方的阻拦；这倒是有些出乎意料。玉门关是唐朝在西北最后一个由重兵把守的关卡，出关后，唐朝的影响力逐渐式微。

往西行进八十里，在远处隐隐约约地看到由唐军驻守的第一烽火台，玄奘停步就近躲了起来。天黑以后，他才偷偷摸摸地从烽火台旁边绕过。他很快见到一片绿洲和一湾池水，感到欣喜若狂。他蹲下，向皮水袋中灌水；突然两只冷箭射来。其中一支差点射中他的左膝盖。

"不要射，"玄奘高呼道，"我只是来自长安的僧人。"

两名士兵走过来，将玄奘带进了烽火台。校尉王祥，一个饱经风霜的中年男子，正在火把的照明下等候着。

“和尚，过所[1]呢？”王祥问道。

玄奘在马背上的袋子里翻了又翻，最后掏出一张纸给王祥。

“我说的是出关用的特定文书，不是度牒。”王祥说着，一边漫不经心地瞥了度牒一眼。

“天啊，”王祥惊呼道，“您竟然是玄奘法师！请接受弟子的歉意和敬意。弟子是法师真诚的仰慕者。能否让弟子知道此行的目的？”

“我想西行前往天竺求法取经。”

“但是西行之路漫长而艰险。恐怕法师永远也到不了天竺。不过，弟子并不因此而责怪法师。这样吧，弟子亲自将法师送往弟子的故乡敦煌。弟子相信，法师一定会很高兴见到那里的张大师，一位有智慧、有德行的高僧。”

“感谢你的厚意，使君，”玄奘回答道，“但我已经立志西行。我想解决佛经中的诸多矛盾。并不是我轻视敦煌，可我在两京、吴、蜀（长江下游和四川）学习佛法后，认识到唯有前往天竺方能解开我的疑惑。如果你执意要扣留我，那是你的权利。但我宁愿坐牢也不愿回头一步。”

“您这么说可折煞弟子了，”王祥说道，“能见到法师本人是弟子莫大的荣耀。弟子真心想帮助法师。”

沉默了一会，王祥接着说道：“天色已晚，法师也累了，不如先在军营里过一夜，明天弟子亲自送法师上路。”

第二日，王祥信守诺言，一清早就与两名士兵同来，携带着一大袋水和一口袋炒面。

王祥骑马送玄奘走了十余里后，在一个岔路口停了下来。他指着前方一条路，对玄奘说道：“这条路直接通往第四烽火台。那里的校尉是弟子的族人，为人仁慈。只需告诉他是弟子送您来的，他定会好好照顾法师。”

这时，法师和校尉都已潸然泪下。道别后，玄奘继续上路。

到达第四烽火台后，玄奘得到校尉指点，准备绕过不甚友好的第五

---

① 过所：通关文书。

烽火台，向百里之遥的野马泉进发。

起步没多久，玄奘就迷失在沙海之中。水袋里的水喝光以后，玄奘有五天四夜没再进过一滴水。他变得头晕目眩，浑身无力地趴在马背上，任凭坐骑漫无目的地在沙漠中行走。渐渐地，一片绿洲和一湾池水映入眼帘。欣喜若狂的玄奘滚下马来，爬到水边上饱饮一番，灌满了水袋，又继续上路。

两天后，玄奘来到了绿洲国伊吾。进入伊吾城（哈密）后，他发现自己完全是在异国他乡。这里的人的长相、穿着与内地人很不一样。他也未曾见到试图阻止他西行的唐朝官吏。就在此时他得到并接受了高昌使者的邀请，前往高昌城访问。

37. 麴文泰

经过六天的旅行，玄奘随同高昌使节及其随从一行来到高昌城——西域东部最大绿洲国家高昌的都城。

半夜时分，玄奘经由城东门进入城内。在皇宫的大门外，迎接他的是国王麴文泰本人以及数十名手持蜡烛的随从。麴文泰将玄奘安置在重阁宝帐之中。随后，国王麴文泰与皇后在随从陪伴下前来拜见客人，并与之交谈。

约半个时辰后，国王等人道别离去。玄奘被带到附近国寺的僧房中。此时他已精疲力尽，一头倒在床上，立刻睡着了。窗外，黎明刚刚破晓。

第二天早上晚些时候，一位八十多岁的老人来访。他就是高昌国最受人尊敬的统王法师。很明显，他受国王之托试图劝说玄奘留在高昌，却遭婉言拒绝。

玄奘在高昌城同皇室及僧侣们度过了一段愉快的时光。在出发之前，他前往皇宫向国王麴文泰道别。

国王说道：“我曾经跟随先王前往隋国，游历了长安、洛阳、河东（山西）、河北等地；见过不少名僧大德，但能让我真心倾慕的只有一人，那就是法师您。与您在一起的日子使我感到不可名状地欢喜。请留下来吧。我恳求您。整个高昌国的臣民都可做您的弟子。这里的僧侣不能说很多，但也有几千人。任何时候他们都可以为您手捧经卷，聆听您的教诲！”

玄奘答道：“贫僧谢谢国王这令人难以置信的慷慨。但是贫僧不配。我之所以踏上西行的征途，是因为我国佛教教义中还存在空白。我要像波仑[①]一样求法问道，像善财[②]一样广交良师、良友，决心完成未竟的旅程。”

“作为您最忠实的弟子，”国王提高了声调说道，“我一定要让您留下来。”

就这样双方争论了几个时辰。最后麴文泰开始失去冷静，说道：“葱岭可动，我的意志不可改。或者您留在高昌，或者我派人送您返回大唐！”

“贫僧从东土远道而来，就是为了取经求法。您可以把我的躯壳留下，但留不住我求法之心。”玄奘说完，便抽泣起来。

结跏趺坐，玄奘开始拒绝一切饮食。三天之后，显然生命力在渐渐离开他的躯壳。第二天早上，麴文泰前来探视，当见到玄奘的惨状时，骤然感到极度地恐惧和羞愧。麴文泰说道：“法师，请接受我的歉意。如果您执意西行，我也绝不再阻拦。但请先吃点早饭吧。”

“陛下，”玄奘用微弱的声音说道，“如果你真有诚意，请对着太阳发誓。”

“我说到做到。不过，与其对太阳发誓，不如在佛像前立誓。”

“那当然好了。”

“但我希望同您一同起誓，结为兄弟。”

在短暂的犹豫后，玄奘同意了国王的请求。

国王和玄奘一同来到国寺的正殿，礼佛后，在张太后的见证下，两人结拜为兄弟。国王即刻正式准许玄奘继续西行，同时也希望他取经归

---

① 波仑（Sadaprarudita）：波仑菩萨，据传，曾行两万里到犍陀罗求法。

② 善财，即善财童子（SudhanaKumāra）：求道菩萨，曾南行参访五十三位良师、友人，遇普贤菩萨后而成佛。

来后能够在高昌国讲经三年。眼下，应麴文泰之邀，玄奘将停留一个月，以讲解《仁王般若经》——一部专为君王而写的佛经。

结拜仪式结束后，玄奘吃下了绝食绝水以来的第一顿饭。

两天之后，一个可以容纳三百人的巨大帐篷搭建完备，以供玄奘讲法。在开讲之前，麴文泰手捧香炉引导玄奘来到帐中的一把高椅前。皇后、大臣、军队高官纷纷列席。国王麴文泰随即俯卧在地，让玄奘踩着其身体爬到座椅上。

在整整一个月中，玄奘的每次讲座，国王都重复着同样的过程。

在最后一讲结束后，国王麴文泰向玄奘赠送了昂贵的礼物，包括二十五名脚夫和三十匹马，可供二十年旅行之用。另外，麴文泰还写了二十四封书信，请求玄奘西行途经的各绿洲国国王向法师提供必要的帮助。高昌殿中侍御史将携带贵重礼品，护送玄奘到西突厥统叶护可汗廷。麴文泰在给可汗的信中写道：

> 法师者是奴才我的弟弟，他想赴婆罗门国（印度）求法。愿可汗像怜惜奴才一样怜惜法师，发敕令，要求西部诸国提供邬落马[①]递送法师出境。

玄奘被深深地感动了。他写了一封浸透泪水的长信来表达感激之情。

对此麴文泰说道：“玄奘是我的弟弟，我万分乐意同他分享高昌国的财富。”

然而离别的日子不可避免地来临了。国王、王后、僧侣、大臣、普通臣民都前来为玄奘送行。当他们经过西郊时，国王和玄奘停住，下马，相互拥抱着嚎啕大哭起来。在场的多数人，不管是僧侣还是俗人，也随着痛哭起来。在国王的命令下，民众们不情愿地停止了脚步。国王、统王法师和少数几位僧侣陪伴玄奘继续西行数十里以后才依依惜别地分手。

---

① 邬落（ulaq）马（突厥语）：驿马。

38. 尚书省右仆射

在长安城中，一个和尚奇迹般逃亡的消息使皇帝李世民感到不悦。不过，尽管皇帝不是佛教徒，但他对佛教事业颇有好感。于是，他决定不再追查此事，使萧瑀和李大亮松了一口气。对皇帝而言，有更为紧迫的事务要他处理。例如，尚书省仆射一职空缺的问题。627 年 8 月，皇帝在两仪殿召集诸位宰相大臣——宇文士及、房玄龄、萧瑀、高士廉等——商讨此事。

“由于封德彝的病逝，房玄龄一人要负责整个尚书省的政务，”皇帝开始说道，“但封德彝的尚书省仆射一职事关国运，朕不可能让它长期空缺。”

“陛下所言甚是。”房玄龄说道。

“朕倒是有一个很适合的人选，请诸爱卿认真考虑。”皇帝接着说道。

“陛下指的是哪一位？”宇文士及问道。

“长孙无忌。”

“在臣下看来，长孙无忌年纪太轻，而且缺乏经验。”萧瑀说道。

“臣下认为长孙无忌可以胜任。”房玄龄插话说道。“他在左武侯大将军和吏部尚书任上都展现出卓越的管理才华。”

皇帝转问高士廉道：“你的意见如何？”

“陛下，长孙无忌是臣下的养子。臣下不必多言，以避嫌疑。”高士廉回答道。

“无稽之谈，”皇帝果断地说道，“举贤不避亲。”

“好吧，陛下。臣下的真实想法是，长孙无忌的确有领导和管理组织的天赋。”

“你怎么看？”皇帝问宇文士及道。

“臣下的看法与高士廉相同，陛下。”

“好极了！”皇帝说道。“朕正式任命无忌为尚书省仆射。”

是日夜晚，皇帝在甘露殿书房中阅读他最钟爱的史书——公元一世纪班固所著的《汉书》。长孙皇后步入房中。

“陛下，臣妾听说无忌被任命为尚书省仆射。”皇后带着询问的口气说道。

“这不是很好吗？你应该为自己的兄长感到高兴。”

“尚书省仆射是尚书省乃至整个官场的实际负责人，难道不是吗？”长孙皇后问道。

“当然了，尚书令的存在只是象征性的，”皇帝说道，“尚书省左右仆射是最重要的宰相。”

“陛下，”皇后接着说，“因为无忌和臣妾的血脉关系，他已经恩宠有加。如今获此重任，臣妾担心他无法胜任。”

“爱妻，任命无忌朕自有道理。他不但在玄武门事件中坚定地在站在朕这一边，还是朕的姻亲、旧友，但最关键的是，他拥有卓越的领导和组织能力。”

“臣妾所担心的正是这些，陛下。作为尚书省仆射，不用多久，无忌必然会盖过另一位仆射，而成为尚书省的真正主事。历史上已经有很多外戚（皇后的亲属）当政、权倾天下的前车之鉴。陛下一定还记得吕氏、霍氏和上官氏吧。关于他们《汉书》中有详细记载。无论如何，他们都是西汉最为显赫的外戚。而当他们达到权力的巅峰之后又发生了什么呢？无一例外，全被处斩，其家族也遭灭门之祸。臣妾恳求陛下慎重考虑这一历史教训。”

“当然，朕熟知班固笔下的吕氏、霍氏、上官氏的命运。朕也非常感谢你的担心。但是，国家需要像无忌这样的人才。朕相信他一定能够胜任，不会被权力冲昏头脑。只要朕还活着，朕就不会让他逾越权限一步。他不会有问题的。”

皇帝喜欢妻子谦卑的品质。但是，在尚书省仆射这一位置上安排一个可靠能干的人实在是太重要了。因此他仍然坚持已经做出的决定。

正如长孙皇后所担心的那样，长孙无忌升任尚书省仆射不久后便成为朝廷中仅次于皇帝的、最有权势的人。故此，每次长孙无忌面见长孙皇后时，都会遭到后者的训诫。她警告他说，如不小心，长孙家族就会面临灭顶之灾。因此，在朝上，长孙无忌表现得“如临深渊，如履薄冰”。作为外戚和宰辅，他面临着最严格的监察。尽管如此，上任几个月后，他逐渐熟悉了运作规程，为自己争得了行事高效、公正的声誉。

贞观二年（628 年）2 月的一天，长孙无忌在两仪殿与皇帝的例常会晤上讨论政务后，皇帝向他出示了一份无名密奏。密奏称长孙无忌独断专行，大权独揽。长孙无忌想道：“到底还是妹妹说的对。百密难免一疏。”

“不必担心，”皇帝说道，“朕对你是有信心的。朕过去待你如子，现在也一样。但是这类密奏的重要性是不言而喻的。此无名密奏是朕的监察官上奏的。正如你所知，他们廉洁奉公、刚正不阿。此外，如果臣子不能告朕其所想，朕就会与他们疏远了。”

“这些臣都明白，陛下。”

“记住，无忌，无论发生什么事，你都是朕最信任的朝廷官员。”

这次例常会晤让长孙无忌整天感到不安。与长孙皇后商量后，次日上午他提交了一份书面辞呈。但辞呈立即被皇帝拒绝。

那天晚上，当皇帝正准备返回寝殿休息时，他惊讶地发现皇后跪在殿门口。他走过去，试图将她扶起。但是皇后拒绝起身。她抬起头来，哀求皇帝道：“恳请陛下饶了无忌吧！”

“好吧，好吧，”皇帝看着皇后脸上的两行泪珠说道，“先起来再说。”

第二天，皇帝下旨解除了长孙无忌尚书仆射一职，另授予他开府仪同三司——大唐最高等级的散官职。

39. 北疆的老对手

刘黑闼部和徐圆朗部被剿灭后，北方基本上被“平定”。其后，北方虽也出现过一些零星的小规模暴动，但它们很快都被镇压了。再没人能建立起一个对李唐王朝构成威胁的、可持续的政权。唯一的一个例外是梁师都。他一生都在陕西北部度过。李渊617年义举之时，梁师都也趁机起兵。由于突厥的支持，他击退了唐军的进攻；他自称大梁皇帝，被突厥授予可汗称号，并经常挑唆突厥进攻唐国。

627年，在蒙古草原上的突厥各部之间爆发了一场毁灭性的内战。几个月之后，由于内部分裂，突厥已无力全力支持其南部的附庸政权。皇帝李世民抓住这一机会，于628年初，写信给梁师都，劝他投降，但被梁师都拒绝。皇帝于是令同梁师都接壤的夏州设法削弱梁国的势力。唐方派轻骑偷袭其耕地、践踏其庄稼；派间谍渗透到梁军内部，策反其军官。一名梁将甚至试图发动政变推翻梁师都的统治。但计划以失败告终，策划者南逃至唐国。此次未遂政变使梁师都变得焦躁易怒，对其他幕僚产生了怀疑。皇帝李世民趁机对梁国发动总攻，使之很快濒于崩溃。最后，梁国仅剩下一座城市：朔方。梁师都及其残部蜷缩在朔方城内，等待突厥援兵的到来。（实际上，突厥援兵已经来过，但被击退。）就在这时，梁师都被堂兄杀死，朔方随之投降了唐朝。

毫无疑问，梁国并非强国。然而，对于唐朝来说，将其兼并却是至关重要的。这标志着大唐彻底驱除了被突厥所扶植的叛乱政权，北疆地区自此彻底平定。北方的和平使皇帝有机会可以专注于内政：继续推行减免税收、缩小政府规模、厉行节俭的政策。但到目前为止，这些措施并没有生效；其主要原因是一种超出皇帝驾驭能力的力量：自然。这一冬天，北方降雪量很少，尤其是关中地区。随之而来的是早春爆发的、持续三个月的旱灾。

初夏某日清晨，阳光明媚。皇帝在玄武门以北的禁苑内骑马漫步，炙热的阳光从万里无云的天空中直射下来。皇帝充满忧虑地领教了大自然的怒火。向东望去，他注视到地平线上有一团黑压压的东西。当它迅速向西移动时，几乎听不到的嗡嗡声变得响亮起来。突然，一大群蝗虫像一团巨大的黑云从空中飞过，完全遮住了阳光，随即降落在一片麦田上。这些“厚颜无耻”的害虫竟然无视皇帝的存在。一时间，皇帝感到怒火中烧，跳下马来，走进麦田，一把捉住了一只蝗虫。用右手将其高高举起，皇帝紧盯着它，清晰地看着蝗虫的两只触须、强壮的后腿、突出的腹部、棕色的眼睛。然后他大声喊道："粮食是人民的生命。你怎么敢吃田里的粮食？朕宁愿让你吃朕的心肺和肠子。"

皇帝刚要将蝗虫放在嘴里，一个随从郎官跑过来劝阻，说道："陛下，万万不可。这种邪恶的昆虫会引起疾病的！"

"为了人民，朕宁愿自己遭受病痛之苦！"皇帝说着，一边把蝗虫放在嘴里，大口咀嚼着，吞咽下去。

过了一会儿，蝗虫们相继起飞，继续往西移动，没有留下一丝的痕迹。

但实际问题要更加严重。在关中地区小米、小麦、燕麦等冬季作物的歉收，使得大批饥饿的农民涌向长安街头，乞讨为生。他们之中竟有人公开卖儿卖女以换取粮食。

皇帝停止了例行公事，前往大社祭祀社稷神，又往太庙举行赎罪仪式。他明白正是由于他自己的失德而引来上苍的不满，从而导致天降灾异。虽然统治合法性未受到威胁，皇帝仍然感到愧疚。他令属下用国库里的钱财、丝绸去赎回那些为了换取食物而被贩卖的儿童，并将他们归还父母。他甚至颁布了大赦令，希望能以此感动上天降雨，从而减轻臣民的苦难。

几天以后，一场大雨普降长安及周边地区。人们认为，正是人民对政府慷慨大度的援助的感激之情感动了上苍。皇帝的愿望终于得到了上苍的答复。至少表面上看是这样的。

40. 卢祖尚

尽管经历了种种发展初期的痛苦，唐国，在皇帝李世民的治理下，逐渐成为一个幅员广阔的帝国：北界长城，南涉越南。正当北方的自然灾害逐渐缓解时，最南方的交州又出现了问题。幸运的是，这些问题并未引发叛乱。（尽管有许多当地居民是曾为独立而奋起抗争的越人。）交州都督遂安公李寿因贪赃而被免职。交州都督府涵括广东、广西、越南北部，是唐帝国的南方门户。数月以来，朝廷没有找到适合的都督人选。而后有人举荐当时任瀛州刺史的卢祖尚。看过卢祖尚的简历和举荐信后，皇帝李世民断定，他就是交州都督的最佳人选。至少从文字记录上看，卢祖尚文武双全，政绩出色。皇帝召他进宫，并提议让他接任李寿原职。卢祖尚爽快地接受了任命；皇帝亦因此而感到高兴。

回家之后，卢祖尚仔细了解了交州地区，尤其是治所交州城（越南河内）的情况，他开始感到焦虑。最终，他改变了主意，拒绝了任命。为了说服他，皇帝承诺三年内将他召回，并派杜如晦和卢祖尚的内弟去劝说他。卢祖尚礼貌但坚决地回绝了他们。

“我的风湿病肯定受不了那里潮湿多雨的气候，”卢祖尚争辩道，“此外，交州瘴气弥漫。人们只能靠终日饮酒来抵御瘴气求生存。问题是我不能饮酒。如果我要是赴任的话，肯定是有去无回。”

皇帝被激怒了，对幕僚们说道：“如果连任命一个都督都做不到，朕又如何治理国家呢？”于是皇帝下诏判卢祖尚于承天门（太极宫南大门）朝堂前当众斩首。

卢祖尚死后不久，皇帝感到自己的良心受到拷问。他与杜如晦谈及此事，杜如晦并不以为然，认为维护皇帝权威有时需要杀一儆百。但这并不能给皇帝带来多少安慰，因为他已经认定此举太过草率。但现在为时已晚。只有时光的流逝方能冲淡这令人不悦的记忆。一日清晨，皇帝与幕僚们进行了一次半正式的会晤。在这个场合各种话题都可以讨论：政治、经济、军事、文化等。当会晤的主题转移到重要历史人物身上时，有人提到北齐的建国者高洋。皇帝问魏征：“高洋是个什么样的人？”

“总体而言，他是一个暴君。”魏征回答道。“但是，当别人与他争论时，如果他理屈词穷，他总是能够让步。例如，当时青州（在今山东）长史魏恺出使梁朝后还朝，拜为光州长史，他不肯赴任。丞相杨遵彦上奏高洋。高洋大怒，召他入宫，接受训斥。魏恺回答道，‘臣先前任大州长史，出使梁朝，尽心尽力，没有过失。所以臣认为自己不该改任小州长史。’

高洋认同了他的观点，没再强迫他赴任。这是高洋的长处。”

“若真如此，朕还不如一介暴君。”皇帝叹道。

“陛下，微臣并不是这个意思。”魏征惊讶地回答道。

“朕知道，”皇帝说道，“但朕诛杀卢祖尚之举太过莽撞。卢祖尚虽不应抗旨，但朕的做法着实太粗暴了。如此说来，朕还真不如高洋！”

皇帝问房玄龄道：“卢祖尚的家人是如何处置的？”

“根据大唐律，他家人被流放到三千里外，所有家产充公。因为卢祖尚亦被除名，他的后代不得享受庇荫。”

皇帝对中书舍人李百药说道：“你拟写一道诏书，内容如下：完全恢复卢祖尚的名誉；授卢祖尚以谥号；将卢氏家族成员召回京城；将没收资产全部归还卢家；恢复卢祖尚近亲的庇荫待遇。”

41. 裴寂

会议结束了，大臣们陆续散去，唯有魏征留了下来。

“爱卿有何事？”皇帝问道。

“有件事想同陛下私下探讨。”

“什么事？”

“听说宫中最近接纳郑氏为嫔妃。”

“有这么一回事。郑仁基的女儿十六岁，相貌好，出身名门，是长孙皇后推荐的。朕册封她为‘充华’。”

“诏书已写好了吗？”

“是的，但是中使还未派出。有问题吗？”

“臣下听闻郑氏已有所属。”

“男方是谁？”皇帝听上去有些不高兴。

“陛下，是陆爽。”

“依你看来，朕应当如何处理此事？”

“陛下为天下万民的父母，自当关爱天下，忧民之所忧，乐民之所乐。

郑氏之女，许给他人已颇有时日，可陛下没有询问她的身世就将她纳入宫中。如果此事传之四海，黎民百姓将如何看待陛下？”

“天呀！是朕的过失。”皇帝大惊道。

当皇帝正准备将郑氏送出宫时，他收到了两封奏章。房玄龄所书第一封提出了不同的看法：“郑氏与陆爽的婚约并未履行，而郑氏入宫时已行大礼，现在退回娘家为时已晚。”

第二封奏章来自陆爽本人。他声称：“家父在世时的确馈赠了一大笔金钱给郑家，但并未提及婚配之事。”

皇帝深感困惑，召魏征入殿，再次商谈此事。

“房玄龄或许想取悦于朕，那陆爽呢？为何他也否认同郑氏的婚约？”皇帝问道。

“陛下是否听过辛处俭的故事？”

“未曾听过。辛处俭是什么人？”

“太上皇（李渊）刚入长安城时，不经意纳了一个已婚妇为妾。她是辛处俭的妻子。之后，太上皇得知事情真相，非常不悦，于是就下令将太子舍人辛处俭调出任万年县令。在很长一段时间里，辛处俭一直担心被太上皇处死。陆爽知道，陛下现在可以容忍他，但日后很可能抓捕他。这就是他否认同郑氏有过婚约的原因。”

“明白了，”皇帝说道，“无论如何，朕是不能留郑氏了。”

随后，皇帝发布了一道措辞尖锐的诏书。在诏书中，皇帝将纳妾的过失归咎于自己和相关朝廷官员，并以不容置疑的口气要求将郑氏退回。

贞观三年元月二十一日（629 年 2 月 19 日）清晨，皇帝李世民在长安东郊参加了一年一度的籍田仪式。凉爽的晨风和清新的郊外空气使他感到充满活力。

回到太极宫后，皇帝被一郎官告知，裴寂请求觐见，已经等候了一个时辰。皇帝立即答应了请求。

当年举义起事，裴寂功不可没。皇帝仍清晰地记得裴寂如何说服太上皇脱隋自立。但感激之情至此已经淡漠，特别是在裴寂以谗言诬陷造成刘文静冤死之后。登基以后，皇帝悄然解除了裴寂的宰相职位。

最近裴寂因沙门法雅一案受到牵连。法雅曾受太上皇青睐，被指控妖言惑众而遭诛杀。裴寂被判知情不报，被令解官，流放故里。然而，裴寂数月不肯成行。长安县令负责管辖裴所住的里坊，对此事却置若罔闻。皇帝知道后，下旨命裴寂立即启程。

“陛下，”裴寂说道，“看在旧交的情份上，请可怜可怜臣子吧！”

看着眼前这位年近六十、身材矮小的男人，皇帝不由地感到一丝怜悯。但他立刻想起裴寂在过去所造成的麻烦；他感到恼怒，脸色发紫。

“你怎么有脸提出这种要求？”皇帝问道。“在太上皇时期，你是一个不折不扣的麻烦制造者。因为你的不实之词，刘文静遭诛杀。现在朕让你回乡，在有生之年守护祖坟，你已经是够幸运的了！”

“是，陛下。”裴寂说道，尽量避开皇帝的目光。

“朕想让你尽快离城。本月底行不行？”

裴寂绝望地点了点头，起身离开。

皇帝随后下令将长安县令鞭笞三十下，并召集重要幕僚，商议为刘文静平反一事。获得重臣一致同意之后，是皇帝下旨，推翻刘案，恢复其生前官爵，允许其一子袭鲁国公爵并尚公主。[①]

42. 五代史

在当政的两年里，皇帝大部分时间住在长安，处理大臣（偶尔也有平民）上的奏章、主持朝会、会晤宰辅、审理重大案件、制定政治经济政策、任命高层文武官员、出席国家典礼、接见外邦来宾、制定对外政策等。当全国上下的局势渐趋稳定时，皇帝的日常政务变得愈发格式化。为了激活思维，他也通过一些活动进行消遣，例如作诗、书法、狩猎、阅读历史等。他不仅仅热衷于阅读司马迁的《史记》和班固的《汉书》这类历史巨著，同时还有志于支持最具规模的官方修史活动。

---

① 娶皇帝女称“尚”。

为此，皇帝召集了一批包括他最亲近幕僚魏征、房玄龄在内的高官和著名学者，在武德殿召开了一次小型专门会议。

“因为战争和动乱，”皇帝说道，“官修历史被搁置了很长一段时间。现在已到了在朝廷的支持下启动修史计划的时候了。”转向魏征，他接着说道：“你能否详细解释一下推行这一计划的理由和目的？”

“是的，陛下。”魏征回答道。“编写信史是自古以来的光荣传统。最早的典籍之一《尚书》就是一部历史。历史是一面镜子，可以告诉我们以往的君臣得失，也可作为将来行动的指南。这次修史主要涉及唐朝建国以前一百年的历史。”

“还有谁想对此发表意见？”皇帝问道。

“陛下，臣下想补充一点，”房玄龄说道，“有人建议成立史馆，汇集最优秀的学者，并为他们提供最优质的史料和工作环境。这听起来像是非常好的主意。”。

“史馆准备设在哪里？”皇帝问道。

“门下省院内。”

“甚好。朕将全力支持编修国史，并且设立史馆。朕要问的是，太上皇不是已经启动过一个雄心勃勃的修史计划吗？”

“是的，陛下。”魏征回答道。“是梁、陈、北齐、北周、隋这五朝的历史。”

“这个计划进展如何？”

“陛下，计划已经半途而废了。”颜师古——朝廷最富学识的官员之一——回答道。

“新修史计划也将函括同样五个朝代的历史。”皇帝说道。“这一次，你们可以做得好一点，是这样吧？”

大臣们点头称是，接着对五代各史的具体编修计划及其主持人的合适人选进行了讨论。

在会议结束时，皇帝宣布五代史计划正式启动。秘书监魏征为总编，尚书省仆射房玄龄为总监。史馆将设置于太极宫内，隶属于门下省。此外，一名宰相将被任命为史馆总监，以提供全面的指导。

“还有一点，玄龄，”皇帝补充道，“《汉书》和《后汉书》收录了若干汉赋原文,诸如杨雄的《甘泉赋》《羽猎赋》,司马相如的《子虚赋》《上林赋》以及班固的《两都赋》等。这些赋作文风格浮华而无用。类似作品不必收入史书中。”

“是的，陛下。”房玄龄点头道。

“不过，”皇帝稍作停顿后说道，“那些直言不讳的奏章，不管朕是否采纳过，应该收载。”

“是的，陛下。”房玄龄赞许地说道。

43. 天可汗

贞观三年（629年），随着时间的推移，颉利可汗治下的强大突厥帝国开始瓦解。颉利名义上是东亚、中亚突厥帝国的最高领主。其地域横跨中国东北、蒙古高原，从阿尔泰山延伸至中亚绿洲诸国。但是与其敌对的西突厥帝国实际上已经存在达数十年之久。颉利实际掌控仅为所谓东突厥或北突厥帝国。不过，东突厥面积与人口均超过西突厥。

不堪忍受颉利的统治，一些部落联盟诸如薛延陀、回鹘、拔野古等纷纷叛离。颉利震怒，派侄子突利前往讨伐。令人失望的是，突利竟被薛延陀打败。

颉利一怒之下，将突利鞭笞后，投入大牢。半月后，突利出狱，随即与唐朝取得秘密联系，并主动提出要为推翻其叔叔的统治尽力。

唐廷对大草原上的变局越来越感兴趣。边疆大员定期送来有关颉利的情报。代州都督张公瑾的一份奏章引起了皇帝李世民的注意。张公瑾就是在玄武门之变前夕阻止当时的秦王李世民进行龟卜的官员。当时如果进行了占卜，先发制人的行动计划就有可能推迟，后果就会不堪设想。在奏章中，张公瑾详细地分析了颉利在军事、后勤、政治上的弱点，促使皇帝做出立即采取军事行动的决定。

一支十余万人的远征军，在两位最杰出的将领——李靖和李世勣——的指挥下，发起了对突厥的战争。此后的六个月内，他们将颉利逐出定襄（内蒙古和林格尔西北），并在阴山白道和碛口击破其主力。国家、军队损失殆尽后，颉利与少数扈从人员试图往位于甘肃和青海的吐谷浑部逃窜，但却在内蒙古中部被擒获。

颉利的突厥帝国至此崩溃。

由于受到薛延陀的威胁，十多万曾为颉利可汗统领的、饥饿的突厥部民涌入唐境，以寻求庇护。唐朝守边的官员没有处理如此大规模难民入境的经验，向朝廷提出了紧急援助的要求。

为此，朝廷召开了一次紧急宰相会议。魏征第一个发言，说道："突厥是我们的敌人，世代袭扰边境。我们绝不能让他们滞留在中国境内，应送他们返回故土。"

"我不赞同。"中书令温彦博说。

"为何？"皇帝吃惊地问道。在上层领导圈子里，温彦博是唯一的一位熟悉突厥生活方式的高官。

"陛下，"温彦博回答道，"突厥既然要求归附，臣下想不出将他们赶走的理由。孔子曾言，'有教无类。'如果我们救他们于生死之间，告诉他们治生的方法，教他们礼义之道，不出几年，他们就会变成我们的臣民。"

"彦博，"侯君集问道，显得有些疑惑，"你早年被突厥人拘留，而且还受到过虐待；为什么仍然要欢迎他们呢？"

"的确，我是被突厥扣留了很长一段时间。但是我的经历告诉我，突厥人也是人，与吾等没多少区别。"

"温彦博的话有道理，"皇帝插话道，"正因为他曾长期与突厥相处，他的见解就更具说服力。如果突厥归顺我们，那么他们就是朕的臣民。我们应当欢迎他们，向他们提供帮助，就像对待汉人一样。"

随后朝廷便出台了一系列处理突厥难民和相关问题的决策，就地安置那些已在境内的突厥人，并给予适当的食物补助，分颉利统治下的广阔领土为六州；鼓励突厥的上层及其亲属移居长安。最后，十万余突厥家庭定居长安。很多突厥部落酋长被授予中郎将的称号。其中有一百余人得到五品乃至五品以上官职的任命。不久之后，他们在朝廷也跻身于高官之列。

要真正了解这些任命的重要性，有必要知道唐朝的等级制度。唐代的官僚系统共分为九品三十阶。一品到三品各分为正从两阶。四品到九品各分为两个层次，此外每个层次又细分为上下两阶。一般而言，五品以及以上的官员可以被视为高官。位居官僚系统最高层者是尚书省仆射和门下省侍中，均为二品；中书令是三品。一品官员极其少见，罕有任命。

贞观四年四月三日（公历630年5月20日），一场盛大的典礼在顺天（承天）门举行。实际上，顺天门城楼本身就是一座宏伟的宫殿，在第二层设有宽敞的大堂。顺天门位于太极宫中轴线的南端，每逢一些年度重大节日，都会在此举行隆重的庆典，包括冬至和新年。这一天的仪式不是一年一度的庆典，而是为了庆祝战胜突厥而举行的特殊典礼。

二楼大堂堂下站满了高级文官、军队将领以及外国使节。一条中心通道，从南大门一直通往北面的高台，将静立等待着的贵宾们分成左右两区。隐隐约约，一阵微弱的音乐从远处传来。随着音乐逐渐变强，人们清晰地辨别出“破阵乐”的旋律。这时，二十四名太常寺乐师，在寺卿的指挥下，演奏着笛、筚篥、箫、笳、铙、鼓等乐器，由南大门步入堂内。

紧跟在乐队之后的是战利品，包括突厥兵器、其他军用器材。再后是颉利可汗本人；他被带到坐在台上的皇帝面前。

音乐戛然而止。皇帝站起身来，礼节性地谴责颉利违背便桥之盟，多次袭扰唐国边民。这位曾经不可一世的蒙古草原霸主泪流满面，濒于崩溃，随后被带出了大堂。

仪式即将结束，几位游牧和绿洲国家的首领递交了一份联名请愿书。令皇帝吃惊的是，他们要求皇帝接受“天可汗”的尊号。

“朕已贵为天子，”皇帝回答道，“难道你们非要让朕屈尊当一名可汗不成？”

“不是的，陛下，”一位国王说道，“天可汗是可汗中的可汗，是王中之王，也是大草原上诸国的领主。”

“之前是否有人接受过这个尊号？”

“没有。此尊号是专门为陛下创立的。”

“既然如此，朕看来是没有理由拒绝尊号了。”皇帝望着幕僚们说。看到没人提出异议，他接着说道：“从今天起，在与他国首领打交道时，朕将用‘天可汗’的称号。”

在场的外国首领们高呼道：“天可汗万岁！”

与尊号俱来的是一种期望，即其被授予者能够调和各国之间的矛盾与分歧，维护大草原的和平。后来的历史还有其他皇帝会被尊为天可汗，但是皇帝李世民的天可汗尊号在历史上是第一次出现，而且不是自封的。与之相反，这是颉利垮台后，各个国家首领所创立的，是对唐皇帝主导地位的认可。

此次庆典太上皇李渊未能出席。事实上，最近几年，太上皇过得并不愉快。次子李世民在位期间，李渊的宗教政策被颠覆，最宠爱的僧人法雅被斩首，密友裴寂被解职流放。父子之间的关系到达最低点时，在皇帝的要求下，李渊从太极宫迁居到弘义宫（位于宫城以西）。但是，这次皇帝没有让太上皇出席承天门庆功仪式是考虑到父亲日渐恶化的身体状况，至少表面上看是这样。李渊似乎也不十分在意。事实上，当得知颉利被俘的消息时，他第一次，自玄武门之变后，为自己的次子感到由衷的高兴和自豪。

为了给次子庆功，晚间时分，李渊在两仪殿东北的凌烟阁举行了一场小规模的酒宴。除了皇帝本人之外，仅有少量的宾客出席，包括十数名高级幕僚、亲王、王妃、公主。

晚会已经过半，在酒精的作用下，宾客们变得微醺松弛。李渊在皇帝琵琶的伴奏下翩翩起舞。表演结束后，显然已经喝得烂醉的高级幕僚们，一个接着一个摇晃着站起身来，结结巴巴地向太上皇和当今皇帝道贺。庆祝活动一直持续到凌晨方结束。

随着唐朝在东亚的名声鹊起，南方国家林邑（越南南部）派使团来到长安贡献火珠——一种鸡蛋大小的水晶宝石。但是一位唐朝官员发现呈上的国书用语不敬，扣押了使者及其扈从，并提议对林邑发动惩罚性战争。

皇帝对此说道："好战者自取灭亡。隋炀帝（杨广）和颉利可汗就是两个例子。再者，打败小国也没什么可光彩的，何况发动这场战争本身就没必要。至于言辞嘛，不要太在意就行了。"

故此，唐朝最终未对林邑采取行动。林邑的使者和扈从获释，并受到鸿胪寺的接待。作为藩属国的贵宾，他们受到了皇家待遇。

44. 洛阳宫的修缮

自从皇帝攻下洛阳至今，已将近十个年头。虽然他曾谴责洛阳是座腐朽的城市，并下令摧毁其某些标志性的建筑，但他与洛阳一直保持着密切的联系。在登基之前，洛阳在亲信张亮等人的经营下已成为他在东部的权力中心。现在，那些令人不快的记忆已经淡化，皇帝也于贞观四年（630年）8月5日，信心十足地颁发一份诏书，公开讨论洛阳的重修计划。他说道：

> 隋朝营建的洛阳，朕从来未进行过修缮。至今有些建筑已被水侵蚀。如果要使它们适于人居，修缮工作是十分必要的。鉴于朕在东方狩猎时亦需要歇脚之处，乾元殿（隋乾阳殿）将被修复后投入使用。为了完成此工程，适当数量的士卒将被征调。将作监窦琎将任修缮工程总监。

实际上，在此之前洛阳城宫的修复已经进行了数月。这道普通无奇的诏书表明皇帝对这项工程的首肯。这一举措使不少朝廷重臣称赞有加。他们认为皇帝诏书所述不仅理由充分，而且也显示出对百姓的关怀。但给事中张玄素却因此而夜不能寐；他提交了一封冗长而又措词严厉的奏章，批评皇帝的奢靡程度堪比隋炀帝杨广。

皇帝对此深为不满，想道："这个自以为是的家伙竟管起朕的闲事来了！"他愈思愈怒，于是便召张玄素入殿。

"你认为朕不如隋炀帝。那么朕同夏桀和商纣相比如何？"皇帝问道。毫无疑问，夏桀和商纣是邪恶的化身，这两个臭名昭著的末代君王，因滥用权力而导致朝代的败亡。

"陛下，如果乾元殿再建的话，就会重蹈夏桀和商纣的覆辙。"张玄素回答道。

"什么？你认为朕会是历史上最糟糕的统治者吗？"

"不。臣只是提醒陛下居安思危。"

"你的官位是门下省的给事中吧？"

"是的，陛下。"

"品秩？"

"正五品上。"

"听你的言谈，倒像是个尚书省仆射。"皇帝用嘲讽的口气说道。

"冒犯陛下，臣下感到非常抱歉。"

"大可不必。朕会对你的奏章做出答复。"

张玄素走后，皇帝对奏章进行了深思熟虑之后，召他最亲近的幕僚房玄龄入殿，进行商讨。

"坦白地说，朕对这篇奏章非常不满。但与作者张玄素接触之后，朕倾向于同意他的观点。一个五品官员敢于顶撞君主，让朕佩服。自古以来又有几人如此？仔细想想，洛阳宫似乎并不需要重修。你同意吗？"

房玄龄仔细揣摩着皇帝的口气，回答道："实话实说，臣下赞同张玄素的看法。"

皇帝随即免除了将作监窦琎的职务，下令拆毁那些新近重建或修复的奢华建筑，叫停了整个重修洛阳宫工程，并派人将两百匹帛送到张玄素家中，以嘉奖其率直。

45. 贞观盛世

至贞观四年（630 年）末，普天之下终于呈现出欣欣向荣的景象。国内各大区内，水稻、小麦、大麦、小米等粮食作物均获几十年未见的大丰收。很多到外地求食的贫困农民都回乡务农。长安城里三钱就可买到一斗大米。随着犯罪率的直线下降，全年仅有二十九人被判死刑，创历史新低。在国内旅行不仅安全，甚至变得舒适起来了。驿站、路边客栈和邸店数量增多，而且食物供应充足，旅行者必须自带干粮的日子已一去不复返了。当时的情况有人开始用“夜不闭户”来描述。当然，此说有些夸张。不过，毫无疑问，一个中华盛世已经来临。

“玄龄，还记得当初关中等地粮食歉收的情景吗？”皇帝问道。

“当然，陛下。因为粮食歉收，贞观元年（627 年）一斗大米可以换一匹丝帛！当时真可谓饿殍遍野。贞观二年（628 年），举国上下又遭蝗灾。贞观三年（629 年），则到处洪水泛滥。”

“今非昔比，难道不是吗？”

“是的，陛下。减轻赋税、精简政府的政策起到很好的效果。”

“贞观初年，人人都向朕建议说，‘陛下应当纲常独断，不可委大臣以重任’；‘陛下应当震耀威武，征讨四夷’。事实上，只有魏征劝朕要偃武修文。朕听从了他的意见。看，这几年发生了什么变化？不但颉利被擒，突厥酋长也成为了皇宫卫队的武官。”

“除此之外，武库的盔甲和兵器等军事装备也远胜于隋朝。”

“毫无疑问，国家不能够没有盔甲和兵器。但是隋炀帝的兵器不能说不充足吧？可他却失去了天下。总而言之，人的重要性远胜于兵器。正是因为有了像爱卿这样人才的帮助，朕方能够安抚天下。所以说，人，才是朕最好的兵器。”

贞观五年（631 年）是天下和平的一年。随着突厥的平定，唐朝与周边国家和睦相处，朝廷将越来越多的精力用在了外交上。

“可以说，我们与邻国的交往取得了重大的成就。”皇帝在年底为宰相举行的宴会上说道。

在场的决策层的官员们都点头称是。

皇帝对房玄龄说道："朕记得对外关系是由爱卿负责。"

"是的，陛下。臣下新近兼任礼部尚书。"

"很好。礼部负责鸿胪寺事务。在过去的一年里，大唐与外邦多有联系。"

"是的，陛下。去年我们接待的第一位贵宾是高昌国王麴文泰。事实上，他于贞观四年年底来唐，但多数接待活动都发生在贞观五年。"

"的确，"皇帝说道，"朕记得，他是本年第一次对外宴会上的座上嘉宾。之前麴文泰曾依附于西突厥的统叶护可汗。而现在他却更愿意向我们朝贡。"

"玄奘大师西去印度取经时途经高昌，麴文泰待他如亲人一样。"房玄龄说道。

"真是令人欣慰。记得在他入京朝贡时，至少还有十个国家要求进贡。"皇帝说道。

"但是这些国家的使者最终都没能成行。"房玄龄说道。

"这是为何？"李靖问道。

"那就请魏征说说原因吧。"皇帝说道。

"是的，陛下。"魏征说道，看上去有些为难。魏征以参与朝政的身份参加这次宴会，也就是说他虽然没有正式任宰相职，却有宰相的实权、地位。"臣对十个绿洲国家派使团进贡这一事感到担忧，因为开销实在太大了。接待麴文泰和他庞大的使团已经花费了巨额。何况这十个使团可能会带上千人来长安。"

"魏征，你做得对。"皇帝说道。

"感谢陛下！"魏征回答道。

"据说不少部落首领已经定居长安。"房玄龄说道。

"没错，"皇帝说道，"初春的时候，朕在昆明湖（长安城以西）狩猎，让他们中的几位与朕同行。我们相处甚欢。"

"八月，我们派一使团赴高丽，"房玄龄说道，"在高丽人的帮助下，我们得以按仪礼安葬了隋朝将士的遗骸。”

“隋朝皇帝发动四次战争，试图吞并此周边小国，”皇帝说道，“隋文帝（杨坚）一次，隋炀帝（杨广）三次，都以失败告终。我们未曾发兵高丽，高丽却成了我们的藩属国。”

“十一月份，林邑和新罗的使团前来进贡。”房玄龄说道。

“他们的贡品十分奇特。”皇帝说道。

“林邑进贡了一只能讲话的五彩鹦鹉。新罗进贡了两个美女。”房玄龄说道。

“因为魏征的原因，不久我们就将贡品退了回去。”皇帝说道。

“是的，”魏征说道，“陛下见到那只会说话的鹦鹉孤单，那两个新罗少女想家，于是就起了同情之心。”

“是因为卿提醒了朕。”皇帝说道。“我们最近还接待了一个来自倭国的使团。玄龄，你清楚这件事吗？”

“是的，陛下，”房玄龄说道，“我们派出高表仁代表朝廷回访。”

“是的，他是隋废太子杨勇的女婿。但是倭国之行并不顺利。发生了什么事？”

“在礼仪问题上双方产生了分歧。高表仁宣读唐国书时坚持要日本天皇退下宝座，面北恭听。倭人拒绝此要求。国书没有递交成。”

“简直是胡闹。坐南面北是臣子的位置，当然不适于君王了。”

“除了这段不愉快的插曲以外，倭国对高表仁和唐使团接待甚周，临走时还将他们一直护送到对马岛。”房玄龄说道。

“高表仁回朝之后呢？”皇帝问道。

“高表仁未能安抚外邦，因此被罚俸两年。”房玄龄回答道。

“他仍担任刺史一职吧？”皇帝问道。

“是的，陛下。”房玄龄回答道。

“那就好。你所打过交道的国家最远的是哪一个？”皇帝问道。

“是撒马尔罕的康居。”房玄龄回答道。

“当然，粟特人。他们希望归附唐朝。但是我们没同意。与之前的皇帝不同，朕对于通过开疆扩土而获得虚荣并不感兴趣。如果他们有急难，那么我们会伸出援手。但是，我们不会派军队跋涉两倍于去敦煌的路程，仅仅是为了获取虚名。”

“陛下的这种智慧来自何方？”魏征问道。

“朕不知这是否能称得上智慧，但是朕知道治国犹如照顾病人。病虽然好了，但是仍然要细心保养身体。如果不这样做，病人再次病倒，就有可能失去性命。”皇帝回答道。

“能够居安思危，这正是陛下真正伟大之处。”魏征说道。

皇帝说道：“朕还要靠诸位爱卿给朕指路。”举起手中的酒杯，他继续说道：“为了过去一年里天下平安，干杯！”

宰相大臣们与皇帝一道，一饮而尽。

后世历史学家所称的“贞观之治”已经进入兴盛期，一场自发的请愿活动于贞观六年（632年）初悄然兴起。朝廷收到几百封来自高级文官、武将，乃至于部落首领的请愿书，请求皇帝封禅。作为感恩典礼中的最高仪式，封禅必须在最神圣的山——位于山东的泰山——举行。通过仪式，皇帝向天地报告当朝的成就，并表示感激之情。

“你们都说封禅是帝王祭祀的最高形式，”皇帝对幕僚们说道，“但朕并不这么认为。如果天下太平，家家丰衣足食，我们就用不着举行封禅仪式，难道不是吗？秦始皇举行封禅，而汉文帝却没有。难道我们可以说汉文帝不如秦始皇贤明吗？为何我们需要前往泰山才能够表达我们对天地的诚敬之心呢？”

“陛下真是睿智过人，”长孙无忌说道，“但是，在陛下的英明统治之下，当朝已同时取得六大成就，这是前所未有的，因此封禅之行亦在情理之中。”

“告诉朕六大成就是什么，朕之前从未听说过。”皇帝说道。

“其一，功高无二，无论是文功还是武功；其二，德厚行广；其三，四海太平；其四，外夷咸服；其五，举国丰稔；其六，天降祥瑞。”

“难怪诸爱卿都希望朕前往封禅。或许朕的确应该去。”

皇帝能够回心转意，所有的大臣都很高兴。只有一个人——魏征——

除外。

皇帝注意到魏征阴郁的面容，问道："爱卿有什么心事吗？"

"是的，陛下。臣下认为封禅并不是一个好主意。"

"难道你没有听说过六大成就吗？"

"臣下听说过。"

"这些难道不是真的吗？"

"当然是真的。"

"而你却仍然反对封禅？"

"陛下，隋末战争使人口锐减。现在虽然举国安定，但是人口还远未超过战前水平，仓廪也并不十分充实。如果陛下起驾东巡，必有千骑万乘相伴，远近诸国必派出使团相随。我们需要为他们提供住所，安排娱乐活动，花费必然巨大。陛下真的愿意付出这么大的代价来博取虚名而不计后果吗？"

"朕还未做出决定。"皇帝回答说。很显然，魏征出言不逊，竟然反对朝廷共识，皇帝对此感到不悦。但魏征有条有理的争论却给他留下深刻的印象。

几天后，黄河下游洪水泛滥，皇帝搁置了封禅计划。日后，又有人提出泰山封禅的请求，皇帝则以新近患"眩晕症"的理由而婉然谢绝。

46. 鹞鹰

长乐公主（李丽质）是皇帝李世民与长孙皇后的长女，贞观六年（632年）初，她十二岁，正当谈婚论嫁的年龄。长乐公主是父母的掌上明珠，秀美、聪颖、心地善良。娴熟于绘画和书法的她定会成为一位朝廷高官公子的贤良淑妻。经过长孙皇后的斡旋之后，挑选了其兄长孙无忌的儿子长孙冲为公主的未来夫婿。皇后显然不愿爱女离开长安，远嫁给某州刺史。

至于嫁妆，皇帝建议应当是自己妹妹永嘉公主的两倍。一贯节俭的皇后竟然欣然同意了，使皇帝感到惬意。而随之而来的却是魏征的一纸谏书；它让皇帝的脸色又变得阴沉起来。魏征举了东汉明帝的例子。虽然汉明帝奢侈无度，但是他坚持自己儿子的封地只能是先帝（汉光武帝）儿子的一半。他这样做是出于一片孝心。故此，魏征断定，长乐公主的嫁妆决不应超过她姑母永嘉公主。

经过一番思考，皇帝不情愿地接受了魏征的建议。但如何说服妻子却让他感到没有把握。当他不得已将事情的原委告知妻子时，长孙皇后叹了口气，脸上带着严肃的表情。

"如果你不愿意……"

"不，陛下。并非臣妾不愿意，而是臣妾感到有些震撼。臣妾曾多次听过陛下称赞魏征。直到今天臣妾才明白这是为何。虽然臣妾是陛下的结发妻子，但是每当要与陛下谈话时，臣妾总要先察言观色，深恐时机不适而触怒龙颜。而魏征呢？他看似却全无惧色。不错，长乐公主是我们的掌上明珠，她的嫁妆是我们的家事。尽管如此，魏征却有勇气提出异议，还援引了一个颇有说服力的典故。这一点甚至臣妾都难以做到。这证明魏征的确了不起。毫无疑问，臣妾认为陛下应当采纳他的意见。"

"爱妻，你说出了朕的心里话。"皇帝亲切而欣慰地说。

第二天清晨，皇帝感到如释重负。他吩咐宦官起草一份诏书，赏赐魏征钱四百缗、绢四百匹。

"魏征何时到？"几天后的一个早晨，皇帝在甘露殿向一位宦官问道。

"陛下，魏大人将在巳时（九点）到。"

"这么说还有不少时间，"皇帝喃喃自语道，"把那只鸟给朕带上来，朕在外面等。"

"遵命，陛下。"宦官说罢便离开了。

皇帝漫步走到甘露殿庭院中，几分钟后，宦官便带来了一只鹞鹰雏。这是某北方的部落酋长的贡品。皇帝咧嘴一笑，小心翼翼地将它放在手掌上。仍在学飞的鹞鹰奋力扑腾着翅膀，腾空飞起，片刻后，径直落在皇帝的前臂上。他一遍一遍地放飞，直到鹞鹰筋疲力尽为止。他抬起手臂，欣赏这只在他看来威风凛凛的"猛禽"——有着一双巨大的黑眼睛和钩状的喙嘴。这时，皇帝从眼角里瞥见一个留着灰白胡须的、中等身材的人，正向他走过来。皇帝本能地将鹞鹰藏在皇袍内。

魏征在远处隐约地感觉到皇帝在戏弄一只鸟，但并不十分确定，当走近皇帝时，却未能发现任何鸟的迹象，于是便开始滔滔不绝地讲述过去帝王玩物而丧志的典故。而后，魏征才接着谈到此次见驾的真正目的：大理寺寺卿的任命人选。皇帝点头批准后，草草将魏征送走。

皇帝小心翼翼地将鹞鹰从皇袍内取出。这只可怜的小鸟已因窒息而亡。皇帝顿时怒火中烧。

返回甘露殿后，皇帝带有愠色地低声自语道："朕非杀了这个土包子不可！"

"他是谁？陛下。"长孙皇后问道。

"还能是谁？魏征！"皇帝接着讲述心爱的宠物鸟是如何断气的。

不久，皇帝吃惊地发现，皇后著朝服盛装站在殿庭之中。皇帝走到她面前，问道："你这是为何？"

"臣妾在此恭贺陛下。"长孙皇后说道。

"有何事可贺？"

"臣妾听说主明臣直。正是因为陛下是英明的君主，魏征方能如此刚直不阿。因此臣妾要恭贺陛下。"

"所言有理，爱妻。"皇帝说道，怒气已渐渐消失。

47. 庆善宫

10 月 6 日清晨，天气凉爽。秘书少监虞世南，年纪已过七十四，却步态轻盈地走上三段台阶，进入甘露殿。这位南方人是隋炀帝朝臭名昭著的权臣虞世基的弟弟，隋亡不久便受聘于李世民。因为他是名声显赫的文人，所以经常被召入宫中与皇帝切磋。所讨论的主题不是军国大事，而是文学艺术。他曾师从智永（书法泰斗王羲之的后裔），被誉为初唐书法第一人。虞世南亦精于诗文，其作品堪称上品。

“朕读了你写的《圣德论》，”皇帝见到虞世南后说道，“卿过誉了。朕怎能和古代圣贤相提并论呢？”

“陛下过谦了，”虞世南回答道，“拙文赞誉似有些过高，但所表述的是臣下的一片真心。”

“其实，卿之水准甚高。朕如能在临终之前大言不惭地断言，‘朕已达到此水准’，就会感到知足了。”

虞世南颔首微微一笑。皇帝继续说道：“朕刚刚作了歪诗一首，不知卿是否有意唱和？”

“臣下不胜荣幸。”虞世南回答道。皇帝将自己的新作递给他。这首题为“赋得花庭雾”的诗云：

兰气已熏宫，新蕊半妆丛。
色含轻重雾，香引去来风。
拂树浓舒碧，萦花薄蔽红。
还当杂行雨，仿佛隐遥空。

虞世南静默了一会说道：“陛下，这无疑是一首宫体佳作。臣下生长于陈朝，对宫体颇知一二。但臣下向来不喜好宫体，因其过于雕琢、娇柔，乃至于琐碎。陈朝的衰亡与之并非无关。臣下担心，如陛下表露出对宫体的青睐，宫体将风行于朝野文人之中。请陛下恕臣下不才，不能赞同宫体，亦不能唱和。”

皇帝问道：“卿是否认为，宫体雕琢、琐碎，应尽量避免？”

“正是，陛下。”

“好吧，今天就免谈宫体吧。朕这里还有一首。”

就这样，君臣之间的讨论继续着。

虞世南离宫后，皇帝命人将五十匹帛送至其宅邸，对其有关宫体的高论表示谢意。

俗话说：“富贵不归故乡，如衣锦夜行。”入冬，皇帝李世民对位于长安以西一百四十里的庆善宫进行了一次造访。他生于此宫，长于此宫，对此次造访已期盼多时。

造访期间，皇帝见到幼时故里，触景生情，于是下令将慷慨的礼物发送给庆善宫附近居民。

11 月 16 日，皇帝在庆善宫主庭设盛宴招待高官、贵戚。正当客人们陆续入场时，有人竟然在前喧闹起来。同州刺史尉迟敬德见任城王李道宗（太上皇李渊侄）的座位比自己更靠前，一股怒火油然而生。

“你凭什么坐在那儿？”尉迟敬德粗哑地说道。

“座位是由礼部预先安排的。”李道宗起身自辩道。

“去你妈的！”尉迟敬德吼道，接着就是一通乱拳，打得李道宗几乎失明。

皇帝急忙将尉迟敬德拉到一边，训斥了一顿。尉迟敬德连致歉意后，回到自己的座位上。他曾是李世民麾下功劳卓著的将军。但他性情粗暴，不能与其他高官平和相处，不得已，而调至外省。

然而，此不快事件并不能减低皇帝的兴致。他灵感所致，诗意大发，即兴作诗一首，其前半部分内容如下：

寿丘惟旧迹，[①]酆邑乃前基。[②]
粤予承累圣，悬弧亦在兹。[③]
弱龄逢运改，提剑郁匡时。
指麾八荒定，[④]怀柔万国夷。

起居郎吕才将诗配乐，并冠以“幸武功庆善宫”的名字。宫廷乐人彩排后，演出了一场据此诗编排的舞蹈。舞者由八行六十四名童男童女组成。童男著进德冠、紧身裤；童女身穿长袖袍，脚蹬木屐，头发盘成

① 寿丘在山东，据传是黄帝的出生地。

② 酆邑是刘邦的出生地，在江苏沛县。

③ 悬弧：古代风俗。家中生男时，在门左侧挂弓一张。

④ 八荒指离首都最远的地方。

发髻，髻上叉深色篦子。无疑，编排此音乐舞蹈的目的在于颂扬当时的中华盛世。

这时坐在最前排的魏征想道："我固然不喜好奢华的庆典，但皇帝陛下在出生地庆祝一下自己的功绩亦无可厚非。只是有一点让我感到不安：诗中对太上皇一字未提。"

台上传来《破阵乐》的音乐。这一众人熟知的曲子实际上已成为皇帝李世民的主题曲。魏征漠然地朝舞台上方漆黑的夜空望去，脸色显得阴沉起来。《破阵乐》颂扬皇帝的武德，当然亦颇有可取之处；不过，对魏征而言，其穷兵黩武的"武"气太盛。皇帝观察到魏征的表情，但依然保持镇静，似不为他所谓魏征的"怪癖"所动。

事后，萧瑀要求修改《破阵乐》，插入击败刘武周、薛仁杲、窦建德、王世充等枭雄的场面。皇帝断然给予拒绝。他想道："如果真要根据建议修改《破阵乐》的话，真不知道魏征会有多生气呢！"于是他婉转地回答道："这些人都曾是不可一世的英雄。有很多他们的旧部在当今朝中任职。当他们看到旧主在台上受辱时，肯定会感到不安。"

半个月过后，皇帝一行启程回长安，至 12 月 2 日，在弘义宫停留，拜见太上皇。皇帝、皇后轮番为太上皇斟酒、夹菜，并拿出镶有珠宝的首饰供老人家欣赏。聚会结束后，已是午夜时分，太上皇所乘八人大轿正要开拔，皇帝前来亲自抬轿，见太上皇执意不准，只好作罢，最后决定让十多岁的太子李承乾替父抬轿。这也许是皇帝对自己在庆善宫庆典上只字未提太上皇功绩这一做法的一种补偿吧。

48. 皇甫德参

返回长安后，皇帝重新投入工作，因公务繁多，要等至贞观七年十二月十一日（634 年 1 月 15 日）方有闲暇休假。这一天皇帝造访了坐落于长安东南角的芙蓉园——城市中最大的公园。园子中心大部分为曲江池所占。岸边上覆盖着草地、竹子、常青树。皇帝在芙蓉园逗留了两天，漫步于碎石小道上，欣赏靓丽的风光。此后，皇帝南下至少陵原进行冬狩。

两天之后皇帝返回太极宫，随即移驾旧未央宫。位于西北郊的未央宫曾是汉长安最大的宫殿群，后被隋文帝（杨坚）在兴建新都大兴城（唐长安）时，连同原汉长安城一同废弃。

皇帝年迈的父亲李渊正在未央宫前殿主持一场酒宴。音乐家、舞蹈家、歌手等专业艺人在进行演出，为酒宴增色不少。但最引人入胜的却是两场业余表演。应李渊的要求，前可汗颉利和南蛮酋长冯智戴出演节目。颉利，在突厥音乐的伴奏下，翩然起舞；冯智戴则用优雅的汉语朗诵诗篇。二人的表演均赢得热烈的掌声。见此情景，李渊也激动不已，说道："胡（北方的游牧民族）越一家，自古未之有也。"

被父亲的情绪所感动，皇帝说道："如今四夷咸服。全是因为父皇教诲的结果，绝非儿臣智力所及。昔日汉高祖刘邦曾在此宫举办酒宴，酒酣之后，对其父口出狂言。儿臣绝对不会这么做。儿臣永远是父皇手下忠实的仆人！"

皇帝向太上皇敬酒，众人在"万岁"声中，举杯同祝他老人家寿比南山。

酒宴还在继续。皇帝走到颉利面前，向他敬酒。颉利也回敬了一杯。"能见到卿，朕很高兴，"皇帝说道，"近况如何？"

自从在长安定居以来，这位前突厥霸主一直感到郁闷。但是出于礼貌，他还是说："过得不错，陛下。"

"卿是否认真考虑过朕的建议，到虢州任刺史？那里有成群的麋鹿。卿可随时狩猎。"

"谢谢陛下的好意。但臣下已决定不去虢州。"颉利谨慎地说道。

"这样也好。只要卿在长安一天，卿就是朕的右卫大将军。如果朕能做些什么让卿生活得更好，就尽管告诉朕。朕会尽力满足卿的。"

"真不知道如何才能报答陛下。"颉利说道，一副真心感激的样子。

贞观八年（634年），未央宫酒宴过后一个月，皇帝收到五十五岁的颉利去世的消息。居住在长安的突厥人陷入哀伤之中。皇帝的心中也产生了一种失落感。尽管颉利作为大草原的霸主曾给自己制造了很多麻烦，但他仍是一个值得尊重的对手。皇帝亲笔书写了吊念函，并通过信使将之转交给颉利的近亲。正当礼部依据礼制筹划其葬礼（不管怎样，颉利是唐军的三品武将）时，皇帝收到了长安突厥首领的请求。他希望颉利以突厥仪式下葬。皇帝同意了他的请求。在出殡的那一天，举行葬礼之后，遗体被火化，骨灰被运往郊区的一座坟墓里下葬。

是年秋天，太上皇李渊，年事已高、疾病缠身，得了中风倒下了。此后，他几乎失去自理能力。皇帝建议，将太上皇搬迁至距长安城三百里的避暑胜地九成宫（旧称仁寿宫）。九成宫坐落于天台山上，因夏季凉爽而闻名遐迩。但是九成宫亦有其不足之处。首先，它离长安太远。长时间的停留会使人感到孤独。其次，它是604年隋文帝遭谋杀的地点，故被认为是不吉之地。衡量利弊，李渊做出了不搬出长安的决定。

鉴于清凉舒爽的环境会有益于父亲的健康，皇帝下令在长安东北的高地上兴建一座新宫——大明宫。与此同时，皇帝取消了曾饱受诟病的重修洛阳计划的禁令。

没有人对修建大明宫提出异议，因为它体现了儒家孝道的美德。但是重修洛阳的计划却不同，招致不少人的物议。其中最严厉的来自皇甫德参。这位官为县丞的皇甫德参，皇帝从未听说过。在奏章中，他列举了三大社会忧患：首先，重修洛阳城耗资钜万，费财劳民；其次，地租过高，加重了农民负担；第三，宫中兴起的梳高髻之风，败坏社会风气。

皇帝阅后，勃然大怒，在宰相议事会上对该奏章兴师问罪。

“你们有谁知道这个皇甫德参？”皇帝问道。

“不知，陛下。”房玄龄回答道。

“他现任中牟县县丞。”

“他的官位应只是从八品，几乎处于官阶的最底层。”

“他竟敢如此大胆地攻击朕！国家不役使一个人，不收一斗租子，宫人都不生头发，他才会高兴！”

“陛下息怒。”房玄龄说道。

“这叫朕怎能不怒？要是依了他，国家、朝廷就无法存在一日。”

“然而，他并未触犯法律，陛下。”魏征说道。

“朕不能苟同。”皇帝加重语气。面向房玄龄，他继续说道：“朕能治他诽谤罪，难道不是吗？”

“是的，陛下。”房玄龄回答道。

转向一随从郎官，皇帝说道：“这件事由你去办。”

郎官正准备拟草敕令，一个嘶哑的声音说道：“陛下，臣下想再说两句，可否？”

“可以。”皇帝说道，面向魏征。

“臣下记得，昔日贾谊在其上呈汉文帝的奏章中说道，‘当今可让人痛苦的事情有一；可让人长叹的事情有六。’自古以来，能够打动君王心的奏章无一不用激进语言。”

对皇帝而言，汉文帝为古代施行善政的帝王楷模。虽然贾谊是悲剧性的人物，但却被公认为忠臣。魏征的意见不可忽略。

不过，皇帝仍然说道：“如果皇甫德参的语言算不上恶毒，朕不知道什么是恶毒。”

“这至少是大不敬。”房玄龄补充道。

“表面上看，”魏征说道，“奏章用的是癫狂之言，但实际上，作者并无恶意。再者，陛下难道真要治此人上呈奏章之罪吗？”

皇帝重读了一遍奏章，沉思了一会，犹豫不决地说道：“如果朕真要是送他入狱，将来的谏者们又会怎样想呢？”

“陛下，臣下是否要启动有关程序？”随从郎官问道。他已经起草了敕令。

“现在先不必急着办理。”皇帝回答道。

“感谢陛下的英明决定。”魏征说道。“依臣见，皇甫德参不仅不该受惩罚，而且应得到嘉奖，并为朝廷所用。朝廷的确需要像他这样的毫无畏惧的谏者。”

“让朕考虑一下再说。”皇帝说道。

实际上，此时皇帝感到十分纠结。一方面，他深知维护帝王权威的重要性，另一方面，他也深知，鼓励人们批评朝廷是施行善政的必要条件之一。

入夜，皇帝回归寝殿。其恍然若失的神态未能逃过长孙皇后的眼睛。她问道：“什么事令陛下如此愁眉不展？”

皇帝如实相告。皇后回答道：“依常理，臣妾不应干涉朝政。然而……”

“但说无妨。”

“臣妾本能地认为，魏征所言甚是。臣妾以为，聘用此无畏谏者不仅无损于帝王权威，反而会使之得到加强。”

第二天早晨，皇帝命随从将二十匹帛赏赐给皇甫德参，并下旨调他入京，任监察御史，负责监督、弹劾朝廷命官。

49. 基督宣教团

公元前二世纪末，汉代张骞出使西域后，中国开始对西域诸国（中亚、西亚以及更远的地方）有了较详尽的了解，自此之后，便与“西方”一直保持着商业和文化交往。在唐代，尤其在皇帝李世民统治时期，这种交往比之前若干个世纪都要密切。中亚、西亚的商人（特别是栗特人）和印度的佛教传教士来到中国从事商业、宗教活动，而中国虔诚的佛教徒也前往中亚、印度取经朝圣。祆教和摩尼教等西亚宗教由商人和其他各色人等带入中国，并落地生根。然而，同是产生于西亚的基督教，传入中国的时间则较晚，要推迟至贞观九年（635 年）。

那年年初，一批萨珊波斯基督徒来到了长安西郊。皇帝李世民派遣尚书左仆射房玄龄前往迎接。几天后，皇帝在甘露殿接见了他们。

“刚到不久就受到皇帝陛下的亲自接见，鄙人阿罗本谨表示感谢。”一位三十多岁的男子通过翻译说道。很显然，这个身材高大、有棕色眼睛的印度欧罗巴人是整个团队的领导。

皇帝对阿罗本一行致以热烈的欢迎，说道：“听说你们的国家位于康居以西。是否能多告诉朕一些有关情况？”

“当然可以，陛下。我们来自萨珊，或称萨珊王国，古代称安息王国。”

“朕当然知道安息了。汉代已经与安息有过交往。迄今我们没有接待过来自萨珊的朝贡使团。你们是第一个。”

“可我们并非朝贡使团，陛下。”

“是吗？那你们是什么？”

“我们是一个宗教使团，陛下。我们信仰基督教。”

“是你们国家的国教吗？”

“不，我国多数人信祆教。基督教在我国仅有少数人信奉。信徒主要集中在法兰克、意大利、东罗马帝国。”

“此教从何而来？”

“陛下，我们属于基督教聂斯脱利派。该教派是由罗马帝国首都君士坦丁堡大主教聂斯脱利创立的。教派主基督二性二位说，曾经一度昌盛，但在以弗所（Ephesus）会议（431 年）上被判为异端。此后主教的门徒开始东迁。许多人定居于萨珊王国。”

“朕有点糊涂了，”皇帝困惑地说道，“你们信奉的教义是什么？”

“我们相信弥赛亚有双重性：神性和人性。”

“弥撒亚是谁？”

“弥撒亚是预言中的救世主。他被认定为耶稣基督，上帝的儿子。为了拯救人类，他捐躯于十字架上。”

“那以什么会议呢？”

“以弗所会议，陛下。以弗所位于地中海东岸。”阿罗本接着说道。

“那个会议对聂什么主教有影响吗？”

“会议谴责了聂斯脱利主教。”

“为何？”

“因为会议不认同他的基督二性二位说。”

“而后你们向东逃亡到萨珊王国？”

“是的，陛下。”

“他们待你们如何？”

“萨珊王国待我们不薄。”

“那么你们此行的目的是？”

“传播基督福音，陛下。”

“你们的上帝是最高的神灵吗？”

“又是又不是，陛下。说是，是因为上帝是全知全能的，是世界的造物主；说不是，是因为他是唯一的神，所以‘最高’这个词是不必要的。”

“有意思！朕想更多地了解这个宗教。你们是否带有相关宗教典籍？”

“是的，陛下。除了经书，我们还带来了一些学术论著和圣像。”

随着谈话的继续，皇帝对这一有异域色彩的宗教及其聂斯脱利分支产生了越来越浓厚的兴趣。他问了许多问题，阿罗本竭尽所能对它们一一作出答复。

阿罗本一行离开后，皇帝对房玄龄说道：“能否让秘书省提供场地让这些人翻译他们带来的书籍？”

“应该没问题。臣下会立即同魏征商量。”房玄龄回答道。

50. 大安宫

太上皇李渊，在拒绝了搬往九成宫的建议之后，继续居住在长安附近的大安宫（原名弘义宫）。自从626年被迫退位之后，李渊常感到心情阴郁，尽管皇帝李世民努力与他化解恩怨。他中风之后，留下了偏瘫后遗症。635年春，病情稍有好转，但入夏以后，一股强烈热浪袭来时，又急剧恶化了。在更为舒适的大明宫落成之前，李渊，由于天气恶劣、疾病缠身、持续抑郁，终于在大安宫的垂拱殿内谢世，是时为贞观九年（635年）6月25日。即日颁布的遗诏写道：

> ……允许官员、平民们前来吊唁三日，之后，均需脱去麻衣。不得禁止嫁娶、饮酒、食肉。气绝之后三天之内，宜将遗体入殓……嗣子宜于别所主持朝政，军国大事，不得有停阙；寻常闲务，则委托给有关部门……其陵寝制度，应务从俭约，可参照汉魏先例，酌

情处理。诸位百官、卿士，孝子、忠臣们！礼葬故人，侍奉生者，切勿违背朕意呀！

635 年 12 月 12 日，太上皇李渊的遗体被安葬于位于长安以西的“献陵”之中。与此同时，李渊被授予“高祖”的庙号，妻子窦氏的遗体也被迁葬于同一墓内。

君王登基伊始，便成为天子，死后，则不再升华为神祇。其灵牌会被安置在太庙内，供后人祭奠。在长安，太庙位于皇城东南角。李渊的灵牌安放在主殿正室之中。因为李渊是唐朝的开国皇帝，所以只要国祚延续，其祭祀将香火不断。

父皇李渊 6 月故去以后，其子当今皇帝李世民变得郁郁寡欢。按照传统，父母去世后，孝子应停止参与朝政，为之守丧，长达三年之久。尽管皇帝可以不遵循这一成规，但是他仍旧令太子李承乾为之代理国政，一个多月后，方开始重理政务；直至次年初（636 年），日常工作方得以完全恢复。

大约在此时，皇帝获知，唐朝之前的梁、陈、北齐、北周、隋五朝历史已编写完毕。毫无疑问，这个消息让皇帝的精神为之一振。贞观十年（636 年）3 月 3 日，在宫中举行的隆重仪式上，皇帝接受了尚书省仆射房玄龄和门下省侍中魏征呈送的“五代史”。皇帝将丰厚的赏赐颁发给参与编写的诸多人员——上至总监，下至校书郎。仪式结束后，诸史依旨收藏于秘书省中。

作为这套史书的总编，魏征工作出色，不负厚望，对编写诸史的史家们在各个阶段的工作做出有力指导，并在多卷（章）后附上独具慧眼的评论。五代史的每一部史都由两部分组成：本纪和列传。本纪由每一帝王在位期的纪年大事所组成，是该期的年代框架。列传主要记载有关重要人物和周边非汉族群的事迹。传统上，官史应当还要编写其他部分，尤其是“志”。志是记录各种制度和专题的专章，其内容涉及礼仪、法律、职官、天文等。但是，至此，五代史“志”的编纂工作还未真正启动。

尽管如此，史家所完成的五代史还是值得庆贺的。它尽管不完美，但却是直至当时最为浩瀚的、而且是相当成功的官修史著作。

51. 长孙皇后

当皇帝还沉浸在对五代史编写成功的喜悦之中时，长期缠身的病痛在他的脸上增加了一丝阴影。年近四十时，他患上一种肠道疾病，发病时有腹泻症状，并伴有下腹绞痛。依御医嘱，服用葛根黄连汤后，症状消失。贞观十年（636 年）初，痼疾复发，并且对老药方产生了抗药性。于是御医改用芍药汤等配方，病状得到缓解。久而久之，疗效又开始明显减弱。

在皇帝患病期间，长孙皇后日夜守护在他身旁。她竭尽所能，亲自为皇帝熬药、喂药。一天夜里，皇帝首次陷入昏迷状态。御医赶来急救，试图用针灸使皇帝恢复知觉。看到这一幕，长孙皇后骤然感到惊慌失措。她担心，丈夫先她而去这一难以想象的事情会发生。“这是绝不能允许的。”她想道。“汉代刘邦去世后，发妻吕后和诸吕把持朝政。但吕后去世不久，吕氏外戚被斩杀殆尽。”当皇帝醒过来时，长孙皇后已打定主意，一旦丈夫去世，她绝不会留在世上。她暗地里制作了一种剧毒药丸，并打算在皇帝谢世时服下，与之同赴黄泉。

皇帝患病长期不愈，无奈之下，忠臣魏征不得不求助于长安普通居民。在得到皇帝的允许后，魏征在长安东市、西市内张贴告示，祈求民众捐赠秘方，以治疗皇帝的顽疾。告示贴出后，民众纷纷前来献药。魏征被民众的热情所感动，但遗憾的是，所献药方均不起作用。此时有个叫张宝藏的人提供了一种十分简单的偏方：用牛乳炖荜茇制成。病人每日服用新鲜汤剂两次即可。然而，荜茇是一种热带植物，它既不生长在北境，也不生长在南方。幸运的是，宦官从西市做香料生意的外国商人手中购得少许。

皇帝服用此方后，腹泻症状奇迹般地消失了。皇帝龙颜大悦，下旨命平民张宝藏为五品高官。

正当皇帝身体逐渐康复时，长孙皇后由于长期照料夫君，积劳成疾，卧床不起。两年前，陪同皇帝前往长安以西的九成宫时就已经落下了病根。深春某日午夜，皇帝的姐夫、负责宫廷守卫的柴绍将军唤醒了皇帝，向他报告一起突发兵变。皇帝身披铠甲正准备同柴绍前往出事地点，身患重症的皇后执意要陪伴夫君。一随从女官担心病情恶化，劝皇后不要前往。但是皇后并未理睬，竟与皇帝同行。

此后，皇后与夫君在户外逗留长达一个时辰，其期，受到天台山（与南方的同名山不同）夜间寒气的侵袭。第二天上午醒来时，她发现体温升高，咳嗽加剧。大约七日后，高烧退却，但咳嗽却迁延不止。

初秋返回长安城后，她经常有低烧症状，御医诊断为“气疾”——一种慢性支气管肺炎。遵御医嘱，她每天服用黄麻汤以减轻病症。

贞观十年（636 年）夏天，她的病情突然恶化，并伴有咯血症状。

皇帝每日都携太子，在高级幕僚的陪伴下前来探视。一天上午，皇帝逗留片刻后离开。太子则留下继续照顾自己的母后。

“看到母后生病的样子，孩儿感到非常难过。”太子说道。

“不要难过，承乾。天命如此，绝非个人可以改变。”

“孩儿能否提出一项可能会对母后有帮助的建议？”

“当然，什么建议？”长孙皇后带着兴趣问道。

“孩儿听说朝廷赦免罪人和度人入道可使福从天降。”

“儿呀，”皇后失望地回答道，“如果施善可以降福，不加害于他人，而自身受益，母亲当然愿意。然而，大赦天下是国家大事，岂能因一己之私而轻易行之？这是绝不能允许的！至于所谓‘度人入道’，母亲与你父皇一样，既不信道，也不信佛。作为一个妇人，母亲又如何能迫使你父皇做出不情愿做的事呢？”

当皇帝得知太子的建议时，他亦希望能亲自大赦天下为皇后祈福，但后因皇后强烈反对，而不得不作罢。

到月底，皇后咯血加重，并不时伴有昏厥。一天夜里，皇帝例行探视，见到皇后不但清醒，而且思路清晰。一位宦官被唤来做谈话笔录。

“陛下，房玄龄到哪里去了？”长孙皇后问道。“最近臣妾有段时间没有见到他了。”

“被朕停职了。”

“为何？”

“他犯了过错。”

“作为陛下的妻子，臣妾无权过问朝廷政事。但自从杜如晦去世后（630年），房玄龄是朝中仅存的最能干的政务大臣。他十分忠诚、谨慎、足智多谋，而且从未泄漏过禁中之语。除非他犯下大错，若非如此，还请尽快召他回朝。”

“朕会的。”皇帝回答道。其实，房玄龄仅仅因为一个小的过失而失宠。真正使皇帝不快的是房玄龄强势的妻子。她迫使房玄龄赶走了皇帝赏赐的两位年轻美女。

“爱妻还有什么事情要交代？”皇帝问道。

“臣妾对儿子们有些看法。太子承乾已经十八岁。从表现上来看，他是一个真正的孝子。次子李泰仅小他一岁，也很优秀。但每天使臣妾放心不下的是兄弟之间可能发生阋墙之争。陛下偏爱李泰，窃以为不妥。”

“李承乾、李泰、老三李治都是我们的儿子，”皇帝说道，“朕并不偏爱任何一人。但是朕也不得不承认，他们中间李泰最有学问。”

“那文学馆又是怎么回事呢？”长孙皇后试探地问道。

“没什么。因为李泰酷爱文学，朕特意为他立文学馆，希望能充分发挥其文学天赋。”

“这确实也无可厚非。但最让臣妾担心的是，它会演变成一座反对东宫的营垒。”

“朕认为这种担心是多余的。”皇帝吃惊地回答道。“但朕会留心此事的。”

“陛下既然立承乾为太子，就应给他以全力支持，”皇后加重语气说道，“否则，应将他废掉，而且越早越好。”

“不必担心，朕会支持他的。”

长孙皇后点了点头，随后沉默了相当一段时间。皇帝在一旁耐心等待着。“陛下，”皇后提高了声调说道，“臣妾现在最担心的是长孙氏的宗亲：如何才能让他们免于自毁自灭。作为外戚，他们已经享有特权、权势。如果陛下委他们以重任，他们会擅权自专，一发而不可收拾。臣妾恳求陛下万万不要授予他们宰相位。如果能得到奉朝请这样的职位，他们就应该知足了。”

“奉朝请是散官职，没有实权。”皇帝笑着说道。

“这正是臣妾的意思……”皇后的话语被一阵咳嗽打断。

片刻后她接着说道：“作为陛下的发妻，臣妾一生中未做过一件有益于百姓的事，为此臣妾深表愧疚。臣妾希望死时不会劳烦百姓。臣妾死后，请不要耗费民力为臣妾修筑大型陵寝。将臣妾葬在山中即可。墓中不要置放金银珠宝，冥器要用陶制或木制的……”

她突然停了下来，吃力地喘着气，过了好一会儿，才继续说道：“陛下，临别赠言的时候到了。可能会非常不入耳，但愿陛下静听。”

“朕在听着。”皇帝握着皇后的手说道。

“第一，亲近君子，远离小人；第二，采纳忠臣谏言，摈弃奸佞谗言；第三，减省朝廷工役、停止游猎活动。”

“朕会尽力做到的。”皇帝流着泪说。

“与陛下诀别了。臣妾此生足矣，死而无憾。”

皇帝在默默地哭泣。

是日晚上，长孙皇后再度陷入昏迷后，再也未能醒过来。636 年 7 月 28 日凌晨，长孙皇后谢世，享年三十五岁。

遵皇帝嘱，随从宦官将皇后的“临终遗嘱”——与皇帝最后一次交谈的纪录——抄写两份，裱糊后，装成卷轴，一份呈交给皇帝，一份交付给史馆收藏。

52. 洛阳之行

皇帝怀着眷念之情整理皇后的遗物时，发现了一部皇后精心编辑、抄写的书，名为《女则》，共三十卷。此书采集诸多有关自古以来妇人得失的轶事。在翻阅书卷时，皇帝不禁潸然泪下。他将《女则》移至书房后，在书桌上看到妻子的“临终遗嘱”，想起她有关房玄龄的要求，立即下令，召见房氏夫妇入宫。次日清晨，房氏夫妇被带到皇帝面前。

“卢氏，朕赏赐给玄龄的两个美女现在在哪里？”皇帝问道。

“陛下，妾把她们赶走了。”卢氏回答道。

“什么？你是怎么把她们赶走的？”

“用鸡毛掸子。”卢氏回答道。

皇帝微微一笑，转而严肃地问道：“你知道你做了什么吗？公然抗旨！”

“陛下，妾知错，但妾不得不这样做。”

“你现在有两个选择：要么允许玄龄接纳那两位美女，要么将这杯酒喝下去。”皇帝说着，举起了一只小酒杯。

卢氏盯着酒杯看了一会儿，沉重地说道：“妾宁愿喝酒。”她从皇帝手中接过酒杯，一饮而尽。

这一切发生得如此之快，以致于房玄龄没来得及劝阻她。

皇帝惊讶地叹了口气，说道：“女人的无畏让朕惊叹不已。她们因嫉妒甚至连性命都可不要。好吧，朕收回成命。”

“陛下，臣下能去找解药吗？”房玄龄急切地问道。

“不用了。朕说过这是毒酒吗？”

“没有，陛下。”

“这就对了。你妻子喝的只是一杯醋。”

皇帝对着卢氏说道：“你可以走了。记住，以后一定要照顾好玄龄。”

“是，陛下。”卢氏感恩戴德，说罢起身离开。

“你知道朕为何要起用你吗？”皇帝问房玄龄道。

“不知道，陛下。”

“是因为皇后。这是她的临终遗言。”

“愿皇后在天之灵安息。”房玄龄说道。

皇帝沉默一会儿，说道：“听着，玄龄，明天你就可以开始上朝了。”

“谢陛下！”房玄龄充满感激地说。

12 月 6 日，长孙皇后的遗体被安葬在长安以西一百四十里的九嵕山上昭陵之中。出于对死者遗愿的尊重，陵墓的规格较小；一百余名工匠仅用两个月的时间就完成了其修建。墓内不含金银、玉器。陪葬品多为木制品或陶器。皇帝希望，节俭的丧葬习俗能为子孙后代做出榜样，而墓中无宝也将会遏制盗墓行为。

将遗体安葬在自然形成的山体中，这一做法无形中开创了唐代皇帝依山为陵的模式。

几个月过去了，皇帝仍无法摆脱悲伤。他下令在禁苑内修筑一座瞭望塔，称之为“层观”。一有时间，他就会登上观顶，感伤地遥望着昭陵。一日，他同魏征一道登上层观，举目西望，对魏征说道：“卿是否可以看到陵园？”

“陛下见恕。”魏征回答道。“臣下素有眼疾，无法看到。”

“就在那边，”皇帝指着西边说道，“昭陵就在九嵕山上。”

“哦，在那儿。卿看到了。不过臣下以为陛下说的是献陵呢。”

“朕父亲的陵园？”

“是的，臣下看不见的是献陵。”

“朕也看不见。”

皇帝回到宫中，仔细品味着与魏征的对话，感到自己受到微妙的谴责。显然，魏征认为自己过于眷念故皇后有所不妥。于是，他十分不情愿地下令拆掉禁苑中的层观。但皇帝对皇后的思念之情仍未减少。无论在宫殿、长廊还是在殿庭，皇后的音容笑貌总是浮现在眼前，使他感到无比伤怀。多么想再与她度过夫妻相伴的时光呀！

魏征虽然赞赏拆毁层观的决定，但仍然担心皇帝陛下的状况。当今的皇帝与以前相比看似判若两人：往日的机敏、自信、威严已被倦怠、多愁善感、心不在焉所代替。“皇帝陛下太需要散散心了，”魏征想道，“或许应当离开长安远行。去洛阳如何？洛阳宫之前已经大致修缮完毕。洛阳城郊的飞山宫也已落成。诚然，广阔的隋代西苑已经缩小了三分之一，而其中不少隋代宫殿也已不复存在。但那些剩下的宫殿建筑，不顾我强烈反对，陛下都使其得到完好的、甚至于奢华的修缮。事实上，我本人就是皇帝不能出行洛阳的唯一原因。”

第二天，魏征提交了一份奏疏，收回反对出行洛阳的意见。皇帝决定立刻启程。

贞观十一年（637 年）3 月 10 日，皇帝起驾离开长安前往洛阳。在到达目的地之前，他在显仁宫下榻一夜。显仁是隋炀帝在西苑兴建的众多宫殿群之一。由于接到通知很晚，显仁的管理人员为皇帝一行准备的饮食未能达到预期标准。不幸的是，皇帝，在两年之内接连失去两位亲人（父皇和妻子）之后，变得异常苛求。显仁宫监被传唤见驾。他战战兢兢地站在皇帝面前接受斥责之后，受到皇帝因他的失职而作出的处罚：停俸禄一年。

“陛下，这个倒霉鬼理应受罚，”魏征说道，“但臣下恐怕此事将会传递一种错误信息。”

“此言何意？”皇帝面露愠色地问道。

“臣下担心，从今往后，陛下出行所经之地，官员会争先恐后地压榨百姓，进献美食。这就与陛下此行的初衷背道而驰了。当初，隋炀帝根据郡县官员提供饮食的好坏而行赏罚。结果怎样呢？陛下当然清楚。天下揭竿而起。陛下难道打算效仿他吗？”

“既然如此，朕又能说什么呢？”皇帝回应道。

皇帝转向长孙无忌，问道：“卿是怎么想的？”

“陛下也曾经吃过苦，不是吗？”

“确实如此。过去朕常吃寡然无味的饭菜，住风雨飘摇的小屋和帐篷。朕又怎么能对显仁宫的服务挑三拣四呢？”

于是皇帝收回了惩罚显仁宫监的成命。

皇帝在洛阳住下不久，一场围绕佛教的论战爆发了。皇帝极不情愿涉足其中。自从撤销了太上皇李渊关于佛教、道教的限令之后，他与两教关系甚好。在他在位期间，佛道两教均得到迅猛的发展，有时还得到皇帝的明确支持。但是两个宗教同时发展也引发了双方的冲突。洛阳城是中原佛教的中心，在这里经常出现佛僧和道士之间的权势之争。这次亦不例外。于是皇帝颁布一道诏书，旨在平息争端。诏书写道：

> 大道兴起，发端于远古，起源出于“无名”，而其事理则超然存在于形体之外。况且朕之祖先，起自柱下史老子。故此，自今以后，斋供排位，以至于称谓，则道士、女冠可在佛教僧、尼之前。

万没想到，令人不快的事情竟然发生了。皇帝善意的诏书引起了火爆争议。在长安，佛教僧侣发起了请愿运动，要求撤销诏书。在洛阳，沙门智实伙同一帮僧人拦住御驾，提交奏章。在奏章中，智实一方面承认老子的伟大，另一方面猛烈抨击道士行旁门左道之术。

皇帝被僧人们的勇气所感动，以安抚的语气，撰写了一份新的诏书，但并没有表示撤销旧诏书之意。中书侍郎岑文本前往拜访智实和尚，并向他宣读了新诏书。

智实和尚竟然拒不受诏。然而，依法依礼，听诏人必须受诏。这一蔑视皇威的举动让皇帝异常震怒。他下令将智实和尚杖打以后，发配岭南。随着领导者的被流放，请愿运动逐渐不了了之。

至于智实和尚，他在流放地感到痛苦、孤独，不久后便圆寂了，享年三十七岁。

53. 西苑

洛阳西郊的西苑春意盎然。白色的梅花，带着黄色、粉红色花蕊，举目可见，齐开怒放；粉色的桃花炫耀着其色彩夺目的艳美。四季常青的竹子展现出晶莹的翠绿。湖岸柳树将沉重的枝叶垂入水中；在春风的吹拂下，柳絮四处飘荡。拂晓时分，树林突然变得活跃起来，充盈着各种鸟的啼鸣——黄莺、麻雀、燕子、山鸡……树林深处，伴着啄木声，啄木鸟在有节奏地打着拍子。在苑内最大的湖泊积翠池中，嘎嘎叫的鸭子成群结队地在湖面穿梭游行。天空中不时有一队大雁飞过，发出响亮的嗷嗷叫声。

皇帝，受到大自然美景、妙音的诱惑，于 4 月 15 日，在扈从的陪同下，起驾到西苑游览。自一个多月前抵达洛阳以来，这还是第一次。

在龙舟（有三层楼阁的奢华游船）上，皇帝正以盛宴款待亲信幕僚、随行官员。人们载歌载舞、欢声笑语，觥筹交错。作为东道主，皇帝心情甚好。酒过数巡后，众人微醺。皇帝善意地提出让大臣们即兴作诗。

受到自然美景的启迪，虞世南当场献“春夜”一首：

春苑月裴回，[①]
竹堂侵夜开。
惊鸟排林度，
风花隔水来。

“好诗！虞世南无愧于我朝第一诗人的美誉。”皇帝惊呼着称赞道。

几位朝官也随性作诗与之相合，都以苑中的春色美景为主题。

轮到魏征时，他说道：“陛下，臣下不善写山水诗，请准许以史为题。”

“朕洗耳恭听。”皇帝说道。

“此诗名为‘西汉’。”于是魏征就朗诵了一首“史”诗。其最后两句是：

终藉叔孙礼，[②]
方知皇帝尊。

叔孙，指叔孙通，一个著名的学者，为农民出身的皇帝刘邦手下的

① 裴回：徘徊。

② 藉：凭借。

礼制专家。

“即便是赋诗，魏征也要以礼制来约束朕。”皇帝半开玩笑地说。

“别这么扫兴，魏征，”长孙无忌说道，“每次圣上设宴，你都要说些不愉快的话。”

“莫出此言，无忌。”皇帝大度地说道。“魏征总是提醒朕‘良药苦口利于病，忠言逆耳利于行。’”

皇帝接着对魏征说道：“卿所想说的不仅仅是礼吧？”

“陛下所言甚是，”魏征说道，“但今天可能不是时候。臣下不想扫了大家的兴。”

“不不不，请讲。朕一定要卿讲。”皇帝坚定地说。

“好吧，陛下。臣下此事考虑已久。也就是说，陛下的为政风格是如何随着时间的流逝而变化的。贞观之初，陛下生怕人们不进言，有意引导使之进谏。三年以后，如有人上谏，陛下仍然很高兴地听从。然而，近几年，陛下似不再愿听从谏言，有时即使是听了，心里总是不高兴，想必有难言之隐。”

“举个例子。”

“往年皇甫德参上书劝陛下勿重修洛阳宫，陛下按臣下的意见，赏赐了皇甫德参，但是从未采纳他的建议。”

“卿言之有理，朕的确没有采纳。”皇帝说道，面色因窘迫而变得通红。“但卿不是也赞同此次洛阳之行吗？”

“是的，陛下。但臣下没有想到竟会如此铺张浪费。”

“魏征，你此言差矣！”长孙无忌吼道。“陛下贵为天子，难道连在自己的东都享受一下都不行吗？”

“殷鉴不远，这离堕落仅有一步之遥。看一看西苑的宫殿群、宫城，特别是乾元殿，就会知道其奢侈程度已经超过了隋朝！”

“你夸大其词！”长孙无忌激动地说道。“况且，这些建筑已经存在了，难道你非要眼睁睁地看着它们因年久失修而遭废弃吗？”

“不，无忌。我无意阻止陛下前来洛阳，但是我要提醒陛下张玄素之前所提到的危险。”

皇帝看上去闷闷不乐，举起手说道："好啦，魏征。朕知道卿想说什么了。"然后他对侍从说道："调转龙舟，返回洛阳。"

一路上大家沉默不语。皇帝的第一次积翠池春游之旅就这样不欢而终。

当天晚上，皇帝召见长孙无忌、侯君集入殿讨论白天发生的事情。

"陛下，张玄素究竟说了什么？"长孙无忌问道。

"几年之前，张玄素反对朕重修洛阳宫，说朕还不如隋炀帝。"皇帝回答道。

长孙无忌吃惊地想道："隋炀帝？那个暴殄天物、害虐烝民的亡国之君？"

镇定下来以后，长孙无忌说道："臣下认为继续让魏征留在洛阳是弊大于利，建议让他回长安。"

皇帝倾向于同意这一建议。

侯君集则回应说道："的确，魏征的批评有时过于苛刻。但他能防微杜渐，避免让小错铸成大错，其作用是不可替代的。这就是故皇后如此敬重他的原因，愿皇后在九泉之下安息。"

皇帝和长孙无忌静了下来。而后皇帝说道："卿所言有理，君集。"

次日早上，皇帝下发手谕：

> 魏征，感谢卿昨天指出朕的错误。如果像卿这样的人都不再关注朕的过错的话，那朕可就真要担心了！

除了智实和尚的抗议和魏征偶尔发的牢骚以外，皇帝的洛阳之行总体上是愉快、风平浪静的。迄今为止在洛阳最大的乐趣莫过于狩猎了。

贞观十一（637年）年冬，皇帝同老战友民部尚书唐俭参加第六次狩猎活动。唐俭曾是"天策上将军府"的长史。在一小队随从的陪伴下，他们骑马进入西苑深处。这里山丘起伏，湖泊河流景色秀丽，是狩猎的绝佳场地。

十多只汪汪狂叫的猎犬，兴致冲冲地冲入林中，一群野猪被驱赶了出来。皇帝骑马驰奔，张弓射箭，一连命中四只野猪。还未来得及回味胜利的喜悦，一只不知从何而来的野猪突然向他冲了过来，獠牙几乎碰触到皇帝搭在马镫上的靴子。唐俭急忙下马，以分散野猪的注意力。皇帝趁机举起宝剑，狂砍乱刺，直至野猪断气。

“天策长史难道没见过天策上将击杀贼寇吗？”皇帝幽默地说。

唐俭以为皇帝狩猎过度，但一直未敢劝阻，此时，突然跪在皇帝面前，劝谏道：“汉高祖刘邦在马上平定天下，却不在马上治理天下。陛下英明神武，平定四海，难道需要靠猎杀野兽来证明这一点吗？”

皇帝带着一丝恼怒说道：“你竟敢如此训斥朕。”

唐俭低下头来，准备接受皇帝的暴怒训斥。

但是，令他吃惊的是，皇帝未再多说一句话，随即取消了狩猎之旅，与随从提前返回洛阳。

是日晚上，皇帝晚餐后坐在书房中，看着书桌上堆放着的书卷。皇后的“临终遗嘱”映入眼帘。他不禁想起皇后的遗言——“停止游猎活动”，叹了口气，喃喃自语道：“朕并不需要靠猎杀野兽来证明自己的伟大，难道不是吗？”

次日早上，皇帝赐予唐俭一个散官头衔，唐俭受衔时谢不绝口。

皇帝全然接受了唐俭的建议，取消了整个冬天的洛阳狩猎计划。贞观十二年（638年）初，早春来临，他便结束了这次洛阳之旅，返回长安。

3月31日，皇帝偕同太监、宫女、侍从和高级幕僚抵达蒲州（治在山西永济西南）。成千的当地居民在刺史赵元楷的率领下聚集在主要街道上，热情洋溢地迎接皇帝一行。他们身着象征皇室的黄服，口喊着排练有素的口号，在锣鼓声的伴随下载歌载舞。所路过的廨舍楼观都饰以黄色绸带。皇帝甚至感到有些目不暇接。

晚上，刺史赵元楷为皇帝接风，以珍馐美酒举办盛大宴席，仅羊就杀了一百多头，鱼就捕了数百条。

“一切都鲜美可口。”一位皇帝幕僚说。

“这样的美酒我从未喝过。”另一位说。

“赵元楷的确值得嘉奖。”第三位说。大家皆异口同声表示赞同。

但是皇帝并不高兴：魏征在显仁宫的忠告犹闻在耳。皇帝不但没有赞赏赵元楷，反而召他入内，进行诘问。

“朕旅途所需的费用全应由朝廷府库来承担，”皇帝严肃地说道，“这般奢豪的款待府库负担得起吗？肯定负担不起。这样大的一笔开销只能来自对百姓的盘剥。这无疑是隋亡之道，我们绝不可重蹈其覆辙。”

“是的，陛下……”赵元楷吓得说不出话来。

将刺史送走之后，皇帝对众幕僚说道：“众卿不会认为朕应当奖赏赵元楷的奢侈浪费吧？”

众人沉默不语。

54. 兴基督教敕令

皇帝回到久别多时的长安；书房里已堆积了两百多份奏章。几天之内，皇帝便开始一一过目。当然这些并非涉及军国大事。重要奏章早会被快马加鞭送往洛阳，供皇帝及时审阅。由于种种原因，这些累积下来的奏章也不宜由监国太子李承乾处理。在多数情况下，皇帝阅后会将奏章转交给中书省。仅有少数几件需要他亲自过问。

其中一份奏章由著作佐郎邓世隆所上。他建议将皇帝的作品编成文集。这引起了皇帝的深思：

> 除几百首诗和几十篇短文以外，朕所作的主要是诏令。其中有益于百姓者，皆会收入史书，故会传世不朽；而无益于百姓者，编入文集，又会有什么意义呢？梁武帝父子、陈后主、隋炀帝皆有文集，至今流行于世，但他们却避免不了亡国的命运！作为人主，朕应担心的是缺乏德政。文章又能管什么用呢？朕着实不明白。

皇帝拒绝了邓世隆的建议，文集最终未能编成。

另一份奏章为阿罗本所上，请求皇帝允许基督徒在大唐国内传教。自贞观九年（635 年）抵达长安之后，阿罗本及其同仁一直致力于翻译基督教经书和相关论著。所完成的译本则交付秘书省收藏。通过阅读这些译著，皇帝加深了对基督教的了解；他发现基督教教义是有启发意义的，与儒道释三教并不矛盾。于是，皇帝以诗的形式对奏章做了如下答复：

道无常名，[①]
圣无常体，
随方设教，
密济群生。
波斯僧阿罗本，
远将经教，
来献上京，[②]
详其教旨，
玄妙无为。
观其元宗，
生成立要。
词无繁说，
理有忘筌。[③]
济物利人，
宜行天下。

基督教传教士（虽然他们属于被禁的景教教派），经皇帝允许，在华夏大地自由传教，这在世界史上还是第一次。不久，在皇帝的眷顾下，一座景教教堂出现在长安西市西北的义宁坊内。

---

① “常名”是道家的概念，字面意义上指固定不变的名称。

② 上京：长安。

③ 忘筌：忘记原来的宗旨。

55. 尉迟敬德

因为政务繁忙，皇帝取消了原定在九成宫消暑的计划，在长安一直居住到仲夏。在某一炎热的夏日，他得知虞世南去世的消息，悲痛万分。虞世南是继杜如晦之后去世的第二位心腹大臣。虽然虞世南最终没有进入皇帝的核心领导层，但他是皇帝唯一的、亲近的“文学之友”。

“虞世南已不复生，朕还能同谁讨论书法、诗赋呢？”皇帝略带忧伤地对魏征说。

“陛下，虞世南的书法、诗文堪称当世一绝。但臣下知道虞世南有一位学生，其书法堪比其师。”魏征回答道。

“他是谁？”

“起居郎褚遂良。”

“朕并不知道他还是书法家。卿是否可以召他入宫见朕？”

“当然可以，陛下。”

没过几天，皇帝在宫中召见褚遂良时，观赏了他随身带来的书法作品，并为其精湛的书法艺术所吸引，当场决定任命他为“侍书”。像虞世南一样，褚遂良被允许经常入宫面见皇帝。所不同的是，虞世南从未担任过朝廷要职，而褚遂良最终则将成为朝廷权臣。

“发现”了褚遂良，皇帝无疑是非常高兴的，但是虞世南的去世，在他心灵上留下的永久的空白，使他痛苦地意识到生命的短暂无常。他变得更加深沉，常常思念旧时马背上与他征战天下的老战友。他想要时常与他们相聚。像房玄龄、高士廉、长孙无忌等朝廷高官，皇帝在宫中就能经常见到。但像李世勣、李靖这类武将，任职于远离长安的边陲，见面要难得多。因此，每当他们返回长安时，皇帝就会召他们入宫进见。贞观十三年（639 年）春，老战友尉迟敬德来到长安。一如所料，他立即应召入宫。

皇帝诚然很渴望见到故友，但这一回他另有心事：有人举报，尉迟敬德涉及篡位的阴谋。“敬德？”皇帝想道，“那个多次冒死救驾的忠胆之士？”当皇帝阅读到那份耸人听闻的密报时，他简直不敢相信自己的眼睛。但因指控事关重大，皇帝不能置之不理。但他并不想让尉迟敬德被有司扣押、审问。这样做会让他颜面尽失。因此皇帝找了一个相当巧妙的、授予新职的借口，将尉迟敬德召入长安。

“有人指控卿密谋造反，真有此事吗？”皇帝看着尉迟敬德说道。

“的确真有此事，陛下。”尉迟敬德愤愤不平地说着气话，他那粗犷的面孔盛着怒气，神色却变得黯淡起来。“臣下跟随陛下征伐四方，身经百战，平息天下，到头来却落下了一个谋反的罪名！”

皇帝沉默不语。

“其实，臣下满身刀箭之伤，能存活到今日已经是幸运之极了。”尉迟敬德说着，一边将上衣脱下，甩在地上，露出遍布胸口、手臂、背上的战争留下的瘢痕。

皇帝强忍着泪水说道：“敬德，穿上衣服吧。朕不怀疑卿。正因为如此，朕才直接与卿谈话。不必动怒。”

“臣下并没有与陛下生气。陛下将指控据实相告，臣下实际上十分感激。”

“不要担心对卿的指控。朕知道这完全是捕风捉影。敬德，朕将授予卿新职，卿是否能担任鄜州都督？”

“当然能够，陛下。”

“甚好。”皇帝说道。

尉迟敬德离开后，皇帝觉得这种非正式的审问已经伤害了敬德的感情，于是决定将自己的一个女儿嫁给他，以弥补对他的亏欠。

几天后，皇帝向尉迟敬德宣告了婚事决定。尉迟敬德双膝跪地，叩头说道：“臣下真心感谢陛下隆恩。但问题是臣下已经结婚。发妻虽然卑微、丑陋，但与臣下患难与共已有多年。臣下没有读过什么书，但还是知道古人有言，‘富不易妻’，故恕不能遵从陛下之命。”

听完这一番话，皇帝没再坚持。只要尉迟敬德领情就足矣了。

56. 法琳大师

正当尉迟敬德起身赴任时，宗教界又爆发了一场风波。皇帝感到有义务进行干预，佛教领袖、德高望重的法琳大师被人指控，犯下滔天大罪。

法琳是贞观十一年反对“先道后佛”政策的领导人之一。与桀骜不驯的智实和尚不同，法琳并没有玉石俱焚的意愿。他建议追随者避免与官方正面冲突。而后他回到风景秀丽的南山（在长安以南）继续过着平静的修行生活，不久前，他被竞争对手道士秦世英控告。秦世英称法琳在其佛学著作《辩正论》中，对道教进行了恶意中伤，有谋逆之嫌。

639 年 11 月 27 日，法琳被收监。根据圣旨，一个由刑部尚书刘德威为首的特别审讯小组负责审理此案。在推问过程中，法琳不仅拒绝认罪，而且坚持不改其极端的反道教立场。

此后，他被带入宫中由皇帝钦审。皇帝见到他时，吃了一惊：这位年近七旬的所谓大师，矮个子、溜肩膀，身体虚弱，面容苍白。

“朕是东周隐居贤者太上老君的后代。”皇帝说道。“朕祖籍陇西。因为祖先历来推崇道教，所以有先道后佛的排名。你是何许人也？竟然敢嘲笑朕的祖先，并要求重排宗教顺序？”

法琳沉默无言，陷入了沉思。

“说话呀。”皇帝不耐烦地说道。

法琳开口说道：“贫僧听说像尧舜那样的圣贤生怕臣民默不敢言；而像桀纣那样的恶人则惧怕人言。贫僧当今生活在尧舜时代，又怎么会害怕说话呢？”

“口尖舌利。继续讲。”

“让贫僧从老君说起吧。他姓李，又名老聃或李聃，是一位名叫韩虔的孤身乞丐的私生子。他的母亲是下贱奴婢。至于陇西李氏，也就是陛下所谓的先祖，早在西汉成帝时定居陇西。而‘李’并非真正意义上所谓陇西李氏的本姓。真实情况是这样的：

“汉成帝时，有叫李隐者，因诋毁皇上被诛杀，其族人被流放到陇西张掖，在途中，暴死殆尽。后来只有家奴到达流放地，家奴遂冒姓李。”

“你是在暗示朕的先祖是那些家奴的后代吗？！”皇帝怒不可遏地问道。

“当然不是。”

“那朕的先祖来自哪里？”皇帝厉声问道。

“达阇。达阇何许人也？依鄙见，达阇是来自阴山（内蒙古中部）的北魏（拓跋魏）贵族。这场争议让贫僧想起了一句谚语：以黄金换黄铜，以真丝换麻布，以宝女换奴婢。这一说法是否能适用于陛下身上？贫僧以为能适用，因为陛下放弃北魏而认同陇西。”

法琳继续滔滔不绝地讲了下去，不时引用佛教、儒家经典来支持他的观点。只有在长篇弘论接近尾声时，他才暗示希望获得宽恕。

“法琳已经无可救药了。”皇帝想道。“朕对拓跋当然很熟悉。拓跋是鲜卑最为显赫的一支，也是朕母亲和妻子的族属。但朕不能接受法琳有关朕先祖起源的胡说八道，也不相信其关于老子和陇西李氏的故事。不过朕也不想承担杀害名僧大德的罪名，即使是像法琳这样胡搅蛮缠的和尚。说真的，朕也不知道到底该怎么办。朕需要时间考虑。”

这时皇帝对法琳说道：“在《辩正论》里，你说过，只要反复念诵观世音菩萨的名号，就可免于刀伤。朕给你七天时间念诵观音的名号，等待刑部的判决。”

七天过后，刘德威来到大牢。

“时间已到，你是否已得到观音的神佑？”刘德威问道。

法琳冷静地说道：“皇帝陛下惩奸除恶，安抚黎民，废除在市场斩首的恶俗，从而结束了乱世。陛下便是当今的观世音菩萨。在过去的七天里，贫僧只反复念诵‘陛下、陛下’！”法琳随后又列举出了众多原因，证明皇帝陛下应被视为观世音菩萨。观世音在中国是最受尊崇的菩萨，他为了拯救芸芸众生而选择不入涅槃。

“陛下若看重忠诚、正直之人，琳将不会损失一根毫毛。陛下若滥施刑罚，罪及无辜，琳将会速死，但死后，将有人伏尸痛哭。”

这时刘德威已经作出决定。回到刑部后，他立刻写了一份报告，并将之呈送给皇帝。报告毫不隐讳地建议将法琳判处死刑。然而，报告的内容却引起了皇帝的好奇心。随后，法琳又被带入宫中。虽然皇帝再三劝告，但是法琳仍拒绝改变观点。

最后，在最关键的时刻，皇帝改变了主意，免法琳一死。这一决定引发了一名执法官员的强烈不满，他认为诋毁皇帝先祖当判极刑，罪有应得。

皇帝说道："法琳的确诋毁了朕的先祖，但他却能引经据典作为依据。这就是朕宽恕他的原因。不过，他会被流放到边远的益州（四川）。"

法琳从监狱里直接被送到流放地。从此，他坠入了抑郁的深渊，不能自拔，直到 640 年去世，享年六十八岁。

57. 高昌

在审理涉及佛僧、道士的著名案子时，皇帝并非总是作出对宗教最有利的判决，但他一直表现出对佛教及其竞争对手道教的高度尊重。不过，他最为推崇的不是佛道二教，而是儒教。从某种意义上来说，儒教可被认为是一种宗教，但更重要的，它有一套指导国家日常事务和人与人之间关系的道德准则。因此，皇帝密切关注着儒学的动向以及由国家赞助的儒家教育体系的发展。

自古以来，基于儒家五经——《诗》《书》《礼》《易》《春秋》——而衍生出了各种学术流派。流派之间在学术上和学说上产生分歧。皇帝对这种混乱的学术局面很不满意，便命国子祭酒孔颖达组织一批儒家学者撰修有权威性的研究著作。其成果是完成了一整套阐释五经经义和五经古注的"疏"类著作，总称《五经正义》。《五经正义》成书后，成为标准的、阐释儒家经典的官方著作，亦为学者和学生所必读。

为了推动儒学的发展，皇帝于贞观十四年（640 年）3 月 7 日，亲临国子监，饶有兴趣地观看了祭拜先圣孔子的释奠礼，并莅临国子监祭酒孔颖达以《孝经》为主题的讲座。讲座结束后，皇帝愉快地向国子监的人员，上至祭酒下至诸生，颁发丝帛奖品。

国子监有学官二十六人，包括博士、助教、直讲。其校舍为一千二百间，满员时可容纳学生二千二百六十员。学生演讲时，皇帝常常莅临旁听。学习科目是儒家经典，其中《礼记》和《春秋左传》为所谓“大经”。精通一大经者即可授予官职。

国子监下设许多机构，特别是国学。国学主要讲授儒学课程，有学生八千余人。在一次访问中，皇帝与学生交谈时，惊喜地发现，他们当中有不少外国人。外国学生多为皇室、贵族、部落酋长子弟，来自高丽、百济、新罗、高昌、吐蕃等周边国家。皇帝对高昌学生特别感兴趣，不仅因为他们能说流利的汉话，而且还因为高昌在西域的特殊战略意义。

贞观四年（630年）颉利可汗倒台后，在位于唐朝以北的、辽阔的大草原上，诸多游牧国家应运而生。其中最引人注目的是薛延陀汗国。其控制了蒙古高原上曾为颉利所占领的广袤的地域。

在西北，有吐谷浑。吐谷浑原先是鲜卑的一支，居东北南部。公元三世纪末，他们西迁至阴山（在内蒙古中部）；四世纪初，南迁至甘肃东部和青海。唐朝建国之初，他们连年来严重威胁着甘肃和四川的农业村落，后为唐朝大将李靖、侯君集、李道宗、薛万钧等击溃。自此之后，吐谷浑受唐朝礼遇。

较晚兴起的是吐蕃。近年来，吐蕃逐渐坐大，常常侵扰河西走廊。

再往西，新疆及新疆以西属于西突厥的势力范围。西突厥为诸国中的最强者，曾与颉利的东突厥抗衡。

夹在唐朝和西突厥之间有若干绿洲小国，其中实力最大的是高昌。国王麴文泰同唐朝关系紧密，每年遣使团携贡品前往长安。但是，后来麴文泰得到西突厥的翼护，不再派使团朝贡。

随着颉利帝国的崩溃，突厥手下的很多汉人流入高昌。皇帝视这些侨民为大唐臣民，要求高昌归还，却遭到麴文泰拒绝。更糟糕的是，在西突厥的支持下，高昌出兵西犯焉耆和东侵伊吾。焉耆、伊吾均为西域绿洲国。伊吾被侵扰尤其使朝廷感到震惊，因为名义上伊吾已经归附唐朝。故此，朝廷开始达成了“必惩治高昌”的共识。

贞观十四年（640 年）1 月 3 日，皇帝致信麴文泰，要求他前来长安接受责问。麴文泰以身体有恙而婉拒，却未能派使者来京说明原委。至此，皇帝已完全失去了耐心，立即命侯君集和薛万钧率远征军讨伐。侯、薛二人在吐谷浑战争中均立过赫赫战功。是时，麴文泰有西突厥作后盾，而唐朝则与焉耆和伊吾结盟。

虽然高昌王麴文泰已年逾六旬，但是身体、精神状态均佳。此时他仍期待等玄奘法师从印度归来时，能再尽一次地主之谊。而为了取悦于西突厥，他完全断绝了同朝廷的联系。当得到唐大军出征的警示后，他轻蔑地说道：

> 我高昌国距离唐都七千里，其中二千里要通过沙石、盐碱之地，水草全无，冬天风寒裂肤，夏天风热似火，商贾能通过者仅有百分之一，大军又怎么可能通过呢？今唐军伐我，人多则粮草肯定不足。兵力如果在三万以下，我军则足以对付；只要以逸待劳，我军就可利用其疲惫进行打击。如果敌军屯兵高昌城下，不出一二十日，就会用尽粮草，届时必为我军掳获。

因此，高昌基本上没有采取加强防卫的措施，高昌王亦未向盟友西突厥求援。

到 8 月，唐远征军，竟然克服艰难险阻，穿过了沙漠。麴文泰闻讯，恶疾突发，没过多久便一命呜呼了。其子麴智盛在棺前即位。

当唐军正穿过高昌以东的柳谷时，侯君集从间者获悉，麴文泰的葬礼将在次日举行。这将是发动突袭的绝佳时机，整个国家的弱点都将暴露无遗。但侯君集却拒绝发出进攻命令。

“天子征伐，是因为高昌无礼，”侯君集说道，“我军如果突袭送葬行列，就会有愧于‘问罪之师’的称号，失去道义。”

侯君集麾下的唐军击鼓扬旗，按正常行军速度继续前行，很快就抵达高昌东部的前哨田城。在劝降要求被拒后，侯君集于清晨发起攻击，到了中午时分便拿下了这座城市。

不久，唐军便兵临高昌城下。此时，国王麴智胜发来一封求和信。信中说道：

> 得罪天子的人是先王。而先王受到上天惩罚，已经亡故。智盛刚刚袭位，望侯尚书怜悯，免高昌于兵火之祸。

侯君集的回答很简单：“如果你真能悔改，就应当束手来到军门投降。”

对此麴智胜没再作出回应。于是侯君集下令大举进攻。高昌城有护城河环绕，但河水几乎干涸。唐军士兵以沙石泥土填充河沟后，开始用竹竿、云梯攻城。唐方还使用了一种称为“巢车”的攻城器械。这是一种约一百尺高的可移动塔楼，唐军士兵在车顶层可俯瞰城内，报告敌人动向。

对唐军而言，唯一的威胁是高昌北面的可汗浮图城（新疆吉木萨尔北）。那里先前驻扎有一支突厥部队。当听闻唐军大兵压境之后，可汗望风而逃，随后留下守城的突厥叶护[①]投降了唐军。

8 月 13 日，高昌被救的希望全部落空。国王麴智盛身着白衣，带领着高昌朝中文武大臣缓步走出城大门，投降唐军。随后，唐军占领了整个高昌国，总计二十二座城市。高昌，这个在麴氏治下独立存在一百四十多年的国家，从此覆灭。

焉耆国王龙突骑支在高昌战争中是唐朝的盟友。战争结束后，唐朝成为西域霸主，他反而变得日益不安。表面看来，唯一防止唐朝继续西进的方法就是同西突厥联盟。不过，他想先尝试一下外交手段。于是他

① 叶护：突厥汗国官名，地位仅次于可汗。

派使团前往设在高昌的唐军总部。

双方互相问候以后，焉耆使者说道：“侯君集将军，战争开始之前，焉耆有三座城市被高昌占领。”

“是吗？”

“如果您能将之归还焉耆，我们将感激不尽。”

“大唐兴师是为了替天行道。所以从道义上讲，我们必须归还原属于你们的一切。”

“感谢将军。此外，还有一千五百名焉耆百姓被高昌劫去。是否也能将他们归还？”

“一并归还。”

焉耆国王被侯君集将军的许诺所打动，决定继续与唐朝为友。

58. 侯君集

侯君集和薛万钧还在返回长安的路上，而关于如何处置高昌这一棘手的问题已在朝中凸显了出来。

“我们现在已大获全胜，接下来该如何处理高昌呢？”皇帝高声问道。

“陛下，臣下认为应当将其纳入版图。”长孙无忌回答道。

“无忌，说说你的理由。”皇帝说。

“如果纳入版图，高昌将成为我们在西域的门户。”

“臣不赞同。”魏征插话道。“依臣见，高昌是‘荒服’之地。我们应当保存其社稷，恢复其王位，安抚其百姓。我们如果这样做，就能使四夷悦服。”

“高昌多是汉人。他们应也愿意成为唐朝臣子。”长孙无忌说道。

“问题并不在于此，”魏征反驳道，“如果将高昌故地划为州县，那么我们至少需要长年驻扎一千余名的兵士，隔几年就要轮换一次。其间，十分之三四都会丧命。不出十年，陇右的财力就会消耗殆尽。”

“你夸大其词了，”长孙无忌说道，“早在西汉，高昌已归中原王朝统辖。汉宣帝时已设校尉。汉朝可以这么做，唐朝为何不可？”

“陛下可望征收的小麦、丝绸税将会少得可怜。”魏征说道。“而驻防费用则要比预期的多得多。”

争论持续了数时辰之久，最终兼并派取得了胜利。

陇右以西设安西都护府，统领军政和民政，治所设在高昌城以西。高昌国故地设西州，治所在高昌。其地以北设庭州，治所可汗浮图城。西州、庭州皆归安西都护府管辖。

贞观十五年（641 年）初，前高昌王麴智盛以及高昌皇室、贵族、文武高官等来到长安定居。麴智盛被任命为左武卫大将军、封金城郡公。高昌皇室、贵族均被任以高官。高昌宫廷艺人均由太常寺收编。随着他们的到来，现存的“九乐”又添加了一种新的音乐风格——高昌乐。

高昌战争的英雄侯君集和薛万钧返回长安后大受封赏。然而，在胜利的喜悦还未褪尽时，两人先后被投入大牢。尽管侯君集将军张口必言道德，但却贪爱宝物。他将大量高昌皇宫的珍宝纳入私囊——这已经是一个公开的秘密。所侵吞的宝物包括黄金项链、手镯、戒指以及其他饰以宝石（如印度钻石、地中海肉红玉髓、阿富汗青金石、河田翡翠等）的首饰。上行下效，其麾下的将士公开地私分战利品。占领高昌的唐军，不久就变得军纪松懈、涣散。

薛万钧将军所面临的则是另一种问题。据称，他曾同高昌妇女私通。至少有一名高昌妇女声称同薛万钧发生了关系。根据唐朝律法（隋律也是如此），通奸是犯罪，应受刑罚。

“侯君集、薛万钧被捕入狱，这太令人惋惜了。”皇帝说道。“二人都是朕的猛将。但过去的功劳并不能抵消现在的罪行。”

近一个月过去了，负责审理这两桩案件的大理寺却未能作出判决。侯君集案的证据似乎自相矛盾。与此同时，长安的大街小巷谣言四起：忠心耿耿的将军沦落到兔死狗烹的下场。中书侍郎岑文本感到局面堪忧，不得不上奏皇帝。其奏章说道：

……高昌王昏庸，侯君集等遵陛下之命讨伐并攻克其国，然而返回长安不到十天，二人均下狱于大理寺。虽君集等因自己的不轨行为，触犯法网，但臣下仍担心，海内之人会怀疑陛下只强调其过失，而忽略其功劳。

臣下听闻，将军受命出师，其责任主要在于攻克敌人，如能克敌，虽贪可赏；如若败绩，虽廉可诛……

所以，黄石公《兵法》曰："用其智、用其勇、用其贪，用其愚；这是因为智者乐于立功，勇者喜好自行其志，贪者见利而动，愚者不怕牺牲。"

臣下希望陛下能纪录其微不足道的功劳，不计较其严重的罪过，使君集等重新跻身朝廷，再得以驰骋疆场。

诚然君集等不是清廉、贞直的臣子，而是贪婪、愚钝的将军。尽管如此，他们仍是陛下的将军。如陛下能网开一面，陛下的德望就会得到弘扬；君集等虽被宽宥，其罪过反而会被彰显。

薛万钧的案子也是个烫手山芋。在数次审讯中，他与高昌妇女当面对质，极力否认后者的指控。看到这种僵局，魏征感到不安，上疏给皇帝。其奏章说道：

臣下听闻，"君王使用臣子时要遵循礼节，臣子侍奉君王时要竭尽忠诚。"今天让唐大将军与亡国之女争辩其房中隐私，如果指控属实，则朝廷所得者微不足道；如果指控不实，则朝廷所失者事关重大。

昔日，秦穆公赐酒于盗马之人；楚庄王赦酒后失礼之罪。[①]陛下圣明，可与尧、舜比肩，难道要在此问题上甘心处于秦穆、楚庄二君之下吗？

---

① 原文为"绝缨之罪"：楚庄王设宴，有人酒后试图调戏王的爱妃不成，反而丢了帽缨，王有意不治其罪。

这两份雄辩的奏章让皇帝进退维谷。为了严明军纪，必须处罚带头触犯法律的将领。但审问侯君集和薛万钧所引发的负面舆论效应却威胁到了军队的士气和对皇室的忠诚。更重要的是，皇帝意识到，二人被投入大牢，受辱公庭，实际上已经受到惩罚。

是日夜里，皇帝在阅读梁朝史学家沈约所著《梁书》时，被大将军檀道济的故事所吸引。檀道济是宋朝最优秀的将领，却被以莫须有的罪名处以死刑。临死之前，檀道济在狱中说道："你们在自毁万里长城。"此时，皇帝感到面红耳赤；这话似乎是对自己说的。第二天早上，皇帝下诏释放了侯君集和薛万钧，并让二人官复原职。

59. 文成公主

在侯君集和薛万钧案了结之前，皇帝已不得不关注西南地区有关吐蕃的事态。

在一次两仪殿的宰相议事会上，皇帝说道："早在贞观八年（634 年），吐蕃王松赞干布就遣使来朝。他听闻大唐与突厥和吐谷浑可汗联姻，所以也要求和亲。朕拒绝了他的请求。那时，朕对吐蕃所知甚少。我们总不能只要某一地方酋长提出和亲就答应吧？"

"当然是这样，陛下，"房玄龄说道，"但是吐蕃王被拒之后反应强烈。他大举进攻吐谷浑，因为他认为是吐谷浑妨碍他与大唐的和亲。一直以来，吐谷浑和吐蕃是世仇。同时，松赞干布也向朝廷发出威胁：'只要唐朝不送公主与我和亲，我定会兴兵来犯。'而后他果真率军二十万，进犯松州。"

"朕被逼得没办法，"皇帝说道，"只能派遣侯君集、执失思力诸将军对吐蕃发起反攻。由于我军的节节进逼以及吐蕃高级幕僚的劝告，松赞干布最终退兵。最近，大唐和吐蕃的关系大有改善。去年，吐蕃派使团来，所进贡的金器有一千多斤重。吐蕃王再度要求和亲。这一次，似乎没有理由拒绝。朕已经责成礼部挑选合适人选。众卿周知，李氏皇族的任何一名年轻女子都可以是公主。如果她还没有公主称谓，可特批后授予。至于许配给吐蕃王的人选，朕希望能找到一位才貌双全的女子。”

停顿了稍许后，皇帝转向李道宗说道：“礼部尚书，是否已找到合适人选了？”

“找到了，陛下，”李道宗满有信心地说道。“此女年方十六，貌美而有文化教养。”

“她愿意去吐蕃吗？”皇帝问道。

“愿意。她自愿为吐蕃王后。”

“太好了！”皇帝说道。“朕就封她为文成公主。”

贞观十五年（641年）2月20日，以大论①禄东赞为首的吐蕃使团抵达长安。十天之后，一列长长的马车队从唐都的金光门出发，向西驶去。文成公主坐在其中一辆马车之中。同行的还有吐蕃的禄东赞和唐朝礼部尚书李道宗，各自坐在自己的马车上。

整个车队所载的几乎都是文成公主的嫁妆，包括释迦摩尼的青铜像、宝石、金器、玉器、丝绸、棉布、粮食种子、萝卜子以及成箱的包括儒家经典、史书和各类有关占卜、手工、建筑、医学等领域在内的专业书籍。此外还有不少陪嫁人员，包括学者、工匠、奶妈、宫女、乐师等。

大约一个月以后，车队抵达河源（青海省曲麻莱县东北）。松赞干布国王，在数万人的护卫下，已经等候多时。在随后举行的婚礼上，李道宗代表皇室和唐朝，以父亲的身份将文成公主交付给新郎，而松赞干布则虔诚地完成了子婿之礼。仪式结束，婚姻联盟随即开始生效；它将保证唐－吐蕃之间长久和平的局面。

60. 太子和李泰

贞观十五年（641年）初，皇帝移驾洛阳，太子李承乾以监国身份

① 大论：吐蕃官号，汉文史书也称为大相，类似丞相的职位。

留守长安。此后相当一段时间内，他可免受自己父皇的监督。之后，太子在东宫举行了第一场奢华的夜间聚会。受邀者包括杜荷（杜如晦之子，善长术数）和亲王李元昌（李渊的第七子）。此外还有他的突厥朋友，如在市集上以野蛮好斗而闻名的达哥友[①]。太常寺的专业艺人——歌手、舞者、幻人、百戏演员等——是今夜的主要表演者。演员中也有不少高昌人。太子尤其喜欢有异域风格的高昌舞蹈以及全音阶的西域音乐——他对五声音阶的中原音乐已感到厌倦。

入夜，会场变得热闹起来，专业艺人唱歌、奏乐、表演杂技。酒过数巡之后，宾主开始与艺人混杂，载歌载舞，尽情狂欢。

聚会的承办人太子李承乾感到心旷神怡。他一生已经度过二十三个春秋，但从未像今天那样快活。这是他有生以来第一次尽情享受人生。当然，东宫有许多辅佐高官，如左右詹事和左右庶子。他们唯一的责任就是确保太子的一举一动符合礼仪。此外，还有丞相高士廉，是他处理政务的主要幕僚。但是，那天夜里，事事由太子自己做主。

欢闹持续到了后半夜才结束。李承乾友善地邀请所有嘉宾和演员在东宫过夜。

此次聚会激发了太子李承乾内心贪图享乐的欲望。在以后的数月里，他举办了更多的晚会，平均每月三到五次。

白天，除了担负监国的责任以外，太子将充沛的精力用于自己的建筑工程。他认为东宫的建筑风格不够雅致，而且功能欠缺，于是就大肆征调农工劳力，对东宫宫殿及其辅助建筑进行豪华改建、装修，而对农活忙闲毫无考虑。

太子詹事于志宁，作为太子身边最高级别的辅臣，因太子通宵欢闹、突厥人频入东宫、滥用农工等事而深感不安。他深信，太子正误入歧途，离储君应走之正路渐行渐远。为了引导太子重归正途，于志宁以坦率的口吻上书，指责其过失，并提出若干要求，包括与“人面兽心”的达哥友断绝关系。于志宁试图用当头棒喝的方法，促使太子猛醒反思，以免

---

① 达哥友：或称达哥支。

堕入深渊。

两天之后，太子手下的两名心腹——二十多岁的张思政和纥干承基——出现在亲仁坊的北门口。暮色已降临，长安全城已在宵禁的严格管控之下。二人向门卫出示了特别通行证后，顺利入坊；然后，他们悄然走到位于该坊某一角落的民宅前，攀越过六尺高的院墙，悄无声息地跳入院中。

“卧室应该在东边。”张思政轻声说，一边悄悄地向正房移动。

“瞧！那是什么？”纥干承基低声地说，用手指着耸立院中的泥墙棚屋。

“棚屋。”张思政不假思索地回答道。

“我知道。可你知道它是做什么用的？”

张思政正要开口，纥干承基已经靠近棚屋，去看个究竟。他突然转身，轻声说道：“目标就在棚屋里！”

张思政不发一言，移到搭档的左方，一手紧握着揣在怀中的匕首手柄。通过窗户格子，二人看见于志宁正躺在柴火褥子上，头枕着陶枕头，借着小桌上油灯灯光，阅读手中的书卷。

于志宁物质生活的匮乏使这两个杀手感到震惊。他们扭身离开了棚屋的窗口。

“怎么回事？”纥干承基问道。

“我想起来了，他母亲两个月前刚去世。”张思政回答道。

“从那时候起他就住在这个临时搭建的棚屋里？”

“是的，有些孝子会在棚屋中为死去的父母守丧三年。”

“真了不起！”纥干承基说道。

两人沉默了一会儿，张思政突然说：“嘿！我现在不想动手了。”

“我也不想。”纥干承基说道。“可太子怎么办？他会杀了我们的。”

“不必担心，我会想法应付的。”张思政安慰他道。

“你们说，为什么搞砸了？”第二天清晨太子对着张思政和纥干承基说道。“我不是告诉你们了吗，不管怎样，一定要弄死那个狗娘养的！”

“殿下，于府日日夜夜严加守护，”张思政说道，“我们根本没有进院不被发现的机会。”

“可是，那个姓于的非死不可。他的狗屁奏章骂我不说，还说达哥友是‘人面兽心’。”

“当然，非宰了他不可，殿下。下一次，我们一定成功。”

“要抓紧时间。否则就不会再有下一次了。”

“毫无问题，殿下。我们保证马上会动手。”

刚回到长安，皇帝就听取了辅臣们有关太子李承乾不轨行为的报告。皇帝随即召太子进宫，严厉警告他说："若不再想当太子了，就说一声。"太子别无选择，只能乖乖就范。他立即停办了夜间聚会，并将暗杀于志宁的计划无限期地搁置起来。

与此同时，太子的弟弟魏王李泰的日子却蒸蒸日上。贞观十六年(642年)2月13日，他正式将《括地志》——一部多卷本的、百科式著作——呈交给皇帝。包括五卷目录和提要在内，《括地志》共有五百五十卷，是第一部包罗万象的、有关大唐行政地理区划的巨著，对于都城和三个等级的地方行政机构（十道、三百五十八州、一千五百五十一县）的沿革和现状进行了详尽的描述。书的编撰计划经皇帝钦准，以李泰为主编，起始于五年之前。诚然，大部分工作都由文学馆学者分担。然而，李泰起到了统筹并完成整个计划的作用。对此，皇帝异常欣喜，当即决定赏赐李泰丝帛一万匹，并大加其俸禄，使之甚至于超过了太子。

李泰，个头中等偏矮，相貌平平，体态肥胖。他举止文雅，态度祥和，学识颇丰，故能受到朝廷众高官的青睐。对他们而言，李泰不像傲慢的亲王，倒更像聪敏的学者。皇帝对他的宠爱更使他深得众望。

然而，对谏议大夫褚遂良而言，李泰日益增长的声望正是问题所在。在给皇帝的奏章中，褚遂良警示皇帝对李泰宠爱有加所带来的潜在危险。皇帝为其坦诚而有条有理的论点所感动，立即移驾至史馆，进行不速之访。是时，褚遂良已由起居郎升为主管起居注的朝廷高官。

在皇帝的要求下，褚遂良进一步阐明其观点，援引了很多历史上王子受宠不得善终的例子。他认为，魏王李泰应受美德的教化，诸如礼数、谦逊、勤俭。总之，他不赞成给李泰任何特殊待遇。

皇帝对褚遂良的批评大加赞扬后，随意地问道："出于好奇想问一下，朕能窥测一眼起居注吗？"

"陛下，"褚遂良正色回答道，"起居注详尽记载主上言行，不论善恶，其旨在于防止行恶。主上自取起居注而读之的先例，臣下闻所未闻。"

"如果朕做错了事，卿是否也会记下来？"

"会的，只要臣下还任史职的话。"褚遂良回答道。

"如果遂良不记，天下也一定会记的。"褚遂良的一位同仁插嘴道。

"当然，当然。"皇帝表示同意。

皇帝浏览了一遍《括地志》后，对之更加喜爱，从而决定赐给其主编李泰移住武德殿的殊荣。武德殿位于两仪殿的东边。让亲王长住太极宫的做法，在玄武门之变后就被取消。皇帝此举又使之得到恢复。

喜出望外的李泰，随即移住武德殿内。不到半个月，皇帝收到魏征的奏章。奏章说道：

> 陛下宠爱魏王李泰，一心一意想使他安全无恙。为此，应该设法抑制其骄奢的倾向，从而使他避开嫌疑之地。位于东宫以西的武德殿曾为亲王李元吉的居址。当时就有不少人反对。果然，而后元吉死于玄武门之变。虽然今天已经时移世异，但只要魏王李泰住在殿内，就难有安全感。

读完奏章，皇帝感到恼怒，自问道："朕想让儿子住哪儿就住哪儿，难道不是吗？"刚要召魏征入殿诘问，皇帝看到褚遂良的奏章，重读了一遍，想道："看来宠爱、荣誉加之一身并不一定对他好。"于是，皇帝下旨，不是要召魏征进宫，而是命魏王李泰搬回延康坊旧宅。

61. 以人为镜

皇帝主意的改变，不仅使魏王李泰感到心灰意冷，也使皇帝自己深感内疚。他许诺以其他的方式补偿宠子。不过，皇帝对褚遂良和魏征的警告仍心存感激；的确不应当过分宠爱李泰。他决定召见两位进谏者入殿，当面致谢。褚遂良按时到达，而魏征却了无踪影。魏征未能入宫见驾是因为日趋严重的慢性眼疾。皇帝在给他的手谕中，询问他的健康情况，并说道："朕刚有几天没见到卿，已经犯了不少错误，非常想亲临看望，但又担心造成太多麻烦。不管怎样，只要卿有建议，请直接以书面的形式传达给朕。朕殷切等待着卿的回音。"

魏征立即写给皇帝一封态度率直的回信。信中说道："陛下临朝时，常常谈到'至公'，而在私下里，却免不了偏私。当有人指出这一点时，陛下往往变得非常不悦，有时甚至恼羞成怒。结果却是欲盖弥彰，于事无补，难道不是吗？"

这封信使皇帝感到异常震惊，与其说因为信中尖锐的语气，不如说是因为笔者的笔迹。歪歪扭扭的字体和大小不均的间距证明笔者手部颤抖、视力微弱。

皇帝立即派几个宦官前往服侍魏征。当他们回报魏征家中竟未设正堂时，皇帝吃了一惊。正堂是长安普通住房的标准的配置。皇帝随即下令用原本用于建造宫中小殿的木料为魏征修筑正堂。建筑竣工后，皇帝赏赐给了魏征一些礼物，其中包括一幅屏风、一床褥子、一床被子、一只矮几、一副拐杖，全是一些实用品，旨在提高其生活品质。

年底，魏征的病情进一步恶化。根据皇帝的旨意，几位中郎将搬入魏征家中，日夜监护。皇帝多次派遣宦官送草药，有时也会亲临造访。有一次，皇帝与魏征相处整整一天，闭门讨论重要政务和政策。

此后不久，皇帝，在太子李承乾和女儿衡山公主的陪同下，再来看望。魏征重病卧床，双目几乎失明，但仍然穿着整齐，腰系革带，头戴礼冠，仿佛要上朝进见。皇帝看到这一幕禁不住眼泪盈眶。擦掉泪水，皇帝宣布了一项新的决定：衡山公主将下嫁给魏征的儿子魏叔玉。

“爱卿,你能看得见吗？”皇帝焦急地问道。“这就是你未来的儿媳妇，衡山公主。”

魏征用力挤弄着眼睛，想看清楚公主的脸庞，但眼前仍然是一片模糊。

那天夜里皇帝梦见了魏征。就像以前一样，梦中的魏征一身正气、耿直不阿、忠心不二。第二天早晨醒来时，皇帝感到一丝慰籍。但在中午时分，他收到魏征去世的消息。那天是贞观十七年（643 年）2 月 11 日。

在魏征的葬礼上，皇帝失声大哭。他下令，辍朝五日。如此哀悼一名官员，可以说是史无前例了。葬礼结束后，魏征的遗体被运至昭陵下葬。昭陵不仅是安葬长孙皇后的陵园，也将是皇帝百年之后的最后归宿。魏征的墓碑上的墓志铭也由皇帝亲自撰书。

几个月后，皇帝愈加思念魏征。当谈到他的死时，皇帝说道：“朕有三面镜子：铜镜、史镜、人镜。用铜镜，朕可检查衣冠是否整齐；用历史之镜，朕可以了解国家兴亡的原因；用人之镜，朕可以得知自已的成败得失。魏征去了，朕也失去了人镜。”

侯君集听闻魏征去世的消息后黯然神伤。魏征曾多次推荐他任宰辅。虽然之前能够逃脱牢狱之灾主要归因于岑文本的奏章，但正是因为魏征反对继续关押薛万钧的谏言，才真正使得皇帝对两人的案子回心转意。

自从出狱以来，侯君集一直郁郁寡欢。他知道，如果没有岑文本和魏征的奏章，他可能已经被大理寺鞭笞后，流放他乡。监狱的生活令他感到耻辱。在那度日如年的时间里，他不得不忍受狱室中刺鼻的恶臭和透骨的寒冷。即便是夜间睡觉时,他也要戴着脚镣。现在虽然已官复原职，但是他的仕宦生涯已经是穷途末路。

一天，侯君集在东市闲逛，走进一家酒店小酌，恰巧碰到旧友张亮。二人聊了起来。张亮告知侯君集他即将离开长安，不再任太子詹事，会调到外省任洛州都督。侯君集深感意外。一口喝干杯中的酒,他大声叫道：

“这太不公平了！皇上还是秦王时你就侍奉左右了。”

“我也感到不快，”张亮说道，“但实话告诉你，太子詹事也不是好当的。每天都要与太子承乾打交道。”

“我知道。那个白痴太子是个混蛋。但是从中央要职调到地方实际上算是降职。不知是谁要挤你出去？”

“除了你还能有谁？”张亮开玩笑地说道。

“我？怎么可能，”侯君集带有戒心地说，“从高昌归来以后，天子不再信任我了。我怎能挤走别人呢？”

停顿了稍许，侯君集继续说道：“说实话，前些时候我感到非常郁闷，真想一了百了。”

“他们这样对待你的确很不公平。”张亮同情地说道。

“古语说，‘兔死狗烹’。一想到这，我就有一种幻灭感，想辞职不干了。”

“然后呢？”张亮问道，对侯君集反常的抵触情绪感到吃惊。

“然后？你知道我的意思。”

“你活腻味了？”张亮厉声问道，随即起身离开。

之后，张亮感到十分不安，竟将侯君集心怀叵测的话报告给了皇帝陛下。

62. 凌烟阁

皇帝读了张亮的报告，感到难以置信，但是他仍然下令对侯君集进行秘密调查。此后两个多月的调查并没有发现任何谋反证据。此后，皇帝不再追究，而全身心投入另一项事业：改建位于长安宫城内武德殿以北的、高入云霄的凌烟阁。

贞观十七年（643 年）3 月 27 日，皇帝亲临参加修葺一新的凌烟阁的重新启动典礼，将之命名为“功臣堂”。其最突出的特点是绘有二十四名唐代功臣的画像，包括长孙无忌、房玄龄、杜如晦、魏征、尉迟敬德、萧瑀、高士廉、李靖、侯君集、张亮、李世勣等。他们，在李世民手下，为大唐江山的巩固立下了汗马功劳。

创设功臣堂的主意出自于皇帝本人。其旨在于永远保留对功臣们的记忆——他们中间半数已经离世（诸如屈突通、杜如晦、李孝恭、柴绍、殷开山、张公瑾、虞世南、魏征等）。这些画像均由当代最具盛名的、以人物画著称于世的画家阎立本所绘。修葺后的凌烟阁成为皇帝和幕僚们——或单独或成群——瞻仰功臣容貌、回顾英雄功绩和事迹的场所。

一唐代学者赋诗描绘凌烟阁如下：

画阁凌虚构，[①]
遥瞻在九天。
丹楹崇壮丽，
素壁绘勋贤。
霭霭浮元气，[②]
亭亭出瑞烟。
近看分百辟，[③]
远揖误群仙。
图列青云外，
仪刑紫禁前。[④]
望中空霁景，[⑤]
骧首几留连。[⑥]

凌烟阁的画像数最初限定在二十四，因为它象征二十四节气，但这并非恒定不变。随着时间的推移，会有新功臣加入。对于唐朝官员来说，

① 凌虚：高耸入云。
② 霭霭：云雾密布样。
③ 百辟：诸侯，此处指百官。
④ 紫禁：皇宫。
⑤ 霁景：雨后天空放晴的景色。
⑥ 骧首：抬头。

升入凌烟阁，如同罗马的凯旋典礼一样，是一生中最大的荣誉。而功臣一旦失势败落，其名字、画像就会被一同请出阁。

63. 娈童称心

被皇帝训斥之后，太子不再敢在东宫内举行大型夜间聚会。在一段时间内，他显然有所收敛。然而，当皇帝不再聚焦东宫时，太子的行为再次变得肆意放浪，甚至变得有些怪异起来。

显然，在年轻突厥朋友的影响下，太子愈加向往突厥人的生活。他喜欢讲突厥语，并打扮成突厥可汗的样子。他挑选了一批貌似突厥的奴隶，将他们分成五人一组的“部落”。太子令他们，按所谓突厥的样式，头顶辫子，身披羊裘，在东宫内牧羊。他用可汗五狼头纛及幡旗作为自己的标志，设毡帐作为自己居住的营帐。他常常在朋友的陪伴下，用佩刀割羊肉而食。有一次，他甚至装死，以便为自己举行突厥式的假葬礼。于是，太子躺卧在地上，手下骑马围绕而行，一边嚎哭、割耳、剺面、剪发。

最令人不安的是承乾对一名能歌善舞的伶人宠爱有加。他的本名已无从考证，我们只知道太子给他取名为“称心”。他与太子白天如胶似漆，晚间同床共枕。经太子允许，称心甚至可自由带领艺人朋友入东宫过夜。

太子还结识了两位声誉不佳的道士：秦世英（他曾指控法琳大师）和韦灵符。二人均获准加入随从之列，为太子行法术。

辅臣于志宁和孔颖达曾经多次规劝太子，但均无济于事。一次夜间聚会后，敢言无畏的张玄素向太子面谏道：“殿下，我十分担心殿下的人身安全。殿下不应该让艺人在东宫过夜。”

“别担心。”承乾带着轻视的口吻说。“他们是我的哥们儿。”

“但是殿下不宜与下贱艺人交往过密。”

“为何？”

“自古以来艺人被认为是身份卑微、道德低下的小人。他们在东宫所奏的乐曲就如同郑卫之声，是靡靡之音。”郑国和卫国是春秋时期的两个中原国家。从孔子时代起，其音乐就被视为是淫靡之声。

“不是靡靡之音！”承乾抗议道，“这是有异国情调的西域音乐。”

“请不要和我争辩。皇帝绝不会允许你欣赏这类音乐的。”

承乾默不作声，看上去非常不满。

“另外，殿下，请远离称心。他非常危险。”张玄素继续说道。

“为何？”承乾不解地问。

“你难道不明白吗？称心及其朋友频繁出现于东宫说明殿下交友不慎。更令人不安的是那两位道士的行为。”

“他们干了什么事？”

“诅咒、占星、叫魂、修炼内外丹，这些都会对你产生邪恶影响。更重要的是，与这些狐朋狗友相处会让你在皇弟李泰面前显得黯然失色。”

“真是这样吗？”

“是的，殿下。魏王李泰有意让学者和有学问的官员与他相伴。自从他将《括地志》呈送给皇帝之后，皇帝经常对他赞不绝口。”

“那又怎样？”

“殿下，你难道没有察觉到吗？皇帝陛下打猎时总是要带上魏王李泰，而从不带你。”

“是的，我早就察觉到了。这可能是因为我身患腿疾，走不快吧。”

“殿下也喜欢打猎，不是吗？皇帝陛下也知道这一点。”

“你到底想说什么？父皇会让李泰取代我作太子？”承乾疑惑地问。

“我没这么说，但是因果相随。不久你就会发现太子之位不稳。”

“你敢肯定吗？”

“相信我，殿下。情况远比你想的要糟。”

“好吧，以后我会小心。”承乾说道，一瘸一拐地离开了。

张玄素面谏后不久，李承乾依旧我行我素——与艺人朋友交往，并允许他们在东宫过夜。无奈之下，辅臣们只好将毫无掩饰的报告呈送给皇帝。读过报告，皇帝十分光火。“不久之前，”皇帝想道，“在其母生病期间，承乾显然尽了孝子之道；在太上皇去世时，处理国政也胜任自如。但时至今日，他已然变得判若两人。到底发生了什么事？难道他真的已经无可救药了吗？”

承乾被带到皇帝面前。皇帝随意问道：“听说你交了一个叫称心的朋友。他是什么样的人？”

“他是一位太常寺的年轻人，聪明伶俐。”太子回答道。

“你们在一起时做些什么？”

“他教儿臣唱歌、跳舞、吹笛子。

“你是否让他在东宫过夜？”

“是的，父皇。当时间太晚时，儿臣曾留他过夜。”

“那他睡在哪儿？”

“看情况。通常睡在承恩殿的一间客房里。”

“是真的吗？”

“是的，父皇。”

“看看这个吧。”皇帝将一页纸交给承乾。这是由一位东宫辅臣提交的关于太子近期行为的详细报告。

当太子读到“与称心同床共寝，行苟且之事”时，太子突然双膝下跪，央求道：“恳请父皇给儿臣一次改过自新的机会。”

“这简直是耻辱！”皇帝勃然大怒，大声喊道：“朕怎么能将整个国家的命运交给你这个孬种？你就不能向你弟弟李泰看齐吗？”

眼泪顺着承乾的脸颊淌下。他说道：“儿臣恳求父皇，饶了儿臣这一回吧。儿臣以后一定改过。”

皇帝气头未消，挥了挥手，将承乾赶了出去。

几天后，太子被朝廷告知，他的四个友人，包括称心和那两位道士，已因危害东宫安全罪以及蛊惑太子罪而被捕入狱。随后他们都被判死刑，斩首处决。

对于皇帝来说这是唯一的、能够斩断东宫邪恶之源的方法。毫无疑问，这对太子来说会是一个巨大的打击。但从长远看，它能让太子远离灾祸。

然而太子对此的反应竟达到了难以名状的地步。他的整个世界坍塌崩溃了。他竟是如此地悲伤以至于连日来称心惨烈的死状一直萦绕脑海。不顾辅臣的激烈反对，他为称心立庙；在庙北墙上挂亡友画像，在画像前置人、动物、车马陶俑，如墓中冥器一般。按太子的要求，东宫女仆每天要于黎明和黄昏之际来祭拜称心的画像。当太子亲临祭拜时，他总是伤心过度，依恋徘徊。在东宫内，他又为称心立衣冠冢，冢前立碑，碑文由太子亲自撰书。在称心冢前举行的葬礼上，太子竟私授官爵。

与此同时，太子开始以身体不适为由缺席朝会。在东宫内，太子令一百多名胡人奴仆身穿胡装、唱胡歌、跳胡舞，令伶优表演跳竹竿、爬杆、平衡杆等百戏。夜间，击鼓声、号角声、叫喊声往往越过城墙而传出东宫之外。

太子逐渐对唱歌、跳舞感到厌倦，开始考虑下一步行动。他仍将自己的不幸归因于严苛的父皇，但对此他感到无能为力。况且，不幸的渊薮并非父皇，而是魏王李泰。承乾想道："那个偷奸耍滑的家伙想尽一切办法让我难堪，讨好父皇。而父皇已被他迷惑。只要把那小子干掉，就再也没人可以动摇我的地位了。当然，还有小弟李治。但他才十五岁，太年轻，不会有所作为。"

太子李承乾召见其护卫兼心腹张思政、纥干承基，命他们杀死那个自以为是的家伙。不过事情一定要做得干净，不要留下痕迹。他们每人能得到黄金二百两的奖励；如果太子自己能继位的话，还会提拔二人，至少官至大将军。可是，张思政、纥干承基二人均未对此表现出热情。太子严肃地警告说："我们现在同舟共命。如果让李泰活下去，我当皇帝的机会就会变得渺茫。如果李泰即位，那么，一切都会完蛋。"

最终，张思政和纥干承基口头接受了这一最具挑战性的任务，并在主子的催逼下开始寻找执行任务的办法。

64. 齐王

对太子李承乾而言，与他争储的敌手只有长孙皇后所生的李泰和李治两位弟弟。庶出的皇子无资格继承皇位（至少理论上是这样），因此不直接对他构成威胁。年龄较李泰略幼的齐王李祐就是庶出的皇子之一。与其他皇子一样，他在特权的庇护下生长在长安；他学会了射箭、骑马，对狩猎也十分热衷。

成年后，齐王李祐移住历城（今山东济南）。在此期间，他日益沉迷于狩猎，嗜瘾成性。“不打猎我一天也活不成。”他坦白道。

李祐虽然名义上是自己封地齐国的领主，但却要不断听从长史的教诲。长史名义上是负责指导皇子朝廷命官，而实际上却是处理封国日常事务的总管。第一任长史,由于未能收束齐王的狩猎嗜好,而被皇帝替换。新任长史为尚书左丞权万纪。他以性强正、好直言而著称。在任御史中丞期间，他负责监督官员的品行，不避豪贵，曾弹劾多名高官。

初来伊始，权万纪便在历城采取了一系列严厉措施，以纠正齐王的行为：禁止出城；释放所有猎鹰、猎犬；不准两位最受齐王宠幸的弓箭手进入王府。后齐王暗地里将两弓箭手召入宅邸；权万纪得知后，立即上报皇帝。皇帝数次向齐王致书，怒斥其无悔改之心。

在权万纪的反复催促和恳请之下，李祐写了一封自责信，以示悔改。权万纪带信疾驰至长安。读完信后，皇帝龙心大悦。有感于不肖浪子在能力非凡的辅臣的指导下已开始洗心革面，皇帝赐权万纪以厚礼和盛誉。然而在给儿子的回信中，皇帝仍然以严父的口吻告诫他：如果李祐仍不悔过自新，后果将不堪设想。

对于齐王而言，皇帝对待他和权万纪截然不同的态度实在有失公允。一个多月过去了，他仍然对他所谓由“权万纪的阴谋”而招致的耻辱而耿耿于怀。而他与辅臣之间的矛盾也因此而变得愈发激烈了。在多次场合下，他甚至口出狂言，威胁权万纪的人身安全。

权万纪尽管勇而无畏，此时亦开始担心自己和家人的安危。一天晚上，有大土块坠落在权万纪宅院内。权万纪断定，此为齐王手下的那两名射手所为，他们试图暗杀自己。于是他下令将二人逮捕。随后立即书写奏报，告发齐王及数十名追随者的不轨行为，并将奏报火速送往长安。

刑部尚书刘德威遵旨前往调查，得出支持了权万纪的结论。阅过刘德威的奏疏之后，皇帝立即下诏，要求权万纪和齐王前往长安，接受问询。至此，齐王已怒不可遏，并开始执行杀害权万纪的计划。

权万纪立即乘马车前往长安，在路上被齐王身边的卫士燕弘亮及同党二十余人追上，在乱箭中被射死。愤怒的暴徒从车中拉出如同刺猬般的尸体，肢解后，将之投入茅厕中。就这样，齐王拉开了反叛朝廷的序幕。

643 年 3 月 31 日，皇帝下诏平叛。兵部尚书李世勣等召集附近九州的军队，讨伐齐王李祐。齐王则下令，征召所有十四岁以上的男子入伍，建立政权，并打开粮仓奖赏三军。他又强行命令郊区居民移住城中，以应对与中央军不可避免的冲突。

齐王李祐，在除掉最可憎的冤家以后，突然感到异常兴奋，甚至有点不知所措。齐王与王妃（韦挺的女儿）、挚友燕弘亮和其他三位随从，在舞乐的伴随下，每夜宴饮尽欢。但是当他得知，诸县对其调遣军队的命令置若罔闻时，他开始感到不安，甚至想放弃历城，躲入山泽之中，过真正盗匪的生活。

然而，齐王和同伙有所不知，就在此时，一位叫杜行敏的低级军官已经在历城郊区组织了一支庞大的抗齐队伍。次日拂晓，杜行敏等人经城墙下的秘密隧道潜入城内。

遭遇了无力的抵抗后，他们直抵齐王府，将正房包围。李祐、燕弘亮及另三位同伙被困其中。他们利用家具、木板顶住门、窗，负隅顽抗到中午时分。届时，杜行敏已失去了耐心。

“李祐，你小子已不再是什么帝子了，”杜行敏高声喊道，“你现在只不过是一个彻头彻尾的国贼。我为国讨贼，毫无顾虑。如果你不马上投降，我一把火就会将房子烧为灰烬。”

其手下将干树枝、干树杈堆置在门、窗上。

杜行敏正准备下令点火时，李祐惊慌地喊道：“不要点火，我开门。”

“马上开门！”

“我能平安无事吗？”

“我保证，你不会有事。”

经过片刻的激烈争论后，李祐和同伙搬开屋内的障碍物，将门打开。一群衣衫褴褛的士卒一拥而入。他们中间一部分人立即抓捕了李祐；另一部分人将燕弘亮推搡在地，挖出双眼，让他在痛苦挣扎中死去。士卒们亦捕获了其他三位同伙，将他们的四肢打断后，就地处决。

李祐被拽到齐王府门前，游街示众，然后，身负枷锁，被押送至长安，拘禁在宫内的内侍省，直到被皇帝下令自杀。同党四十余人多被诛杀，其余则既往不咎。反抗叛军的英雄杜行敏则由平民擢升为巴州（地处西南）刺史。

65. 太子和将军

侯君集从朝中内线得知，自己曾经被朝廷秘密调查过。皇帝的不信任使他感到恼怒。成功征服了吐谷浑和高昌，他认为这已经算是回报了皇帝对他的知遇之恩。虽然至此侯君集已官复原职并跻身于凌烟阁功臣堂之中，但在他的心目中仍逐渐形成一种消极看法，认为皇帝是他仕途升迁的最终障碍。

通过任职于太子东宫府千牛卫的女婿贺兰楚石，侯君集得知了不少有关太子的轶闻。他知道太子是一个娇惯坏了的家伙。但为了实现自己的目标，侯君集愿意与他结盟。当受邀到东宫造访时，他毫不犹豫地同意了。

“殿下，什么让您最感到忧心？”侯君集在会面时好奇地问道。

“魏王李泰。”

“您准备如何对付他呢？”

“想办法以谋略取胜。”太子敷衍地回答道。

“可能为时已晚。如今李泰掌控着文学馆，并编撰了《括地志》。而您又有什么呢？”

太子陷入了沉默，想不出任何一件可以与李泰相提并论的业绩。

“他甚至在身体上也占上风。”侯君集继续说道。

“可他是个胖子。”

“的确，但他走路不会一瘸一拐。”

“这么说，我就完蛋了吗？”太子问道，看上去有些不安。

“并不见得，殿下。”侯君集回答道。“但你要迅速采取行动。李泰在朝中的盟友已经着手要扳倒您了。当然，不久前皇帝曾表示要保住您的太子之位。但是，称心死后，陛下可能已经改变了主意。”

“难道就不能让我朝中的支持者抵消李泰盟友的影响吗？”

“是的，您可以这么做，但不会起多少作用。”

“为何？”

“因为并没有重量级的朝廷幕僚愿为您挺身而出。要想让皇帝改变对您的看法需要很长时间。但一旦改变了，几乎不可能让陛下回心转意。”

“除非……”太子阴沉地说。

“除非什么，殿下？”

“除非让李泰销声匿迹。”

“您的意思是除掉他？”侯君集以不可思议的口吻问道。

“是的。”

“如果是我就不会这么做。李泰是一个算计心很强的人。他身边布满了护卫和侍从，很难下手。”

“那你认为我到底该怎么办？”太子焦急地问。

“我倒是有个主意，如果您真想自救的话。”

“是的，我要救我自己。请告诉我是什么主意？”

“夺取帝位。”

太子惊呆了。

“请看这只手，”侯君集说着一边举起右手，“我靠这只手亲自斩杀了数以百计的敌人，攻灭了两个国家。而现在它已准备为殿下所用。如果我们结成同盟，以您皇位继承人的合法身份和我的征战经验、军事资历，我们将无坚不摧。”侯君集以坚定的眼光看着太子，严肃地问道：“殿下，您愿与我共谋大业吗？”

在很长一段时间里，太子李承乾凝视着空中，一言不发。在权衡与侯君集结盟的利弊之后，他坚定地回答道：“好，我愿与侯将军共谋大业。有君相助，必成大事。”

在谈话快要结束时，侯君集宣誓效忠太子。太子则赠与他黄金二百两作为酬劳，并许诺未来会给予更多的馈赠。

太子李承乾立即联系了两位对朝廷心怀不满的密友：亲王李元昌和杜荷。李元昌与太子是叔侄关系，但是两人年纪相仿。李元昌因皇帝将其派往西北任职而心存怨恨；杜荷是杜如晦的儿子，因自己的才华没有得到皇帝认可而颇有怨言。虽然皇帝将一公主许配给他，但却从未委以重任。让太子感到惊喜的是，李元昌和杜荷都热衷于他的谋划并愿积极参与其中。杜荷甚至主动夜观天象，并从中找到立刻采取行动的证据。

半月之后，太子召开了一次秘密会议，与会者有十数人，包括李元昌、杜荷、贺兰楚石（侯君集的女婿）、纥干承基、张思政等。在开会之前，太子带领追随者们举行了一个仪式。首先，每个人露出左臂，用匕首在前臂内侧上划出一道小口，用白色丝绸擦拭伤口并将之燃烧成灰烬，随后将灰烬投入酒杯中。追随者们高举酒杯，发誓效忠于王储、相互守信，而后一饮而尽。

随后他们对其使命以及完成使命的具体办法进行了严肃的讨论。经过激烈辩论之后，大家决定在如何攻破太极宫防御措施方面，采用杜荷的方案：

第一步，以东宫的名义向太极宫通报太子重病。

第二步，在皇帝前往东宫的路上，设伏击杀之。

会议结束后，李元昌将太子拉到一边，说道：“皇帝有一个美人为他弹奏琵琶。太子登基后可否将她赏赐给我？”

"当然可以。"太子大度地回答道，使他这位年轻的叔叔感到喜出望外。

当齐王李祐反叛的消息传到东宫时，太子感到十分振奋。他向手下说道："东宫离太极宫仅二十步之遥。一旦我们动起手来，岂齐王可比？"

然而，太子及同伙还未来得及采取行动，便遭到了挫折。太子的左膀右臂纥干承基，因李祐之乱而受到牵连，被投入大理寺大牢。在关押长达近一月的时间之内，东宫未曾设法营救——至少看起来是这样。尽管如此，纥干承基，甚至在严刑酷打下，仍拒绝供出太子及同伙。他心想只要活着就有希望，太子早晚会来救他。但意想不到的的判决结果——斩首东市——却使他感到愕然不知所措。

尽管如此，他仍然不愿放弃最后一丝希望。在他生命的最后一天，纥干承基脖子上戴着枷锁，在长安诸坊中游街示众后，被押解到东市独柳，等待斩首。当刽子手的大刀就要落到脖子上时，纥干承基突然声嘶力竭地大喊起来："冤枉！冤枉！"每个犯人都知道这是最后的上诉机会。大理寺的监斩官立即终止了死刑的执行。在随后的审问中，纥干承基背叛了保守秘密和效忠太子的誓言，将太子的密谋和盘托出。

皇帝李世民感到受到了巨大的伤害。对他而言，李祐之乱已让人伤透了心，而太子李承乾叛逆谋反，更是对他造成了不堪忍受的打击。多年来，为教育太子所付出的巨大努力完全付诸东流。更不用说皇帝自己和已故皇后作为父母对承乾所付出的关爱了。太子不仅没有用行动来表达感激之情，反而却要除掉每一个他认为阻碍他即位的绊脚石，包括辅臣、弟弟、甚至父亲。

因为兹事体大，皇帝任命了一个特别审讯小组来进行审理；其成员不但包括大理寺、甚至还有中书省、门下省的官员。长孙无忌、房玄龄、萧瑀、李世勣都参与调查此案。

他们很快就达成了一致的裁决："太子有罪。"

皇帝怀着沉重的心情召集高级幕僚开会，讨论对太子及其同谋的处置。

“朕要如何处理承乾呢？”皇帝问道。

在与会高官沉默良久之后，一位中年官员建议道：“如果能让太子渡过余生，陛下就不失为慈父。”

“有反对意见吗？”皇帝问道，一边四处环顾。

无人回应。

“好的，朕就采纳这个建议，饶太子一命。现在，轮到亲王李元昌了。众卿认为如何？尽管他和承乾几乎同龄，但却与朕同辈。朕得称他为弟。朕是否也能够赦免他呢？”令人意外的是，这个提议却遭到了强烈反对。官员们对李元昌不抱有丝毫的同情，他们建议判之以赐死（这是一种五品和五品以上官员以及皇室成员可享受的殊荣）。皇帝十分不情愿，但最终还是批准了建议。

太子的其他同伙，包括杜荷、张思政等人，都处以斩首。纥干承基因坦白有功而被免一死。而这仅是例外。

太子的辅臣们完全不知情，但他们在职期间未能有效劝谏太子规正自身行为，故此，除于志宁外，均被除名并免为庶人。于志宁力谏太子，几乎丢掉性命，故被认为已为矫正太子的行为而做出了诚挚的努力。

让皇帝感到悲伤、沮丧的是，凌烟阁功臣侯君集也被指控为太子的同谋。鉴于他以往立下的功绩以及同皇帝的紧密关系，皇帝决定将他带到武德殿亲审。

“朕不想让卿在群僚面前受到羞辱，”皇帝说道，“所以朕要亲自审问你。”

“臣永远感激陛下。”侯君集说道。

“关于李承乾篡位的阴谋，卿知情否？”

“不知情，陛下。臣与太子从未有过密切接触。”

皇帝手一挥，贺兰楚石被带上殿。这位侯君集的女婿以难以质疑的证词，证明侯君集曾多次密访东宫。皇帝又命人将侯君集写给太子的密信呈上，信中侯君集屡次向东宫表忠心。

在确凿证据面前，侯君集跪倒在地，承认了所犯罪行，并请求皇帝宽恕。

审讯结束后，侯君集被押了出去。

两天之后，皇帝再次面见侯君集。

“朕与主要幕僚开了个会，”皇帝说道，“朕告诉他们，侯君集希望看在往日功绩的份上对他网开一面。但无一个人愿意宽恕卿。所以，今天朕特来向卿道别。”皇帝说着，泪水夺眶而出，流淌到面颊上。

侯君集匍匐在地，忏悔地呜咽着。不但他会因为罪过而结束生命，他的全家也会遭到灭顶之灾。

行刑那天，侯君集紧盯着监斩官的眼睛说道：“在陛下还是秦王时，我已经开始服侍陛下，并为陛下征服了吐谷浑和高昌两个国家。我有一事想恳请陛下。您是否能够帮忙转达我的请求？”

“可以，将军。”监斩官说。

“请陛下免一子之死，以继承侯家香火。”

监斩官点了点头，随后就执行了侯君集的斩首。

侯君集死后，皇帝满足了他最后的心愿，留下了其妻和一子的性命。毕竟，侯君集是他手下最优秀的将领之一。显而易见，皇帝因侯君集的结局而心情低落。他并不担心自己的个人安全，因为他未曾受到过严重威胁。他更担心的是侯君集在朝中的盟友，而可称为自己心腹的、最受信赖的魏征竟然可能是侯党的一员，这使他感到心寒。魏征曾多次举荐侯君集担任仆射这一要职。因没能找到更多的证据来证实他的怀疑，皇帝便把此事抛诸脑后。后来皇帝收到一份报告，它称魏征曾将其劝谏奏章的内容与起居郎褚遂良分享。这些奏章包含许多敏感的信息和严厉的批评，皇帝无意将之披露给外人。一怒之下，皇帝取消了公主与魏征儿子之间的婚约，并下令推倒魏征的墓碑。魏征虽已死，其名声却从此蒙上了一层耻辱。

66. 立储之争

随着太子李承乾的倒台，魏王李泰成为储君之位的首选人物。皇帝虽然已作出承诺，但是还没有正式任命，这是因为朝廷众臣对此仍有重大分歧。

“为了国家，陛下应当尽快立储。”中书舍人岑文本催促道。

“卿以为谁是最佳人选？”皇帝问道。

“陛下，臣举荐魏王李泰。在诸皇子中，他学识最渊博。”

“诚然如此，”长孙无忌插话道，“但晋王李治为人忠诚、孝顺、有德。这些都是天子应当具备的品质。”

“无忌，此言差矣。”岑文本尖锐地说道。“李泰并非不具备你所说的三个品质。况且，李治才十五岁，显然缺乏经验。”

“经验可以积累，”长孙无忌反驳道，“但人一旦成年，就很难再培养忠诚、孝顺、有德的品质了。”

讨论在继续进行；越来越多的官员开始选边站队。皇帝则一直犹豫不决。半个月后。为了王储的问题，他召集了一次高级幕僚会议。

“昨天，”皇帝平静地说道，“朕和二子青雀（李泰）在一起。青雀投入朕的怀中，亲切地说道，‘今天儿臣方觉得真正成为父皇的儿子；今天可算是儿臣再生之日。’他接着说道，‘儿臣深爱着自己的儿子。但在儿臣死之前，儿臣一定会将他杀死，以便让弟弟李治继承皇位。’谁人不爱自己的儿子？而李泰为了顾全大局竟愿牺牲自己的儿子。”

“这是否意味着陛下同意立李泰为储君？”岑文本试探性地问道。

“如果朕说是呢？”皇帝反问道。

“恕臣下冒昧。”谏议大夫褚遂良说道。在此之前他的立场一直暧昧不明。“臣下不能与陛下苟同。臣下以为，陛下的判断是大错特错了。”

“何出此言？”皇帝吃惊地问道。

“陛下百年之后，”褚遂良继续道，“李泰登基，而后会杀死自己的儿子传位给幼弟李治——陛下难道真相信这可能发生吗？以前，承乾被立为太子，陛下对李泰的宠爱过于承乾，最终导致承乾被废。今天，陛下决定要立李泰为太子。但是，鉴于李泰为了获得储位不惜信口许诺，将来一旦大权在握，臣下不知道，他会如何对待李治。”

整个大堂顿时安静了下来，只有皇帝在默默地抽泣。会议就此中断，未作出任何决议。

第二天，皇帝见到李治愁容满面。

“你看上去气色十分难看。是生病了吗？”皇帝问道。

“不是。”

“是担心兄长李泰将成为太子吗？”

“不是。”

“那为什么如此愁眉苦脸？”

“臣担心，因为臣和李元昌叔叔的关系，日后他们会加害于臣。”

“谁说的？”

“哥哥李泰。”

“傻话，”皇帝安慰他道，“李元昌一案早已有定论。没有人会因为他的原因而加害于你。此外，光认识他也不能算是罪过呀！”

李治宽慰地叹了口气说道：“感谢父皇。”

当天晚上，名誉扫地的李承乾应召入殿。皇帝一见到他又忍不住责备他密谋篡位。

“父皇，”承乾谦卑地回答道，“儿臣犯下的罪行着实不可饶恕，儿臣真心感谢父皇的宽大处理。然而，儿臣当时身为王储，地位已经是无以复加了。正是因为李泰，儿臣才变得焦躁不安起来。李泰所做的一切都是要让父皇冷落以至于废黜儿臣。父皇如果立他为王储，就会落入陷阱。儿臣以为，李泰登位之后，是绝对不会容得下儿臣和李治的。”

第二天上午，两仪殿的朝会结束后，皇帝留下了最有权势的几位大臣——长孙无忌、房玄龄、褚遂良、李世勣和晋王李治。

“看看朕的三子（李佑、李承乾、李泰）一弟（李元昌）的所作所为吧，”

皇帝激动地说道，“一想到这儿，朕就感到彻底绝望了。真还不如死了好！”

突然间，皇帝自投于长椅上。长孙无忌等争着上前将他按住。但这时皇帝已拔出一把匕首，朝胸上猛地刺去。褚遂良一把握住匕首手柄，经激烈的争夺后，将匕首从皇帝的手中夺走，转递给李治。

“陛下究竟要怎样？”长孙无忌问道。

“朕要立李治为太子。”情绪平定后，皇帝回答道。

“臣赞同陛下的看法。”长孙无忌说道。“臣请求陛下恩准：谁要反对，就让臣杀了他。”

李世勣抿起嘴唇，似乎想说点什么，但又立刻改变了主意。经过一段时间的沉默之后，皇帝站起来对李治说：“治儿，你舅舅一直力保你为太子。还不赶快拜谢！”

李治向长孙无忌恭敬下拜。长孙无忌急忙上前，扶新太子站起。

“现在，”皇帝对全体在座者说道，“我已经立李治为太子，但不知其他朝廷官员对此作何感想？”

“陛下，”长孙无忌回答道，“众人皆知李治仁慈孝顺，天下之人盼望此刻已有多日。臣下保证不会有人强烈反对。”

第二天上午，在长安城最大的建筑太极殿上，六品及以上的文武官员齐聚一堂。皇帝正在讲话。当提及立储之事，他说道：“承乾悖逆不道，李泰凶险叵测，二者都不可立为太子。众卿觉得谁才应是朕的储君呢？”

“晋王李治！”众人异口同声高呼道。

皇帝对官员们的支持感到高兴，说道：“承乾失道，应被废黜。如若立李泰为储，这就意味着太子之位可以通过权术获得。再者，如果李泰掌权，李承乾和李治皆会不得善终。如若立李治为太子，李承乾和李泰则都会安然无恙。”

贞观十七年（643年）4月13日，皇帝正式下诏册立李治为太子。为了庆祝这一喜庆的时刻，皇帝在文武百官的陪同下，登上承天门楼，宣布大赦天下，全国上下，饮酒作乐三日。

为了防止新皇储重蹈其前任的覆辙，皇帝特意为他组建了一个阵容很强大的辅佐团队，以长孙无忌为太子太师，房玄龄为太子太傅，萧瑀为太子太保，李世勣为太子詹事。后二者还被授予同中书门下三品。这一新设的官衔给了他们真正意义上宰相的地位。

“这些是朕能为你找到的最好的辅臣，治儿，”皇帝对太子说道，“希望你不要让朕失望。”

“儿臣必不负父皇所托。”

“朕过世之后，你可能会遇到一些困难，也许会受到心怀不满的皇子或野心勃勃的将领的挑战。有这四位辅臣的支持,会帮助你渡过难关。”

“父皇，四辅臣是否同样重要？”李治满怀敬意地问道。

“并不是。坦率地说，最重要的是第四位，李世勣。他是四人中唯一的武将，也是当世最杰出的现役将领。另一位杰出的将领李靖已经退役。与你舅舅长孙无忌不同，李世勣起初并不是你的坚定支持者。但他从未反对过你。顺便问一下，你最近可否见过他？”

“没有，”太子回答道，“儿臣听说他病得很厉害。”

“确有此事？朕怎么会不知道？”

“实际上，他已经因病告假一段时间了。”

皇帝立即派人召一名太医入殿；不久太医便携药箱前来报道。在太子、太医、一小队随从的陪伴下，皇帝起驾前往长安城西北普宁坊李世勣的宅邸。

皇帝一行的车队北行经玄武门，进入禁苑，向西行约十里，然后再南向进入光化门。由于车队所经地段多在防卫严密的禁苑内，所以除了最后一小段城内的路程以外，并没有特设警跸的必要。

当宦官宣布皇上驾临时，李世勣正躺在病床上。在两名侍从的搀扶下，他缓步来到了正房大堂，见皇帝和太子上前嘘寒问暖，感到受宠若惊。

太医立刻开始诊断病人。把脉、观舌后，他开了一剂药方。六味药剂中除了“胡须灰”外，其他都可以在药箱里找到。

“这还不容易。”皇帝说道，一边用剑割下了自己一小撮胡须。

李世勣对皇帝的举动感到万分震撼，不由地跪倒在地下，磕头数次以致于鲜血染红了半个额头。皇帝弯腰将他抚上椅子，对他说道："朕这样做不单是为了你，也是为了国家。"

太医离开大堂前往厨房熬药。他会将皇帝的"龙须"烧成灰烬后，放入药罐。与此同时，皇帝继续与李世勣交谈。三刻钟过后，太医手端着一碗滚烫的药汤走了进来。皇帝从他手中接过碗，用木汤匙不断搅拌着汤药。待药汤稍微冷却后，皇帝将药碗递给病人。李世勣一口一口地喝下药汤，泪水扑簌而下。

"世勣，"皇帝深有感触地说道，"在朕百年之后，朝上没有任何人能比卿更能支持皇储李治。当初卿对旧主李密忠心耿耿，想必今后卿不会辜负朕的嘱托吧？"

李世勣奋力点了点头。

皇帝李世民为了确保政权的平稳交接可以说是处心积虑，但他内心依然有一丝的隐忧。的确，李治为人善良、仁慈，但同时也多愁善感、性格柔弱。值得怀疑的是，他是否有足够的尚武精神，能在危难之时确保整个国家的团结统一。有时，皇帝甚至想让庶子李恪取而代之。最终，由于长孙无忌的强烈反对，皇帝才放弃了这一想法。

67. 实录

随着年龄的增长，皇帝愈加关注自己的历史地位。他担心废黜李承乾一事会让他的形象蒙上阴影。

自上次浏览起居注的要求被褚遂良拒绝后，他将目光转向另一类文献——国史。国史是官方编修的当朝历史；其内容源于包括起居注在内的第一手资料。

"为什么史官拒绝让君主读他们的记录？"皇帝向主管国史的房玄龄问道。

“史官的职业要求他们不虚张美誉（虚美），不隐蔽恶行（隐恶），君王如果看了没被编辑过的内容，肯定会不高兴。”

“卿不会认为，朕仅仅是一介普通君王而已吧？朕想阅读国史，是为了以史为鉴。可将手稿编纂成书，呈交给朕，卿看如何？”

“但在大唐还没有这个先例。”房玄龄说道。

“事在人为，玄龄，”皇帝说道，“朕已经说得再清楚不过了。”

“好吧，臣将遵从陛下的旨意。”房玄龄无可奈何地说。

没想到，皇帝的这一要求引来了一位谏议大夫的劝谏。他担忧，后世君主会因史官秉笔直书而加罪于他们。皇帝对此深表理解。然而，他好奇心切，故不能采纳谏言。

最终，643 年 9 月 4 日，《今上实录》呈交给了皇帝阅览。这是房玄龄、给事中许敬宗和其他官员，用了数月的时间删削国史而成。

令人惊讶的是，该书中皇帝能找出的“不当之处”很少。与之相反，有些史实似乎经过了“隐恶”的处理。例如，关于玄武门之变的记述有意回避了皇帝亲自参与这一事实。

皇帝对这种隐瞒事实的做法非常不满，对房玄龄说道：“周公处置两个弟弟——诛杀管叔，流放蔡叔——是为了安抚周朝。古人尚且能将此事原原本本地记录下来，何况朕参与玄武门之变与之同出一辙。为什么要隐瞒事实真相呢？”

房玄龄诚挚地向皇帝致歉后，收回《今上实录》，并表示要如实地对之进行修改。

三、暮年岁月（643—650）

68. 高丽

612 年和 613 年隋炀帝先后发动两次高丽战争，均以惨败告终；随后隋炀帝于 614 年发动的第三次高丽战争，也不得不草草收场。唐朝建国以来一直谴责炀帝的穷兵黩武，同时与高丽保持着睦邻关系。高丽承认大唐的霸权地位，定期遣使团入贡长安。但是两国间仍有若干棘手的问题悬而未决。最具争议的是居住在高丽的隋朝遗民问题。

贞观十五年（641 年）秋，皇帝派遣以中层官员陈大德为首的使团前往高丽，打探虚实。当时他造访了十几座城市，遇到不少隋朝遗民，包括逃兵和俘虏。他们中间不少人已同高丽妇女结婚，并生育子女。但他们仍然思念唐朝治下家乡的父老亲朋。据陈大德的估计（带有相当夸张成分），这些城市的居民多半是隋朝遗民。

返回长安后，陈大德于是年 9 月 20 日入宫向皇帝汇报。

“近期高丽同周边邻国的联系愈加频繁，”陈大德说道，“在臣下看来，其原因是自高昌陷落后对大唐与日俱增的担心。”

“根据你的报告，高丽似乎能够轻易拿下。”

“是的，陛下。”陈大德同意地说。

“高丽原属汉朝四郡。这让我们师出有名。我们可以数万之众袭取辽东（辽宁）。这将迫使平壤倾全军之力，前来增援。届时我们可派水师从东莱（位于山东）经海路攻取平壤。海陆并进，高丽唾手可得。”

“陛下圣明。”陈大德回应道。

“但是山东的州县仍未从隋末的高丽战争中完全恢复过来。朕不想将另一场高丽战争的重负强加在百姓身上。”

就这样，高丽问题就搁置了起来。一年多后，皇帝收到营州都督张俭的有关高丽发生宫廷政变的奏报。其内容如下：

> 不久前，高丽荣留王及支持者策划诛杀权臣泉盖苏文，却走漏

了风声。在平壤城南的一次阅兵式上，泉盖苏文诛杀了朝中大臣及其幕僚，而后驰入宫中，亲手弑杀荣留王，并将其尸体肢解，投入沟壑。泉盖苏文立荣留王的侄子为王，是为宝藏王；泉盖苏文则自称大莫离支（大宰相），号令远近。

几乎在同时，皇帝收到亳州刺史裴行庄请求发兵讨伐高丽的奏疏。

边境的报告和奏疏引发朝中主战、主和两派之间的激烈争议。经过审慎的考虑，皇帝决定支持后者。他说道："高丽荣留王遇害前遣使入贡不断。对于他的死朕甚感伤怀。但是趁丧乱而攻打一个国家，虽然能取胜，却不是高尚的做法。此外，山东的状况仍让朕放心不下。"

69. 战争前奏

随后的两年时间里，唐－高丽边境上安然无事。然而，643 年 10 月 21 日，高丽的邻国新罗出人意料地遣使团抵长安，报告了一则令人不安的消息。百济，在高丽的支持下，大举入侵新罗，已经攻占了四十多座城池。

皇帝当即遣使者赴高丽。使者所携诏令说道："新罗忠于唐国，不断输入朝贡。你国与百济应终止针对它的军事行动。如果二国再兴战事，明年朕将发兵讨伐！"

大唐使者抵达高丽时，高丽军队已攻下两座新罗城池。对于太宗的诏令，大莫离支回应道："昔日隋人入寇，新罗乘机夺地五百多里，至今仍无意归还。让我们终止对新罗的军事行动恐怕是办不到的。"

唐使者回应道："这类事发生于多年之前，怎能追究得清楚呢？以辽东诸城为例，原先它们都属于中国的郡县。我们尚且没有要求你们归还，高丽岂能要求新罗归还失地呢？"

大莫离支并不为所动。

644 年 3 月，唐使者呈送给皇帝的奏报里，毫不掩饰地指责高丽的侵略行为。显然，皇帝所支持的绥靖政策受到质疑。

在宰相议事会上，皇帝说道："泉盖苏文弑杀其君王，诛杀其大臣，残酷虐待其臣民，而如今又违抗朕的诏令。朕别无选择，只能征讨。不知诸位意见如何？"

褚遂良首先发言道："陛下平定中原，臣服四夷，威望远播天下。今天如果能渡海远征小夷，在短期内取胜，未尝不可。然而，万一久攻不克，则会有损于陛下威望。如那时怒而增兵，则会安危难测。"

"遂良，开门见山地说吧，你反对出兵，不是吗？"

"是的，陛下。臣反对出兵。"

"臣有话要说，"李世勣插话道，"往昔薛延陀入寇，陛下原先欲发兵讨伐，因魏征力谏而止。至今日，薛延陀仍为祸不浅。如果当时执行陛下的原计划，那么今天的北方边境就肯定会是安宁的。"

"魏征在薛延陀和侯君集两件事上误导了朕。后来，朕后悔当初没有发兵攻打薛延陀。但是，事后朕并不愿再提及此事，因为怕堵塞忠谏之路。不管怎样，世勣，你赞同发兵高丽吧？"

"毫无疑问，陛下，臣赞同。"

"甚好。那么出兵一事就这样定下来了。朕将亲自挂帅。"

"可否再听臣二三言，陛下？"褚遂良问道。

"何事？"

"天下可比作人身，两京是心腹，州县是四肢，四夷乃是身外之物。高丽虽然犯下大罪，应该讨伐，但只需命二三员猛将率四五万众即可。今太子新立，且年龄尚小。如陛下放弃坐镇后方，不顾个人安危，亲自奔赴辽东前线，一旦有不测，恐生变故。"

"卿不必担心朕的人身安全。"皇帝回答道。"只要能够获胜，朕就会安然无事。用兵，时机可谓是重中之重。泉盖苏文欺凌其君王，虐待其臣民；高丽百姓期盼解救，翘首以待。现在则是征服高丽的最佳时机。"

就这样，大唐走上出征高丽之路。

贞观十八年（644年）8月，战争的准备工作已逐步展开。将作大监阎立德（著名画家阎立本之弟）前往江西北部，建造运输船四百艘，以运送粮草军需。数万名营州、幽州将士与契丹、奚、靺鞨友军一道挺进辽东。军粮将由两路运往前方：一路由河北运往辽东，一路由河南运往山东东北的水师基地。

10 月 30 日，大莫离支亲自派遣高丽使团来访。使团携带了价值钜万的白金贡品。

“高丽已开始服软，”皇帝对褚遂良说道，“卿看如何？”

“陛下，白金在邻国贡品中十分罕见。高丽进贡的白金竟如此之重，足见其想避免战火。臣下个人并不主张出兵，但深疑其进贡动机。这使臣想起春秋时期宋国送给鲁国的郜鼎。”

“嗯，那是宋国为了贿赂鲁国而送的祭器。”

“郜鼎原先是宋国从郜国窃得。同样，高丽想通过贿赂阻止我们出兵。”

“卿认为朕应该不予理睬？”

“是的，陛下。”

“朕同意。”

第二天接见高丽使者及随从时，皇帝严厉地说道：“你们都曾是荣留王的命官。王被弑杀后，你们不但不为他报仇雪恨，却竟然为弑君者大莫离支游说。罪恶何其大也！”

高丽使者进行了辩解，但皇帝并不为之所动，下诏取消外国来宾的待遇后，将使者及随从关入大理寺大牢。

12 月 28 日，皇帝在洛阳宣布两项重要任命：以刑部尚书张亮为平壤道行军大总管，以李世勣为辽东道行军大总管。战争将于贞观十九年（645 年）三月（大致相当于阳历 4 月）在冬天结束以后开始。张亮将率四万人乘五百多艘运输船从山东莱州渡海，直捣平壤。李世勣将率步兵、骑兵六万攻打辽东。

此时，全国上下展开了一场募兵运动。仅长安、洛阳两地就招募三千人。年轻人踊跃报名；众多官民自愿出力运送军需。但耗费大量政府资源在所难免；税赋、劳役亦会由此而明显上涨。为了避免百姓负担过重，皇帝下诏，在御辇及随从车队前往辽东路上所途经的地区，不许官员借机浪费钱财。地方政府随即将招待圣上一行的开支减半。

此时褚遂良向皇帝提出另一个问题："我们如何才能向百姓表明，此次征伐与隋炀帝发起的战争本质上不同？炀帝的几次战争均以惨败告终，并在某种程度上导致隋朝的覆灭。"

为了回答这个问题，皇帝作手谕如下：

> 大业八年、九年，隋朝征伐高丽，是时，隋炀帝暴虐，其百姓思乱；而高丽王仁爱，其民安和。以思乱的军队攻打安和的民众，毫无胜算。今日，我军必会取胜是因为：其一，以大击小，即在数量上我军占压倒优势；其二，以顺讨逆，即我方顺天意而敌方逆天意；其三，以治乘乱，即我方百姓安和而敌方民众思乱；其四，以逸敌劳，即我军养精蓄锐而敌军疲惫不堪；其五，以悦当怨，即我军将士心情愉悦而敌军则众怨沸腾。有以上五个原因，岂有不胜之理？

看过手谕，褚遂良说道："甚好，陛下！手谕帮助解决了形象问题。"于是，他将手谕在军民中传达下去。

与多数官员相同，褚遂良因手谕而感到鼓舞。但他很快就遇到了一个棘手的、并非全然无关的问题。最近，数万突厥人，经朝廷批准，在河水以南的河套地区（在今内蒙古中部）定居。统领他们的原本是与唐朝友善的、貌似胡人的乙弥泥孰俟利苾可汗（又称李思摩）。后来因皇帝的要求，俟利苾可汗率众北徙，以抵御薛延陀。但是，突厥众人抗命南迁。俟利苾可汗感觉受到屈辱，返回长安，现为右武卫将军。

"在陛下出征辽东时，"褚遂良说道，"河水以南出现如此众多的突厥人可能会危及长安。陛下如能派一员大将远征高丽，而自己留在洛阳，情况就会好得多。"

"卿还想让朕留下吗？夷狄也是人嘛。他们与中原民众无甚区别。

人主不应猜忌夷狄异类，而应担心如何施恩德于民。如果能广施恩德，则胡汉可为一家；而猜忌过多，则骨肉都免不了变为仇敌。众所周知，隋炀帝不道，失人心已久。辽东之役，众人切断手足以逃避兵役；杨玄感甚至起兵黎阳。难道都是夷狄所引起的吗？

“与此相反，朕的远征军所征募的都是志愿者。我们征兵，可以说是，募十得百，募百得千。倒是未能征上的人变得激愤、忧郁。隋炀帝的辽东之役又怎能比得了呢？至于突厥人，我们今天救他们于水火之中；他们肯定会感激不尽，而绝不会制造事端。”

70. 玄奘归来

贞观十八年（644 年）末，阔别中国十七年的玄奘法师，在随从的伴随下，跨西北境进入唐朝西北部，并于贞观十九年（645 年）2 月 2 日抵达长安西郊。迎接他的是留守房玄龄手下的官员。届时，皇帝已离开长安移驾洛阳。

当玄奘法师一行进入城区时，长安居民纷纷涌入街中进行围观。在众多居民的跟随下，玄奘法师来到位于朱雀门大街以西、通化坊内的都亭驿。这里离皇城很近，仅有一坊之遥。

第二天早晨，在朱雀门（皇城正南门）南宽阔的广场上，玄奘法师展示了他西行中亚、印度所获得的驮在二十匹马背上的宝物；其中包括一百五十粒舍利、数尊佛像、六百五十七部贝叶佛教著作。陈列结束后，这批宝物经细心包装后，由一队饰有丝绸华盖的马车运送至弘福寺。数百长安僧尼身着新袈裟，手持幢帐、幡盖紧随其后。先导的单列僧尼，一边走着一边用优雅的声调诵读着梵经。手提香炉的僧尼跟在队列末尾；焚烧的炉香在空气中弥散着刺鼻的芳香。

由朱雀门出发，队列西向，经两坊之后，北向，进入修德坊，抵达弘福寺。沿途长安居民、仕子、内外官僚，站立在道路两傍，景仰地目送着队列远去。

在长安城短暂停留后，玄奘法师出发前往洛阳，并于 3 月 3 日下午在洛阳宫城仪鸾殿内受到皇帝的接见。

在玄奘法师一步入朝堂的那一刻，皇帝，在幕僚的伴随下，立刻迎上前去，以表示热情欢迎。宾主双方入座后，皇帝略带责备地问道："法师西行之前为何不向朝廷报告？"

"未经准许，擅自西行，贫僧确实有罪，"玄奘法师回答道。"但出发之前，贫僧再三表奏请求朝廷应允，均被回绝。这可能是因为玄奘人微言轻的缘故。只因仰慕佛法之心如此强烈，竟未经批准，启程西游。今日，贫僧对此专擅之罪深表惭愧、恐惧。"

"法师没必要担心'专擅之罪'，"皇帝慰籍地说道，"法师违命求法，以惠利苍生——对此朕倒是很欣赏的。"停顿了稍许，皇帝继续道："出于好奇，朕想知道法师一路上所经历千难万险——横跨荒漠、攀登险峰、穿越山谷——是如何存活下来的？朕还想知道，法师是如何对待不同风土人情和信仰的？"

"贫僧听闻，"玄奘法师回答道，"对于搭乘疾风的人来说，天池也不能算远；对于乘坐龙舟的人来说，在波涛汹涌的江面上航行也不能算难。自从陛下在乾符的佑护下扫清四海以来，陛下的恩德远达九域，陛下的仁爱广泽八区；陛下淳厚朴实的品格传至炽热的南国，陛下神圣的威严震撼葱岭以西的广阔地域。所以戎夷君长，每当看见飞鸟自东方而来时，就会认为是来自大唐，并因此要弯腰致敬。更不用说玄奘了。贫僧圆头方脚，亲受陛下的教化，因有赖于陛下天威，才能毫发无伤地往去归来。"

谢过玄奘的溢美之言后，皇帝一转话题，开始询问玄奘所途经诸国的情况，特别是位于葱岭以西和印度的国度：其社会习俗、物产、制度、阿育王所留下的遗存、佛陀圣地等。玄奘一一作出了清晰而渊博的答复。

"真是令朕兴奋不已。"皇帝向幕僚说道。"玄奘法师对西域的了解已远远超出张骞。他所获的信息大部分是司马迁的《史记》和班固的《汉书》所没有记载的。"

司马迁和班固分别是西汉和东汉最知名的历史学家。他们根据张骞的奏报提供了最早的有关西域的详尽描述。

“昔日，”皇帝继续道，“前秦皇帝苻坚盛赞道安，举朝上下奉之若神明。而今，玄奘法师在学问上已远超道安。”

“陛下所言甚是。”长孙无忌迎合道。“臣读过《三十国春秋》有关道安的记载。无疑，道安是一位品行高尚、学识渊博的僧人。然而，当时佛教传入时间并不长久，流行于世的经、论著作亦较少。道安潜心研读，但成果有限，在探索经论之渊源，窥究佛祖之圣迹等方面，不可与玄奘法师同日而语。”

皇帝说道:“卿言甚是有理。”转向玄奘，他继续说道:“法师可撰一书，详述远国见闻以及亲睹佛教遗迹的状况。”

“遵旨，陛下。”玄奘同意道。

“显然，法师不仅是一位杰出的僧人、学者，而且还是一位出色的管理者。法师可愿归俗从政，替朕领导朝廷某个机构？”

“多谢陛下，”玄奘回答道，“然而，贫僧自幼年起，已献身佛门，专门研习佛教，对孔教却一无所知。如让臣齐佛从俗，无异于让行驶中的船只离开水路而走陆路，不仅毫无功效，而且会导致船只腐坏。臣希望毕生从事佛教事业，以报效国家。”

“如果法师不愿意的话，”皇帝说道，从玄奘的声音中感觉到一种坚定意志，“朕不勉强。”

看到外面已夕阳西下，长孙无忌提醒皇帝说道:“玄奘法师现住在鸿胪寺。如果他走得太晚，恐天黑之前不能赶到。”

“时间过得真快，”皇帝说道，“玄奘法师，今日的谈话令朕心旷神怡，将来我们一定还要接着谈。朕有个想法:法师可同朕一起赴辽东前线。法师可考察地方风俗，有时间则可与朕交谈。”

“贫僧从远方归来时，患有疾病，至今未愈，恐不适于陪驾。”

皇帝说道:“法师能只身一人，游历绝域，今辽东之行，应易如翻掌。”

法师双眉紧锁，回答道:“陛下东征，在六军的护卫下，征伐叛乱之国，诛杀篡权之臣，就像牧野之战、昆阳之捷那样，必然会取胜。然而，作为一名僧人，贫僧丝毫不能起到助阵的作用，反而会增加路途上的负担。

此外，佛教有律，僧人不得观看兵戎战斗，贫僧实不敢向陛下隐瞒。但愿上天发慈悲，允许玄奘不赴战场。”玄奘所提及的两场战争均为古代著名战役。牧野之战发生在远古，它导致周兴商亡；昆阳之捷发生在新朝，它预示着新莽为东汉所代替。

皇帝意识到很难使法师回心转意，说道：“如果实在不能与朕同行，只好作罢了。法师有什么要求吗？”

“玄奘从西域带回梵文著作六百余部，有待翻译成汉文。贫僧知道，据此不远，嵩岳之南少室山北有少林寺，是北魏孝文皇帝所造。”

“至今已有一百多年历史。”皇帝插嘴道。

“是的，陛下。寺院远离城市喧嚣，以泉水山石为伴，清静闲逸，北魏时少林寺是北印度菩提留支三藏翻译佛经的地点。玄奘希望能得到陛下准许，为国家在此翻译佛经。”

皇帝说道：“不一定非在山里吧。法师西行以后，朕在长安为母后窦皇太后建造了弘福寺。内有禅院，十分安静。法师可在那里从事翻译。”

“多谢陛下。还有一个问题。当贫僧从西方返国时，众多长安百姓前来围观，宛如闹市。他们这样做虽不犯法，但却妨碍了吾等的法事工作。贫僧希望能有门卫阻止围观者入内。”

“当然。朕会为法师提供护卫。”皇帝微笑地说道。“回长安以后，有什么要求可直接与房玄龄联系。”

玄奘再三致谢后，告别了皇帝。

71. 出征

3 月 14 日，唐讨伐大军诸部从洛阳出发，踏上北征之途。途中，皇帝常常亲自看望重病员，并将之交付州县进行治疗。为了不烦劳地方百姓，他指示宦官停止供应新鲜蔬菜。结果，皇帝的御餐仅包括肉干和米饭。

4 月 10 日，皇帝到达定州的治所定州城。在前往辽东前线之前，皇帝对太子李治说道：“在朕离开期间，朕要你记住三点：第一，亲贤臣，远小人。第二，奖善罚恶。第三，所做一切都要以至公无私的立场出发。如果这样的话……”

这时的太子已是涔涔泪下。

“吾儿，怎么啦？”皇帝恼火地问道。“你怎么会这样娇气？”

“儿臣怕再也见不到父皇了。”太子啜泣着说。

“别犯傻。你父皇的天数未尽。”

“当父皇不在身边时，儿臣恐怕会感到迷茫。”

“这正好给你提供了一个绝佳机会，在天下人面前展现你的才华。你应该抓住它才是！况且，你并不是一个人。房玄龄留在长安城，而李世勣和褚遂良随朕出征。但是太师高士廉会伴随你留在定州。若有大事你可随时与他商量。知道吗？”

太子点了点头。

一位郎官匆匆赶到，呈上一封密件。皇帝将太子送走后，打开信封，见到房玄龄的亲笔信和一份未署名的密报。房玄龄在信中要求皇帝对此密报所出裁决。密报指控房玄龄有谋反之嫌。皇帝竟被此信和密报激怒了，自问道：“朕已经清楚地表明，作为留守，房玄龄不必将此类案例上交给朕，难道不是吗？”

皇帝将信与密报一并交给褚遂良，说道：“好，现在就记下朕对告密者的处罚：腰斩。”

“陛下，腰斩难道不是一种酷刑吗？”褚遂良问道。

“是的。但是告密者犯了不可饶恕的罪行：诋毁朝廷忠良命官。”

“但是最新颁布的唐律已不再有这种刑罚。”

“难道连‘斩’的刑罚都没有吗？腰斩也是斩的一种形式。再者，朕身为皇帝，在解释法律方面，应有一定伸缩余地，难道不是吗？”

褚遂良不知道该如何回答。皇帝随即将盖有御玺的诏令颁发至身处长安的房玄龄。诏令说道：“卿务必要加强自信。从即日起，卿将享有处理这类案例的专权。”

早晨，太子和僚从前来为皇帝送行。皇帝身骑白马，弯弓斜挎肩上，羽箭倒插在筒箭里，马鞍上系着一件油布雨衣。冉冉升起的太阳衬托出皇帝头发中的缕缕灰丝；太子由此感到悲伤不已。

父子默默无语地骑行了一段路程后，皇帝说道："治儿，我的孩子，这次征伐不会持续很久。"用手指着身上的丝绸黄袍，他接着说道："朕发誓，征伐不结束，决不更换黄袍。"皇帝与太子道别后，驱马离去。

当父亲出征的身影逐渐消失时，太子再也无法抑制自己，泪水夺眶而出。

在高丽战争的准备阶段初期，文官韦挺曾起到举足轻重的作用。这一切起始于贞观十八年(644年)8月30日。是日，韦挺被召入太极宫见驾。

"朕任命卿为馈运使，"皇帝对韦挺说道，"幽州以北，辽水行二千余里，无唐州县，自然也没有粮食供给。因此一定要在当地储存充足的粮食。"

"是的，陛下。"韦挺说。

"卿暂时不再担任太常寺卿一职。与之相比，你新任命的职位要重要得多。河北诸州皆受卿节度。此外，朕将立即任命一名副使作为卿的助手。另外，你可挑选十名四品文武官员作为子使。骁勇二百人、马二百匹将立即调拨给卿使用。"

皇帝又亲解貂裘，又从宫中马厩选骏马二匹，一并赐之。在新近的皇位继承人的争斗过程中，韦挺力挺李泰。皇帝非但没有因此责罚他，反而在继承人之争尘埃落定后，决定因其组织能力而加以重用。皇帝对韦挺的信任是基于其完美无瑕的履历。李氏皇族和韦氏有着某种联姻关系——皇子李祐是韦挺的女婿。但鉴于李祐不光彩的事迹，让这层关系已显得毫无意义。

贞观十八年（644年）年底，韦挺抵达幽州。他花费了大量地方政府的钱财，建造众多的运输船，并利用这些船只经水路向北运送粮食。不久，锥心刺骨的寒流袭来。就在此时，他被一位副手告知，卢思台（距幽州以北八百里）以北的水路已被封冻，无法通航。

“显然，在这种情况下，实在难以取得进展。”韦挺对他的副手说道。

“甚至可以说毫无进展可言。”副手附和道。

“卢思台附近是否有储粮设施？”

“有一些地下室可用以存粮。”

“好，以后输送的粮食一律运到卢思台存储。待到明春天气回暖后，我们再开通水路，运粮北上。”

“是的，韦大人。”

韦挺给长安城发送了一份解释现状的报告后，指示所有六百多艘运输船在卢思台卸货。此后，韦挺及其下属开始耐心等待着漫长的冬天结束。其间，除频繁地为属下举行酒宴之外，馈运使几乎无事可做。

皇帝在长安皇宫中收到了韦挺的报告。他读过以后，大发雷霆，立即下达一条措辞严厉的诏令作为回应：“兵尚拙速，不贵工迟。①朕打算于贞观十九年（645 年）发兵，而你却告诉朕粮食要在贞观二十年（646 年）才能运完。岂有此理！”经调查后发现韦挺确实渎职，于是皇帝命将作少监李道裕替换了他。

韦挺被免职、身被枷锁押回洛阳后，被除名为民。而后，他被释放，并获准以平民的身份随皇帝远征。由于韦挺犯下的延误，皇帝至少失去了长达一个月的宝贵时间。到 645 年 5 月 1 日，唐军方抵达辽东前线。

72. 辽东城

对唐军而言，高丽战争在初始阶段进展顺利。6 月初，唐军占领包括西部的盖牟城和东部的卑沙城在内的数座高丽城市，长驱直入，直捣辽东城城郊。但是统帅李世勣并未立即下令攻城。他深知要拿下辽东城绝非易事；三十二年前，它曾成功地抵御了隋炀帝虎狼之师的猛攻。因而李世勣命令所部安营扎寨，以等待皇帝所亲率的援军。

---

① 意即作战时提倡行动迅速，即使有疏忽之处，也比那些虽安排得仔细周全却贻误战机的行动要强得多。

6 月 7 日，一支四万多人的、由步兵和骑兵组成的高丽援军突然出现；情况由此变得复杂起来。不同于城内驻军，城外援军没有易守难攻的城墙和工事的保护，很容易受到唐军的攻击。

在李世勣召开的军事会议上，副帅李道宗力主在敌援军立足未稳之前立即发起进攻。

“可我们仅有区区四千骑兵，”一位校尉提醒道，“敌军人数远远多于我们，我们应当等待陛下的援军。”

“人多势众恰恰是他们的弱点，”李道宗说道，“这使得他们轻视我们。此外，他们远道而来，精疲力竭，肯定经不起我军的突然袭击。”

最终，李世勣采纳了李道宗的方案。

随即唐军对高丽军队发起了猛烈的攻势；果毅都尉马文举策马当先，一举杀入敌阵。高丽援军被打得措手不及，几乎溃不成军。但是唐行军总管张君乂所率的增援部队迟迟未能突破敌军侧翼，使高丽军有了喘息的机会，卷土重来。

李道宗急忙下令撤军。他登上一山丘顶，仔细观察了高丽军的动向，发现敌军的反攻组织无序，其势已竭。于是，唐军再次发动进攻；李道宗率一小队骁骑冲杀在前，李世勣则率步兵、骑兵主力掩杀在后。不久，高丽军全军败溃。

皇帝及所率唐军于 5 月 14 日从幽州出发，于 6 月 9 日，跨过辽水桥，进入主战区。此时皇帝下令：“焚桥。”

“陛下是否真的要烧毁大桥？”长孙无忌问道，不敢相信自己的耳朵。

“是的。”

“陛下，《孙子兵法》视背水而战为兵家之大忌。”长孙无忌回答道。

“朕知道。但是《孙子兵法》还有一条原则在此处更重要：置之死地而后生。卿是否还记得八百多年前韩信指挥的井陉之战吗？他采取同样的策略，击败了比自己强得多的敌人。”刘邦麾下的韩信是汉朝建立之前楚汉之争时期最杰出的将军。井陉之战是打破刘邦和其对手之间胶着状态的重要转折点。

"是，陛下。臣将确保命令立即执行。"长孙无忌说道。

到达辽东后，皇帝令所率唐军在马首山安营扎寨。在第一次中高级军官会议上，皇帝奖励了李道宗的果敢，提升了马文举的官衔，并以怯战罪诛杀行军总管张君乂。

第二日早晨，皇帝在数百骑兵的护卫下来到辽东城下，观察敌军的防卫工事。当看到唐军士卒正忙于填埋护城壕，皇帝脱下黄色皇袍，将两袋装满泥土的袋子置于马背之上，并引马至壕沟岸边。随从郎官们争先效仿。

当皇帝还在部署唐军包围辽东城时，一场猛烈、持久的攻城战在士卒的咆哮和嘶吼声中拉开了序幕。

数天夜以继日的攻击后，高丽守军仍作殊死抵抗。6 月 16 日清晨，突然南风大作。皇帝抓住时机，急令突击队投入战斗。一部分队员靠竹撑杆跳跃上西南角的城墙，与墙上的守军格斗；另一部分趁机急攻城门。在拱门内有人点燃了一把火；很快，火势失控，延烧城中。这时大批唐军从城墙上、从已撞开的城门中，涌入城内。数时辰内，高丽守军被彻底打败。其中约一万人被杀，一万人被俘。四万名高丽幸存者才突然发现自己已在皇帝李世民及其僚佐的掌控之中。

"陛下，我们该如何处置辽东城？"第二天褚遂良问道。

"我们将新设辽州，以辽东城为治。"皇帝回答道。

"但发动这场战争的目的是惩罚高丽的乱臣贼子，为被弑杀的高丽王报仇。"

"卿所言甚是。但是，辽东城的战略意义非比寻常，不能留在高丽人手中。此外，高丽人也是农耕民族，其官员、学者亦习读儒家经典。故他们同草原上的胡人不同，易于管理。"

"是，陛下。"褚遂良感到继续顶撞皇帝已毫无意义。

于是，新近征服的辽东地区被全部纳入唐朝地方行政系统。与此类似，盖牟地区改为盖州，以盖牟城为治。

留下一支部队驻守辽东后，皇帝及所部向东北方向的白岩城进军。到达目的地后，箭雨不时袭来，使唐军无法接近城墙。白岩城守军看来是吸取了辽东城的教训。

唐军首战不利。李思摩将军腿部受重伤，不得不中途退下阵来。皇帝带几个随从郎官立即前往营帐探视。看到李思摩吃力地从病榻坐起，皇帝急忙扶住他的手臂，让他躺下。皇帝在病床旁边跪下，解开病人脚上的绷带，用嘴吮吸着伤口。他一遍又一遍地将深红色的脓液吸入口中后，吐在地上。这时，李思摩将军的面颊上淌下了泪水。营帐之中无一人不已泪流满面。

在唐军可能发起第二次进攻之前，附近的乌骨城遣一万部众前来增援。唐军将领铁勒人契苾何力率领八百突厥骑兵正面迎击。很快契苾何力因孤军深入，被敌军包围。他奋勇力战多次，背部已中数枪，终无法突破敌军防线。受皇帝李世民的命令，一骑兵勇士冒死冲入阵中，将他救出。契苾何力返回营帐包扎完伤口后，立即返回战场，更加勇猛地杀敌陷阵，直至唐军获胜。

高丽统帅孙代音终于支撑不住了。6 月 29 日，他派密使至唐营，谈判投降条件。

“将军欲投降，但是城中可能有人会不同意。”密使说道。

“这样吧，带上一些唐军旗帜，”皇帝说道，“如果孙代音真愿意投降的话，就把旗帜插在城墙上。一看见它们，其他人自然就会放下武器。”

密使刚刚离开，李世勣就突兀地说道：“陛下，白岩城即将被攻下，为何同意敌军投降？这么做会挫伤士气。将士们亲冒矢石不计生死同敌军作战，其目的之一就是想满足获得战利品的贪欲。”

“卿说的没错。但是朕不忍看到无辜的居民被杀、其妻女被掳获。这就是朕为何放过这座城市的原因。”

李世勣马上又提出了一个棘手的难题：没有战利品，如何奖励和鼓舞将士？经过一番激烈的争辩后，皇帝承诺用国库的钱财奖励有功的将士。至此，李世勣方放弃了攻城的要求。

当夜，孙代音派人将唐军旗帜插在城墙上；不久高丽守军便放弃了抵抗。第二天早晨，在一座临水而建的大帐篷里，皇帝亲自接受孙代音及其部下的归降。与此同时，还采取一系列措施安抚高丽军民。唐军将粮食分配给一万多名饥饿的居民，又赏赐锦帛一匹给每一位七十九岁及以上的老人。随后在当地新设岩州，以白岩城为其治，以高丽将军孙代音为首任刺史。孙代音麾下的高丽将士则任凭去留。

听闻将军契苾何力卧床不起，皇帝前往营帐探视。皇帝跪下身来，揭开契苾何力背上的绷带，看到溃烂的伤口，不仅潸然泪下。盛怒之下，皇帝令属下找到肇事者。没过多久，一个叫高突勃的高丽人，双手反绑，被送入营帐。

“朕允许卿亲手杀了这个人。”皇帝对契苾何力说道。

“陛下，确实是他刺伤了我，但是这是各为其主的缘故。他是一位英勇、忠诚的战士，臣不想杀他。”

“那卿想如何处置他呢？”皇帝问道。

“臣想放了他，陛下。”

皇帝向属下点头示意，属下随即将高突勃松绑释放。

73. 安市城

7 月 18 日，唐军在安市城城郊安营扎寨。安市城位于白岩城西南，是一座尚待征服的高丽要塞。次日，皇帝得报，一支庞大的、由十五万余人组成的高丽－靺鞨联合援军，在高延寿和高惠真的率领下，正往安市城方向移动。皇帝别无选择，只能先设法对付援军，之后方可考虑包围安市城。虽然敌军在数量上是唐军的五倍，但是皇帝所率的军队在战斗力上占绝对优势，不仅有强大的突厥骑兵，还有身经百战的唐军将士。经过分析，皇帝指出敌援军有可能采用如下三个方案之一：

其一，与城防坚固、粮草充足的安市城守军会师。

其二，与城中守军一同逃逸。

其三，在未了解我方军力的情况下同我军交锋。

皇帝的将军们也提出了一些意见，但它们都没能超出这三个方案的范围。由于局势仍然动荡不稳，皇帝决定获取更多情报后再做出战术部署。

在高丽的军事会议上，一名有经验的将军提出一个与众不同的建议。“如果同唐军正面交锋，我们不可能取胜。”他说道。“我们最好的选择是按兵不动，拒绝应战，同时派出小股部队攻击并切断敌军的粮食补给。”

年轻而又自信的高丽军统帅高延寿拒绝了这一建议。在他的命令下，高丽援军驱马疾行，直至离安市城四十里处。

一小队突厥骑兵前来探测敌军虚实，遭高丽军攻击，立即撤回，似乎溃不成军。在高延寿将军的命令下，高丽先锋部队紧追不舍，一直到离安市城东南八里处才停下来，依山布阵。

在几百名骑兵的护卫下，皇帝及属将们骑马攀登至一山丘顶，敌军防线尽收眼底。令他们惊讶的是，高丽－靺鞨联军在山中蜿蜒而行，延至一望无际的远方。然而，此处地形复杂，并非旷野，其山谷、丘陵、山峦似乎更有利于进攻者。

“陛下，”李道宗说道，“很显然，高丽举全国之力来阻挡我军。此时,其首都平壤城必然守备空虚。请准臣率五千骑兵,袭取平壤。臣相信，此举定会迫使高丽军归降。”

“此计甚妙，道宗，”皇帝回答道，“但是此时朕没有多余的五千骑兵可用。”皇帝停顿了一下继续说道：“眼下，我们要部署攻击部队。这需要时间。首先，应设法让敌军放松戒备。”

即日唐军使者受命前往高丽大营，呈上一封皇帝致高丽军统帅的亲笔信。信中说道：

> 唐军远道而来是为了惩罚弑君者而不是为了与高丽军交锋。入高丽境后，因粮草不济，我军攻下了数座城市，以补充供给。以后，如高丽能恢复入朝进贡，我们将归还这些城市。

高丽军统帅信以为真，不再严防唐军进犯。与此同时，唐军的部署已经开始：李世勣将率一万五千名步兵、骑兵陈兵西岭；长孙无忌将率一万一千名精兵进入北山的幽谷，以伏击敌人的尾部；皇帝将亲率四千步兵、骑兵机动部队悄然登上北山，等待时机，发动奇袭。

第二天，天空阴霾，乌云涌动。当李世勣率兵布阵时，高延寿发起了进攻。突然间四周鼓角声大作，让高丽统帅大吃一惊。唐方三路大军同时发起猛攻，战场上旌旗飘扬，黄沙漫天。由于事发突然，高延寿及属将未能有效布阵，已遭到唐军弓箭手和骑兵的沉重打击。不久，高丽军开始溃败。此时突然雷电交加，倾盆大雨从天而降，淹没了整个战场。至此，高丽军队已经损失两万余人，其残部试图撤退而未果，终被围困在山谷之中——逃生路线上的桥梁早已被长孙无忌的人摧毁。

7月22日，高延寿和高惠真终于向唐军投降。唐方获敌将士三万六千八百人、马五万匹、牛五万匹、铁甲一万副。皇帝对待高丽战俘宽宏大量，任命高延寿为鸿胪卿，高惠真为司农卿，并给三千五百名官员和酋长授予职官后，将他们迁往内地。其余的士卒，如愿意，可返回平壤。然而，三千三百名靺鞨雇佣兵却被坑杀。其目的可能是为了阻止靺鞨染指唐与高丽的关系。皇帝率四千部卒所驻扎过的北山更名为驻跸山，以表对皇帝的崇敬。

此时，皇帝已将目标转向了安市城，一座坐落在山顶上的、俯视四周的城堡城。地理优势和坚固的城防使它几乎坚不可摧。其守军亦展现出一种不屈不挠的斗志。之前，泉盖苏文在平壤篡位后，安市城拒绝承认其政权。泉盖苏文几次派兵来袭，均以失败告终。

8 月 2 日，皇帝于安市城东的山上安营扎寨。此后，皇帝多次试图诱敌出城应战，但是均未成功。

一个月过去了，唐军方面没有取得丝毫进展。9 月 6 日，皇帝将行营南迁，以靠近安市城。次日，在骑兵的护卫下，皇帝离开行营，来到前线视察敌情。当他与随从骑马来到城壕岸边时，一阵噪音扑耳而来。皇帝抬头，看见城墙上高丽士兵正在大声鼓噪。

皇帝生气地问翻译道："他们在说什么？"

"他们在诅咒陛下。"

"陛下，"李世勣插嘴道，"我们一定要教训这帮婊子养的。臣建议，城破之后，城中居民，无论男女老少，斩尽杀绝。"

"嗯，要让他们知道，"皇帝回答道，"朕的耐心是有限的。如果高丽人负隅顽抗，那么朕也许会一改以往宽大的政策。"

高丽守军对皇帝的警告似乎是置若罔闻。他们将自己置身于大门紧闭的城堡城之内，奋力抵御唐军对城门、城墙的进攻。

一天下午，皇帝再次来到前线。从城内传出猪嚎、鸡鸣的声音。

"听见了吗？"皇帝问李世勣道。

"听见了，陛下。"

"很久没有听到这样的声音了。卿有什么想法？"

"没什么特别的，陛下。只不过是一些倒霉的猪、鸡被宰杀而已。"

"这意味着高丽人准备犒劳将要偷袭我军的勇士。"

于是皇帝下令，加强唐军兵营戒备，增加前线哨兵人数，密切监视敌人行动。

午夜时分，数百名高丽突击队员顺着绳索从城墙上往下滑落，刚一落地，便遭到唐军伏兵的攻击。高丽勇士被迫撤回城上，在身后留下数十名死者和重伤员。

安市城已成为一个棘手的难题。城墙太高并且守备严密，凭唐军现有的攻城技术难以攻克。前高丽将军高延寿提出了一替代方案：绕开安市城，转而攻打位于东边的乌骨城。其防卫较弱，且守将为暮年老朽。一旦攻下乌骨城，可用之作攻占首都平壤的跳板。

“这听起来像个好主意。”皇帝赞许地说道。

“但是，陛下，”长孙无忌说道，“这次远征不同以往，是陛下御驾亲征。进攻乌骨城会将陛下暴露于巨大危险之下。此外，让众多敌军留在我军后方，活动于安市城等地，其后果也不堪设想。因而先拿下安市城应是上策。”

此外，皇帝的高级属将也不想放弃这座城市。于是唐军继续围攻安市城。

此时，李道宗采用了一个有望打破僵局的新战术。根据他的命令，所部将士开始在城市的西南角附近堆积一座小丘。虽然不断受到高丽军的干扰，但这项工程仍得到显著进展。最终，小丘的高度已超过城墙，可使唐军弓箭手对守军占有居高临下的优势。

为了应对这一战术，高丽人不断加高小丘对面的城墙。唐军不断的进攻终于摧毁西南角的一小段城墙，高丽军立即用木桩堵住缺口。

李道宗每天都到前线视察。有一天，他不慎摔伤，被属下抬回营帐。那天晚上，皇帝前来探视。见到卧床不起的病人，皇帝在床边跪下，亲自为他在手、腿上行针，使李道宗热泪盈眶。

与此同时，小丘继续堆高。果毅都尉傅伏爱率十几名士兵进行修筑。一日傅伏爱因私事外出，小丘坍塌，砸毁了对面的一段城墙。从城墙缺口中涌出数百高丽勇士。他们驱走了没有准备的唐军士兵。高丽人在小丘的剩余部分周边迅速修筑了壕沟，并派一小支部队驻守。

皇帝勃然大怒。

他在帐中厉声问傅伏爱道：“你知道你做了些什么吗？”

“是的，陛下，”被捆绑着的傅伏爱说道，“擅离岗位。”

“由于你玩忽职守，成百的唐军将士失去了生命。整个战役都有可能失败。朕要杀一儆百。”傅伏爱被架出帐外，斩首示众。

李道宗被带入营帐中。他一瘸一拐地向前挪了几步，跪在地上，说道：“陛下，臣有负于圣恩。”

“你有罪当死。”皇帝忿忿地说。

“是的，臣罪该万死，”李道宗说道，没有为自己做任何辩解。

皇帝稍作停顿后，说道：“考虑到你在盖牟城和辽东城的功劳，朕恕你不死。但下一回，决不轻饶。”

谢恩之后，李道宗一瘸一拐地走出营帐。

皇帝下令对小丘发动猛烈攻击。三天过后，高丽守军仍坚守阵地。皇帝只好停止进攻。

十月初某日清晨，皇帝睡醒后，看到外面白雪皑皑的景色，立即召集高级将领们到营帐中召开紧急会议。

“东北酷寒的冬天到来了。”皇帝说道。

“草地已经枯黄，刍秣供应恐怕严重不足。”长孙无忌说道。

“我们的粮食即将用尽，”皇帝说道，“让将士们吃饱也会越来越成问题。”

“现存粮食还能坚持十天。”褚遂良说道。

“现在，”皇帝果断地说道，“朕决定撤军。你们还有什么要说的吗？”

“陛下，再给臣三天时间，”李道宗说道，“臣定能攻下城西南角。”

“如果你攻不下呢？”皇帝问道。

李道宗陷入了沉默。

“在东北进行战争的最佳时间是三月到八月（阳历 4 月到 9 月）。因为韦挺的失职，此次出征至少延迟了一个月。这使我们付出了惨重的代价。如果我们留下来，越来越多的士兵就会被冻死。如果真发生了这种情况，朕又有何面目见他们的父母、妻子呢？”

次日上午，10 月 13 日，唐军于安市城外进行了阅兵。忍饥挨饿的高丽守军将士在城墙的雉堞后，从城门楼的射箭孔里，静静地观看着。没有人诅咒唐军的入侵。当意识到唐军即将离开时，高丽守将登上城墙向劲敌挥手告别。骑在白马上的皇帝停了下来，通过翻译向高丽人喊话到：“你们为了自己的城市英勇奋战。为了表达朕的钦佩，朕给你们留下了一份薄礼。”皇帝说完后，转身在护卫的陪同下离开远去。

唐军将士的身影消失后，高丽守将派人出城收起皇帝留下的一百匹丝帛。

高丽战争终于结束了。为此，皇帝发布了班师诏，总述战果：

> 这次远征高丽，我们共计攻克十城——玄菟、横山、盖牟、磨米、辽东、白岩、卑沙、麦谷、银山、后黄，获得六万户十八万人……经历了多次战斗，包括三次大战役，前后斩首四万余级。降其大将二人、裨将及官人酋帅子弟三千五百人、兵士十万人。兵士均发给干粮，放还本土。

但皇帝没有提及远征所付出的巨大代价：大量人马的伤残、死亡，也没有提及终极目标——征服高丽——未能实现。他亦只字未提被唐军将士俘获的一万四千名的高丽百姓，将作为奴隶赏赐给将士。皇帝丝毫不喜欢这个主意，但是他也不愿让将士们失望。最后，在与其幕僚进行激烈的辩论之后，皇帝决定用国库的钱财赎出这些俘虏，使他们能回国与家人团聚。

唐军继续向本土进发。渡过辽水后，道路变得泥泞不堪，行军速度急剧放缓。在长孙无忌的带领下，一万将士将杂草铺撒在道路上，以使部队顺利通过。皇帝也下马助一臂之力，将树枝放在马鞍上，用自己的白马当运输工具。

10 月 26 日，一场暴风雪袭来，气温骤降，将士们衣着单薄，难以御寒。皇帝手持火把，站在路旁，高声激励着行走中的将士。尽管如此，许多人还是在严寒之中扑倒在地。

11 月 5 日，皇帝率唐军进入营州。依皇帝诏令，阵亡将士的骸骨被集中在柳城东南一处，堆积成山，并在骸骨山前举行隆重的悼念仪式，用牛、羊祭祀昊天上帝。皇帝亲诵自作祭文，跪地吊唁、恸哭，极尽悲哀。

唐军继续前行。

“朕多么希望魏征仍活在世上呀！”皇帝悲伤地对褚遂良说道。“他定会反对这场战争，而朕也许就不会出兵了。”皇帝沉思片刻，接着命褚遂良，记下他的诏令：

“立即恢复魏征的荣誉，修复并重新竖立其墓碑，尽快用少牢祭祀魏征。”

十天后，皇帝在往临渝关（河北省秦皇岛西）的路上，与太子李治相遇。听闻自己的父皇班师回朝，太子在三千轻骑的护卫下，狂奔数百里前来接驾。

“吾儿近来可好？”皇帝喜形于色地问道。

“甚好，父皇。”太子回答道，眼泪顺着脸颊流下。他看到的父亲，面目憔悴、疲惫，头发稀疏花白，双眼疲沓不堪。身上的黄袍已经破旧褴褛，以至于贴身衣物隐然可见。

“别哭了，朕不是回来了吗？”

“父皇不觉得冷吗？”太子看着皇帝捉襟见肘的黄袍问道。

“还好吧。你是觉得这件黄袍太破了吗？这就是朕远征时穿的那件。朕曾向你许诺，不收兵，绝不换外衣。在过去的五个月里，朕一直穿着同一件黄袍。其实，早在初秋时，袍子已经破败。幕僚们一直要求朕换外衣。但当兵士们衣衫褴褛时，朕怎么能穿新衣呢？此外，朕要坚守对你的承诺嘛。”

“父皇，现在可以更衣了吗？”

“当然，治儿。”皇帝说着，脱了残破的旧衣，穿上李治带来的新袍子。

11 月 30 日皇帝抵达幽州治所幽州城的东郊；他吃惊地看到约有一万余人夹道而立，欢迎圣驾。

“朕说过多少次了，”皇帝厉声说道，“朕不喜欢这种人为安排的场面。这完全是浪费时间和金钱。朕要追究刺史的责任。”

“是的，陛下。”褚遂良回答道。“但是……”

“但是什么？”

“这并不是事先安排的。这些人也不是幽州居民。”

此时，皇帝才意识到道边的人是新近被释放的高丽百姓。他们在一片尘嚣中，尖叫、呼喊着，载歌载舞。被他们的热情所感染，皇帝欣然下马，与高丽人共同欢愉。

12 月 30 日起，皇帝开始被轿子抬着往前走；因其大腿上生了脓疮，疼痛难忍，使他无法骑马或乘坐马车。皇帝的病情令身边的人——尤其是太子——感到担心。当队列前行时，太子经常走在轿子后面，不时地手扶轿杆。当队列停下休息时，太子便进入轿内，询问皇帝的健康状况，并跪下来检查脓疮，有时甚至用嘴将脓血吸出。

74. 张亮

返回长安后，皇帝感到身体不适，无法专心处理国政，所以将一部分权力下放给太子。每日，太子在东宫处理完公务后，就会趋步到临近的太极宫，服侍皇帝。

随着政务的减少，皇帝希望在养病期间有更多的时间享受生活。就在此时，发生了一桩事态严重的丑闻，需要他全力处理。丑闻涉及的主要人物是其老部下张亮。

贞观二十年（646 年）初，张亮被刑部的官员从长安家中带走，投入大牢。刑部官员执行公务时感到有些尴尬。张亮不仅完全没有意识到所犯何事，而且他本人还是刑部的最高领导——刑部尚书。

张亮最初由李世勣和房玄龄推荐，与李世民相识后，成为其最早的心腹之一。早在武德九年（626 年）高祖（李渊）在位时，他受秦王李世民的指派，前往洛阳经营，旨在将该城改造成对抗太子李建成的权力中心。随后他被指控招募私党而身陷囹圄。他虽然在狱中备受折磨，但却没有背叛其主李世民。故此，李世民登基后，授予他诸多要职，最终使他成为凌烟阁二十四功臣之一。事实上，也正是张亮的报告让皇帝意识到侯君集的叛乱意图。而这次远征高丽，张亮又被委以要职，任平壤道行军大总管。作为官员，人们认为张亮很公平、清廉，经常为了弱势百姓而敢于得罪富贵权势。

后来，他休了原配夫人，娶了比他小二十岁的泼妇李氏，从此祸起萧墙。李氏水性杨花，结婚之后，在屈从的丈夫的默许下仍然本性不改。在她的要求下，夫妇二人将女方的年轻情人——舞者张慎几——收为养子。此后他们又收养了诸多养子；而收养人数之多连张亮自己也数不清。同样危险的是张亮同某些术士——尤其是程公颖与公孙常——的交往。二者常用各种术数方法作出与官场、政局有关的预言。正是这种关系最终使张亮再次身陷囹圄。

“你是否知罪？”负责审讯他的刑部官员问道。

“我不知，大人。”张亮回答道。

“你犯的可是谋反！”

“绝无此事。陛下龙潜之时我就是他的心腹。陛下登基以后，我以各种职位，继续侍奉陛下，从未做过一件对不起他的事。”

“你可以拒绝认罪，”审讯官威胁他道，“但是我们有证人。”面向手下，他继续说道：“传程公颖与公孙常。”

两个术士被推了上来。他们双手被反绑在背后，脸上带有拷打留下的血斑。

“程公颖，”审讯官问道，“你是如何认识张亮的？”

“几年前，”程公颖回答说道，“张亮任职相州（今河北南部）时，秘召我到他府上。”

“为何？”

“因为我是当地最著名的术士。”

“在谈话中，张亮对你说了些什么？”

“我记得他向我提出一个奇怪的问题：‘相州为形胜之地，不出几年内就有会有王者出现。你看如何？’”

“你怎么回答？”

“我说，‘亮公躺卧时像是一条龙，将来肯定会大贵。’”

“张亮接下来怎么说的？”

“他说，‘国家恐将陷入大乱，那时吾儿张慎几将会大贵。’”

“胡说！”张亮叫道。“我从未说过‘国家恐将陷入大乱’。”

审讯官挥了下手，手下将程公颖带走。现在轮到公孙常了。

“我是通过我弟弟公孙节认识张大人的，他是张大人的养子。”

“你是否发现他们有什么可疑的问题？”

“是的。吾弟公孙节曾发现了一句谶语，即‘弓长之主当别都’（弓长的主人应当另立首都）。公孙节认为这里的弓长是弓长张，指张亮。”

“张亮作何反应？”

“他欣喜若狂。”

“他是否深信不疑？”

“是的，很明显。”

“他还与你说过什么值得报告的东西吗？”

“是的，张亮曾经告诉我，‘有个算命先生曾说我有一个小妾，一定能成为王姬。’”

“这意味着张亮之妻子会嫁给皇子？”

“不。这是说她的夫君张亮终会成为皇子或者皇帝。”

“胡说八道！”张亮吼叫道。

审讯官示意，手下将公孙常押了出去。

张亮接着说道：“这两个人知道已闯下大祸，为了避免死刑，故意诬陷我。他们所说的无一句实话。”

“那我们说说你的养子吧？”审讯官厉声问到。

张亮沉默不语。

“你有多少养子？”

“不知道。我数不清。”

“听说有五百？”

“我确实不知道。”

审讯官点头示意，属下将张亮带走。

而后朝廷对此事进行了讨论。曾经为张亮作担保的李世勣和房玄龄，因为怕被卷入事中而未敢发声。事实上，有胆量站出来为张亮辩解的仅将作少监李道裕一人。他认为:“张亮谋反的证据不足。他确实有罪，但罪不至死。”

皇帝回答说道 :“他有养子五百。不是为了谋反而是为了什么? ”就这样，皇帝的一句话决定了张亮的命运。

按皇帝的命令，房玄龄和长孙无忌前往狱中向张亮道别。在面见圣上的要求被拒绝后，张亮大声疾呼着自己是清白无罪的，终于与术士程公颖一同在长安西市问斩。届时另一位术士公孙常已在狱中自裁。随即张亮的画像和名字便从凌烟阁中悄然消失了。

张亮死后，刑部尚书一职空缺待补。沉重的工作负担压在刑部侍郎崔仁师一人的肩上。鉴于没有人有资格继任刑部尚书，朝廷决定再任命一名刑部侍郎。在所推荐的候选人中,经过筛选,仍未能找到合适的人选。

皇帝得知情况后，稍作思考后说道:“朕有一位合适的人选:李道裕。就是曾说‘张亮谋反的证据不足’的那个人。”

“是的，陛下。”褚遂良说道。“但陛下并没有采纳他的意见。”

“是啊！”皇帝叹息着说道。“要是魏征在世的话，他一定会支持李道裕的。朕也不会处死张亮。”

75. 萧瑀、房玄龄、高士廉

张亮并非凌烟阁功臣中唯一触怒皇帝的人。近来萧瑀的行为开始变得怪异。这位典型的政治幸存者，曾在隋炀帝朝担任决策高官，后因得不到炀帝的信任而投奔李渊。

在玄武门事变中，萧瑀，作为高祖的高级幕僚，是李世民的坚定支持者，并帮助李世民安全渡过十分艰难的政权过渡期。皇帝李世民有许多尊重萧瑀的理由，尤其是他的家世。事实上，没有几个人的出身能比萧瑀更为显赫。皇帝曾经开玩笑地对他说，“你是梁朝皇帝的儿子、隋朝皇后的弟弟、唐朝的宰相，还是朕女儿的岳父。”

诚然，萧瑀并不把政治新星房玄龄和杜如晦放在眼里。但是，由于皇帝对二人的支持，房玄龄和杜如晦得以掌控朝政，而萧瑀则大权旁落。萧瑀对自己的处境感到愤愤不平，无法与同朝同僚共事；他向皇帝抱怨说：“陛下有所不知，房玄龄与其他宰辅同事已组成小集团，把持朝政。”

“他们做了些什么？”

“任人唯亲，朋党不忠。”

“岂有此理。孔子言，‘君子群而不党。’”

“是的，陛下。不过，他们还没有叛逆之心。”萧瑀补充道。

在皇帝的坚持下，萧瑀提供了几条证据。

而这些所谓证据并没有多少说服力。皇上说道：“卿未免太过分了。朕任命的最高领导并非完美。实际上，人无完人，朕也不能无过。最重要的是舍其所短，求其所长。”

最终，皇帝不但回绝他的指控，还警告他不要再申诉。但萧瑀仍然焦躁不安，数次忤逆皇帝。要不是因为他以前的功劳，皇帝一定会处罚他。

高丽战争之后，萧瑀越来越系心于佛教。皇帝知道后，赏赐有萧瑀人像的敬佛刺绣画一幅，六世纪晚期的著名文人、书法家王褒所书的、颇有价值的《大品般若经》一部，以及讲佛诵经时穿的袈裟一套。

而后，萧瑀正式向皇帝提出申请，要求遁入空门。

皇帝吃惊之余，恩准了萧瑀的请求。

几天后皇帝接到萧瑀的奏报。奏报说：“经过深思熟虑后，臣决定不再考虑出家。”

可想而知，皇帝对此相当不快。当发现萧瑀以脚疾为由频繁缺席朝会时，皇帝终于沉不住气了，说道：“他怎敢对朕如此出尔反尔？”

所有高级幕僚都有同感。事实上，没有一人愿替他辩解。于是皇帝颁布了一份措辞严厉的诏令。其内容如下：

> 佛教教义并非朕所遵循。寻求佛道的人并未能证实其可降福于将来；按教义修行的人反而因过去而遭受罪孽。例如，梁武帝献身于释迦牟尼，其子梁简文帝潜心于法门。二人倾国库之财力以资助僧侣，耗尽国家之人力以供养佛塔、佛庙。然而，当动乱爆发时，淮水流域人群鼎沸，五岭之外狼烟四起；萧氏皇室相继覆亡，梁朝社稷灰飞烟灭。因果报应之说，再荒谬不过了！
>
> 今日萧瑀重蹈前车之覆辙，承袭亡国之遗风，放弃公义而追求私欲，世俗、隐居界限不分；上则忤逆君主，下则长浮华之风；近日申请出家，未几又改口。朕隐忍至今。然而，萧瑀全无悔改之意，故今可改任为商州刺史，并收回其封地。

后来，因为年事已高、功勋卓著，萧瑀并没有被要求前往商州就任。几个月后，皇帝又恢复了他的封地和头衔。

645年高丽战争结束后，高丽又开始遣使入贡长安，承认唐朝的霸主地位。但皇帝却因高丽持续蚕食新罗领土而感到不快。至贞观二十年（646年）末，朝廷已停止接收高丽的贡品；这一举措无异于中断了两国的外交关系。不久，朝廷高官便开始讨论第二次高丽战争这一话题。

令皇帝恼怒的是，年近古稀而又身患疾病的房玄龄竟然强烈反对再次征伐高丽。皇帝更喜欢过去那个言听计从的房玄龄。一怒之下，皇帝不仅剥夺他的一切权力，还将他关押起来。

褚遂良对皇帝的“过激反应”深感不安。他不禁想起近年来皇帝亲密幕僚的下场：侯君集、张亮、萧瑀等。而现在灾厄甚至可能降临到侍奉皇帝时间最长的幕僚房玄龄头上。想到此处，褚遂良感到不寒而栗。经过百般犹豫之后，他终于鼓起勇气，向皇帝上疏。上疏写道：

> 房玄龄在义旗初举之时便辅佐帝业；武德末年，冒死提出玄武门之变的决策；贞观之初则为朝廷选拔有贤德之人，确立为政之道。

朝中大臣中，房玄龄的功绩最高。如果他犯有不赦之罪，举朝官员都会同声谴责，但不应抛弃不顾。如果他已老迈昏聩，陛下应当劝说他辞官；而他退官时应享受应得的礼遇。万不可因癣疥之疾，而罔顾长达数十年之久的功勋。

上疏没有（如褚遂良所担心的那样）触怒皇帝，却使他追忆起武德末年命悬一线的黑暗日子。房玄龄是自己亲信中第一个力主直接面对来自李建成及其党羽挑战的人。时至今日，尽管最近发生了令人不快的插曲，他仍然效忠于皇帝。

第二天早上，皇帝移驾长安东南角的芙蓉园，回宫的路上，突然造访务本坊的房玄龄宅，邀请老臣同行。于是君臣同乘一辆马车返回太极宫。

由于最近疾病频发，皇帝清楚地意识到自己身体已日益恶化。开始关注各种益寿延年的方术，尤其是道家的“炼丹术”。对此，前代葛洪、陶弘景等道家大师以及唐朝的孙思邈的著作中都有所详细记载。炼丹术基于这样一种信念——服用一种由铅、硫磺、汞提炼而成的、名为“金丹”的灵丹妙药能够抵御肌体腐烂，从而获长寿之效。

至贞观二十一年（647年）初，皇帝服用这种神药已有时日；他的体质却因药物的毒性副作用而严重削弱。他经常感到头晕、恶心、全身无力。但是这些症状却被认为是真正脱胎换骨的征兆；方士认为，只要皇帝避免高温严寒、情绪起伏，就能够延长寿命。

此时，皇帝突然听闻高士廉病危的消息。高士廉不但是凌烟阁二十四功臣之一，在玄武门事变中赞力尤多，亦是长孙无忌的舅舅和养父。此外，高士廉还将养女兼侄女长孙皇后配嫁给皇帝。

2月21日，皇帝前往高士廉宅作不速之访。高士廉却已不省人事。在与之相伴二刻时以后，皇帝泪流满面地离开了病室。第二天，高士廉便去世了。

当皇帝正准备启程参加高士廉的葬礼时，房玄龄突然急谏，劝皇帝在身体欠佳的情况下不宜前往。

“高士廉不仅仅是朕的臣民，还是朕的故旧、姻亲、可亲长者。哪里有不为其送葬、哭丧的道理？不要再说服朕了。朕一定要去。”

房玄龄沉默不语。

不久皇帝及随从抵达高士廉宅院门口。按照惯例，高士廉的棺木已放置在正堂的中心。这时，主祭长孙无忌闻讯疾步走出院门接驾。

“陛下，”长孙无忌站在皇帝的车辇前说道，“最近您服用金丹，不应参加葬礼。为了江山社稷，陛下要爱惜身体。而且，舅舅临终有遗言，不情愿因为自己的去世和葬礼而惊动陛下。”

“对朕而言，高士廉舅舅就是亲人。”皇帝坚定地说。“朕必须参加葬礼。”

皇帝示意车夫驾车前行。但此时长孙无忌已经四肢扑地，在路面上的泥土中滚动，一边绝望地恳求皇帝不要前行。

皇帝极不情愿地同意了内兄的要求，驾车北行，不久便进入禁苑，登上一座阁楼的顶层，向南眺望，隐隐约约看到崇仁坊高士廉宅的轮廓，不禁泪如雨下。

高士廉下葬昭陵的那天，皇帝来到汉长安城，登上了城西北角的一座高楼。他低头凝视着地面上的横桥，静静地等待着。当高士廉的灵车在一列白色马车队的跟随下从横桥上驶过时，皇帝不禁嚎啕大哭起来。

76. 翠微宫

冬去春来，皇帝李世民突患中风，随之而来是半身麻木。这种疾病在李氏家族似乎有遗传病史。高祖李渊在去世前也患有中风偏瘫。当今皇帝有更充分的理由，通过服饵金丹来改善健康。然而这种药物最明显的副作用是会产生大量内热。不幸的是，皇帝所居住的太极宫地势低洼，夏天往往酷热闷湿。在这种环境中，服食金丹者感到十分不适。

夏天初至，按皇帝的命令，废太和宫被恢复，经过一番修葺，成为避暑胜地，并命名为翠微宫。翠微宫位于长安城南南山脚下，风景秀丽。6 月初，宫殿修缮完毕，不久后皇帝移驾入住；长安的国家政事则托付给太子李治。

皇帝在翠微宫避暑并不意味着对国家统治撒手不管。在此期间，他得知李世勣于辽东前线大获全胜的消息。当下，唐朝已经决定与高丽长期对峙。虽然唐军并未发动旨在征服高丽的大规模战役，但是大批唐朝兵士依然常年滞留在高丽境内，攻城略地。

来自前线的捷报使皇帝受到鼓舞，但是，身体恢复缓慢，使他感到挫败。中风后其左手一直处于瘫痪。他不禁思念起能够随意挽弓射箭的往昔，而今日甚至起床穿衣都变得十分吃力，更何况驰骋疆场了。

8 月 31 日皇帝返回长安以后，了解到在他离京期间太子井井有条地处理国事，感到十分慰籍。太子现在几乎已完全接管了国家的日常运作。看到这一局面，齐州人段志冲上书，敬请皇帝让权于太子。皇帝对此并不在意，因为他没有打算退位。可太子读到这封信时，却吓得大哭起来。舅舅长孙无忌为了安抚太子，要求将疯人段志冲处死，并称，有不少成文法律条款可作依据。然而，皇帝无心仅仅因为上书就夺去臣民的性命。最终，段志冲侥幸逃过此劫，仅被流放到偏远地区。

贞观二十一年（647 年）末，龟兹国王去世，王弟登基。这个绿洲国家对于唐帝国来说如芒刺在背。多年来，龟兹国与西突厥联盟，拒绝遣使朝贡。老国王的死来带了新任国王会投靠唐朝的希望。但不久，希望就破灭了。新国王竟然变本加厉，侵蚀周边国家领土，挑战唐朝霸权。

“是可忍孰不可忍，”皇帝说道，“必须派兵讨伐。”。

“但是高丽战争还在继续，”房玄龄说道，“如果再发动一场战争，我们将同时面对两个域外战场。”

“我们在高丽进行的军事行动是有限的。”皇帝说道。“讨伐龟兹本质上与此相同。我们只需要调动西域兵力，不会对内地产生影响。”

随后，一支由铁勒、突厥、吐蕃、吐谷浑和西域都护府军组成的庞大联军，进讨绿洲小国龟兹。联军的大总管（总指挥）是唐军突厥将领阿史那社尔，副大总管为郭孝恪。

77. 玉华宫

贞观二十二年（648 年）2 月 6 日晚，太子李治例行前往太极宫探视皇帝。皇帝用一种不同寻常的严肃口吻对他说道："治儿，现在该好好谈一谈父皇留给你的遗业了。自武德九年（626 年）至今，你父皇在位已二十多年。我李氏王朝基业稳固，天下国泰民安。这一成功得益于朕的治国原则。大致有五条：

"其一，自古帝王多嫉妒超过自己的人的才能，朕却爱惜它，就好像爱惜自己的才能一样。

"其二，朕知道人的能力有限，不可能兼备。因此，在用人时，朕尽量发挥他们的长处，避开他们的短处。

"其三，君主见到贤人，往往愿与之推心置腹；君主见到无能之辈，往往想将之推入沟壑。朕尊重贤人，同时也怜惜无能之辈。因此，无论是贤人还是无能之辈都可以发挥其所长。

"其四，人主多嫌恶正直的人，或秘密或公开地诛杀他们。朕登基以来，朝中有很多正直之士，朕未尝诛杀一人。朕不但能容忍其存在，而且还将其意见付诸行动。

其五，自古人皆贵中华，轻夷狄，朕独爱华夷如一。故此夷狄之人亦视朕为其父母。"

"感谢父皇。儿臣从这五条中获益匪浅。"

"不过，朕即位后，也发生了很多不该发生的事。比如，锦绣珠玉源源不断地上贡；宫室台榭屡有兴作；犬马鹰隼总是随御辇而行；四方行游时常常烦劳地方提供食宿。这些都是大错特错。吾儿要牢记在心，永不要再犯朕的错误。

"与此相反，你必须效法古代哲王。虽然朕取得了超过他们的功效，但是朕的德行却远不如他们。对于朕的臣民来说，朕在位二十年多年来，功大于过。故此，百姓尚无怨言，江山仍然稳固。但是，吾儿，你不具备朕的优点,却要继承朕的财富。如果你努力不懈,充其量可保国家安定；如果你骄惰奢纵，则自身不保。明白了吗？”

太子点点头。

“现在朕问你，什么是国家？”

“国家是由特定政权统治的领土。”

“但是从另一个角度看，国家，其兴盛迟迟不至，而其衰败则仅需瞬间。”

“儿臣明白。”

“皇位又是什么呢？”

“皇位就是君王得以实行统治的位置或地位。”

“对朕而言,皇位为失去容易获得难者。即位治国,不可不慎之又慎。”

太子洗耳恭听着，不时点头称是。

在太子准备道别离开之际，皇帝送给他一样罕见的礼物——一本称为《帝范》的小书。《帝范》共收根据其执政经验写出的短文十二篇，即君体、建亲、求贤、审官、纳谏、去谗、诫盈、崇俭、赏罚、务农、阅武、崇文。

凝视着儿子，皇帝说道：“朕原先以为完成此书需要花很长时间，两年或者三年。但朕最近决定提前写完。你知道为什么吗？”

“儿臣不知，父皇。”

“因为朕担心自己已经时日不多了。”

“父皇……”太子哽咽着，泪水夺眶而出。

“别难过，治儿。你应高兴才是。朕去世后，这本小书将永远伴你左右，帮助你成就大业。”

在长安以南翠微宫消暑期间，皇帝下令扩建位于长安以北凤凰谷的仁智宫。翠微宫空间狭小，无法容纳陪伴皇帝的所有朝廷官员和侍从。此外，通往翠微宫的道路险绝，不利于人们来回进出。

仁智宫开始重建后，改名为“玉华宫”。皇帝数次下旨，要求设计者和建设者注意节俭。只有寝殿覆盖瓦片；其他类型的建筑都用茅草铺设屋顶。但是，玉华宫工程浩大，不仅有太子东宫，还设百官衙署，故耗资仍然巨大。

贞观二十二年（648 年）3 月，玉华宫落成；3 月 23 日，皇帝移驾入住。这组宫殿群位于群山环绕的山谷之中，山上郁郁葱葱，有无数泉水、小溪潺潺流淌。新环境很快对皇帝产生了改善健康的效果。凉爽的空气让他感到头脑清晰，心情舒展。他的身体甚至恢复到可以开始打猎的程度。

然而，当皇帝阅读了一份有关政坛新星崔仁师的报告后，他的心情却变得阴沉起来。崔仁师虽官仅中书侍郎，却已参知机务，行宰相之权。最近有人进入宫中阁门诉冤；崔仁师本应上报此事，却隐瞒不报。崔仁师的朝中政敌褚遂良向皇帝参了他一本。恼怒之下，皇帝以“欺瞒君主”之罪将崔仁师除名后，流放至岭南。

与此同时，二十岁出头的充容徐惠的上疏让皇帝感到更为不快。在皇帝的诸多嫔妃之中，生长于南方的徐惠以文学知名。在上疏中，她批评皇帝东征高丽，西讨龟兹；大兴土木营建翠微宫和玉华宫；享用奢华服饰、玩物。她甚至暗讽皇帝不要重蹈秦始皇的覆辙。

皇帝被严厉的批评激怒了。“她哪里懂得大唐和邻国之间复杂的关系？”皇帝想道。他当然不会叫停对高丽和龟兹的征讨，亦不想改变两组宫殿群的现状。此后，皇帝怒火渐消，意识到，魏征死后还无人敢如此坦率地批评自己，不得不佩服徐惠的直言敢谏。最后，皇帝不仅没有惩罚徐惠，反而赐予她丰厚的奖赏。

龟兹战争仍在继续；皇帝每日期盼着来自西域的、有关战事的好消息。就在此时，一份不寻常的报告使他对遥远的天竺（印度）产生了极大兴趣。报告是出自王玄策之手。王玄策仅是一名低级武官，但却立下了卓越功勋。早在贞观十七年（643 年），北天竺戒日王（Harsha Vardhana）（他通过与玄奘大师交谈对唐朝多有了解）遣使来唐后，唐朝遣王玄策以副使身份前往天竺回访。而此份报告则是关于王玄策新近的一次充满冒险性经历的记录。

简述了所率使团由西域至北天竺的历程之后，王玄策继续写道：

> 当我们到达摩揭陀（Magadha）国时，戒日王已经去世。不久，其继任阿罗那顺（Arunasva）王袭击了我们的团队，将吾等投入牢狱，并夺走途中其他国家所献之贡品。臣随后施计逃脱，前往吐蕃。收到臣求援请求之后，吐蕃王发精锐兵士一千二百人相助；后泥婆罗国又遣七千骑兵。臣与副使蒋师仁率此二国兵直捣中天竺国城，经过三天的奋战，于贞观二十二年（648年）6月16日攻陷该城，共斩首三千余级，驱敌军赴水，溺死者一万余人；共俘虏男女一万二千人，擒获牛马三万头。篡权者阿罗那顺逃匿，不久后亦就擒。而后，我们经由西域、河西走廊，携战利品和重要俘虏（包括阿罗那顺）以及天竺方士那罗迩娑婆寐（Nārāyaṇasvāmin），返回长安。

为此皇帝下诏说道：

> 欣闻王玄策等不负重任、全胜而归，朕倍感欣慰。对于那些贪婪国君来说，此无疑是一个警示。阿罗那顺国王要不是因为贪得无厌，劫持吾使团人员、财物，就不会成为阶下之囚。

王玄策，因其超人的勇气和杰出的贡献，被授予"朝散大夫"。虽然此五品"散官"职没有实权，但是却可给王玄策带来颇丰的收入和较高的社会地位。

当皇帝离开长安前往玉华宫避暑时，他特意让萧瑀随行，旨在逐渐为这位凌烟阁功臣恢复名誉。尽管近来萧瑀表现反复无常，但他毕竟是一位忠臣。抵达玉华宫后，皇帝和萧瑀在不同的住所下榻。此后，皇帝没再关注萧瑀的动向。贞观二十二年（648年）7月19日，皇帝从当值宦官处得知，萧瑀已经在睡梦中去世。宦官将萧瑀的遗嘱递交给皇帝。

遗嘱说道：

> 生而必死，此乃常理。我气绝后，穿一件单衣即可；棺内亦仅需放置一张席子。希望一切都快速腐烂吧。切勿在棺内置放其他物品。为了方便起见，没必要选择吉日下葬。在此方面，古代圣贤不乏先例。

皇帝眼含热泪地说道："萧瑀即便在临终之际，也是节俭的典范。"皇帝断食一日以示哀悼，册赠萧瑀司空、荆州都督两种官职，并准许他陪葬昭陵。

由于萧瑀的去世，皇帝深切地感到人生无常。他比任何时候更迫切地需要与学问家讨论生死大事；他首先想起的是玄奘大师。玄奘随后应召抵达玉华宫。

"最近萧瑀去世了，"皇帝会见大师时说道，"他冷眼面对死亡的态度给朕留下了深刻的印象。这应与佛教有关吧？"

"是的，陛下。"玄奘回答道。"从佛教的角度来看，生是虚幻，死也是虚幻。"

"这是否意味着生命毫无意义？"

"并不是。不过，生命是一种缘于因果报应（称为'业'）而产生的虚幻。而'业'发生于无休止的、充满痛苦的轮回再生之中。"

"请为朕解释一下'苦'的定义。"

"是的，陛下。苦（dukkha）是佛教最重要的基础概念之一。在普通人的生命中，苦是永恒存在的、是无法逃脱的。出生受苦；老年受苦；悲伤、悲叹、疼痛、哀悼、绝望之时也受苦。此外，还有求之不得之苦，生死离别之苦。总而言之，佛家所谓'五蕴'全是痛苦。"

"五蕴？"

"或称'五阴'，是五种存在形式：色、受、想、行、识。"

"哦，那真是太高深了。朕想问个问题：如果大师所言是真谛，那又怎么才能摆脱这种窘境，远离这种无穷无尽的痛苦呢？”

“佛教的终极目的就是摆脱轮回，以获得最后的解脱，即涅槃。”

“每个人都可以做到吗？”

“每个人都有潜力做到。涅槃并非仅适用于人；而是适用于世间一切生灵。但是通往涅槃之路却充满着曲折。这正是菩萨所能起到的关键作用所在。正如陛下所知，菩萨是将来可以成佛的修行者。他本可以进入涅槃境界，但却选择留在人间，以帮助更多的人获得解脱。观音菩萨就是最好的例子。”

“无怪乎观音菩萨大受老百姓的欢迎。顺便问一下，法师最近研修佛教有何成果？”

“贫僧刚刚译完《瑜伽师地论》一书，共一百卷。”玄奘说道，声音里带着一丝自豪。

“这是一部鸿篇巨著。但不知是何圣所作。”

“弥勒菩萨。”

“未来佛？”

“是的，陛下。”

“内容是关于什么的？”

“弥勒菩萨对十七地的解释。”

“十七地？”

“获得涅槃之前所经历的十七个阶位。我们刚刚谈到菩萨，实际上，菩萨代表很高级的阶位。总之，最初是五识身相应地（阶位）；其次是意地等等；最后是菩萨地、有余依（残余）地、无余依（残余）地。”

“真是太精妙了！”皇帝叫道。

玄奘随即举例说明每一地（阶位）的含义。皇帝竟然如此地感兴趣，以至于在会面结束后，即遣人到长安取来一全套《瑜伽师地论》。

通过阅读佛学著作以及与玄奘法师的多次交谈，皇帝变得对佛教愈加欣赏了。他评论道：“朕读佛经，好似瞭望天空海洋，高深莫测。往日，朕因忙于军国之事，无暇深究佛法；今细观之，颇感其精深宏大。用儒道等九流与佛相比，就像用小池塘与渤海相比一样。可见，世间三教等量齐观的说法，着实是荒谬呀。”

随即皇帝下诏令,将新译的《瑜伽师地论》抄写成九部,发放给九州。

78. 房玄龄

在移驾玉华宫两月之前，皇帝李世民曾收到一封来自秘书省太史局的密件。该密件记录了数次太白(金星)昼见的现象。作为五星之一，太白金星主杀伐。作为所谓“阴星”，太白星通常见于夜间，出现于白昼,则预示着乖异不祥之兆。阴星与太阳争辉预示着有人将威逼皇位(如武德九年的玄武门之变）或女主将当朝执政！而女主当政的可能，已经在一部称作《秘记》的书中得到论证。该书称 :“唐朝三代之后，将有女主武王取代天下。”

皇帝通常不太看重占星术。然而当星象和谶言同时出现时，他就很难对其置若罔闻。皇帝于是令手下进行了秘密调查，其旨在于找出那位潜在的女主武王。但是调查未能获得确定的结果。

在一次招待皇宫诸卫武官的晚宴上，皇帝起身提议玩一种叫做“酒令”的游戏，以助酒兴。这是一种文字游戏，其规则是 : 在令官的监督下大家轮流说出有关诗词或联语 ; 违令或口误者会被罚酒。皇帝和颜悦色地担任了令官的角色。为了打破僵局，他要求大家自报小名。轮到左武卫将军李君羡时，他说道 :“臣小名为‘五娘子’。”

皇帝忍不住调侃道 :“堂堂男子汉怎会是娘子！”

宴会结束后，皇帝得知了一些令人不安的信息。李君羡封爵为“武连县公”，出生地为武安，官职为武卫将军，小名叫“五娘”！竟然有如此之多的“武 / 五”与此人相关。难道他就是那个可能威胁皇权的武王吗？这些联系显而易见，即便性别有误，也着实不容忽略。皇帝随即将李君羡调离京城，到华州担任刺史。在华州，李君羡结交了一名自称数年不食五谷且精通佛法的妖僧。

皇帝在玉华宫逗留期间，李君羡和妖僧被举报图谋不轨，不久伏诛。

然而，皇帝仍无法确定李君羡就是《秘记》所言的“武王”。此时，傅奕已经去世，皇帝秘密召见了傅奕的继任者——太史令李淳风。李淳风是唐朝最著名的星象学权威，著有解释占星学的专著《乙巳占》，并且负责编著《五代史》中的《天文志》《律历志》《五行志》等篇。

“《秘记》关于武王取代天下的预言究竟可信否？”皇帝略带焦虑地问道。

“回陛下”，李淳风答道，“这是可信的。”

“还有更多的细节吗？”

“有的。依臣对星象和历法的推算，可以确定，此人已经在皇宫内，是陛下的后宫眷属。她将在三十年后执掌政权；届时她会试图将陛下的子孙诛杀殆尽。”

“哦？她是个女人？”

“是的，陛下，是个女人。”

“朕欲将所有可疑的人都杀掉，这可行吗？”皇帝问道，面色阴沉。

“恐怕无济于事，陛下。这是天命，非人力可改变。”

“果真如此？”

“如人力试图改变之，只会杀死很多无辜的生命，而这位武王却仍然会存活下来。三十年后，她年事已高，可能会彰显仁慈之心；而所造成的损害也许不会有那么严重。”

“你可有把握？”

“臣以祖宗名义起誓，是的，陛下。即便是此人被杀，上天会降生另一位更加强壮、更加残暴的王者。倘若如此，恐怕陛下的整个家族都会被诛杀殆尽。”

皇帝沉默无言。受本能驱使，他想要采取行动，但太史令的冷言警告又使他却步不前。

起初，皇帝任命房玄龄以留守的身份在长安协助太子处理政务。然而萧瑀之死，让皇帝改变了主意。他害怕自己将再也无机会与房玄龄相见，于是就紧急下令，召这位跟随自己时间最长的幕僚赴玉华宫进见。

房玄龄已年近七旬，健康状况极为不佳。抵达玉华宫门后，他本应步行到皇帝御殿，但是由于身体过于虚弱，只好被轿子抬到御前。看着昔日最亲密的朝臣在侍者的搀扶下笨拙地爬下轿子，皇帝忍不住伤感落泪。房玄龄见到老迈哭泣的皇帝，也不禁老泪纵横。

在皇帝的的指示下，房玄龄被安顿在附近的一座殿阁中。有宦官专门监护他的身体状况，并定期直接向皇帝汇报。

房玄龄对皇帝无微不至的关怀感激不尽。尽管如此，他仍感到有责任在有生之年作最后一次直谏。他写到：

"……老子有言：'知足不辱，知止不殆。'[①]陛下之威名和功德已经满溢；开疆拓土之事，可以适可而止了。在每次下令处决囚犯之前，陛下都要求三度复审五次汇报，死刑执行之日陛下还要食素食、停酒乐。陛下如此以生命为重，令人感怀。

"然而，今日却置无辜士兵于险境，使其身被刀枪，脑浆迸出。难道他们的生命不值得同情吗？过去高丽不守臣节，朝廷可起兵讨之；高丽侵扰百姓，朝廷可摧毁其国；高丽威胁中原王朝，朝廷可以彻底翦灭之。

"而现今此三点均不复存在。此次征伐高丽，旨在替前朝雪耻，替新罗报仇。因此，臣恳请皇帝陛下停止战事，降宽大之诏，给高丽以改过自新的机会；烧毁战船，解散军队。若如是，则会中外欢呼，远近安宁。老朽残魂余息，恐不久于人世，恳请陛下采纳将死之臣的肺腑之言。"

皇帝见到奏表，不禁落泪，说道："玄龄卧居病榻，尚且还能为国家命运尽心尽力。"于是皇帝亲自前往探视。不久之后，房玄龄于贞观二十二年（648 年）8 月 18 日逝世，享年六十九岁。悲恸之余，皇帝下令辍朝三日以示哀悼。

79. 含风殿

648 年 10 月末，皇帝返回长安后，一直在太极宫内卧床休息。太

① 意即：知足的人不会受到耻辱，适可而止的人不会失败。

子李治每日前来探候。贞观二十三年（649 年）1 月 12 日，太子照常来访。

“父皇，慈恩寺终于启用了！”太子说道，难以掩饰激动的心情。

“甚好！”皇帝也喜笑颜开。

“感谢父皇多年来圣恩浩荡。”

“其实，朕最初并不十分信奉佛教，对其昂贵的工程也颇有疑虑。然而，在与玄奘法师多次接触后，朕对佛教有了更深的理解。兴建慈恩寺本身有其自身的重要性：为你已故的母后祈福。所以朕毫无迟疑地对它给予支持。只是慈恩寺建在晋昌坊，有些过于偏僻了。”

“回父皇，位置的确偏僻。然其环境幽雅静谧，闲人罕至，却也正适合玄奘法师译经。”

“确实如此。玄奘法师是否已迁入寺中？”

“回父皇，是的。玄奘法师现乃慈恩寺住持。事实上，玄奘法师一开始就参与了寺院的兴建。寺院落成之日，度僧三百人，他们现在均在协助玄奘法师。”

“非常好。玄奘法师的翻译工作确实需要一片清净之地以及门徒的协助。”停顿片刻，皇帝问道：“关于慈恩寺，可否有更多的细节可告诉朕的？”

“回父皇，慈恩寺共有约一千九百间（准确数字为一千八百九十七间），另有重楼、复殿、高阁、巨房，环境优美，竹木森邃。寺院中心伫立数座石碑，其中一方镌刻着父皇的书墨翰迹。”

“哦，你是指《大唐三藏圣教序》？”

“回父皇，正是。”

“此乃一短篇，不足八百字，当初应法师之邀而写。”

“此碑安置在慈恩寺塔的入口处，布局看起来十分谐调。”

“朕希望可早日亲见。”

之后，西部地区传来好消息。发动龟兹战役一年之后，唐军在大将阿史那社尔的率领下，终于征服龟兹国。西域地区深受震动。于阗（和田西北）、西突厥，甚至布哈拉（安国）都争相与唐交好。不久之后，身被枷锁的龟兹王被押至长安，献于御前。皇帝礼节性地斥责并释放了龟兹王，并授予其左武卫中郎将。当晚，皇帝举行宴会，招待立下战功的将军们。皇帝因与龟兹王的会面而感到精疲力竭，故取消了出席此次宴会活动的安排。这一决定令人震惊，因为此时皇帝正在接受王玄策从天竺带回的方士那罗迩娑婆寐的治疗。那罗迩娑婆寐，自言已有二百岁，可能深受密教传统（Tantrictradition）的影响。而密教则强调服食真汞的重要性。

暮春时分，皇帝前往南山的避暑胜地翠微宫，在太子和玄奘法师的陪同下，于5月17日抵达。

清新的环境、秀美的山水、凉爽的天气让皇帝心情愉悦，恢复了活力。令人振奋的是：皇帝的身体正在走上康复之路。

大约一个月之后，正当盛夏时节，却发生了逆转的情况，颇让人始料未及。长期服用道教和印度长生不老药，在皇帝体内蓄积了致命的毒素。各种复杂的症状困扰着皇帝，其中最严重的是腹泻。皇帝已有二十多天卧床不起。太子李治，除了处理朝廷公务和夜间几个时辰睡眠的时间之外，一直陪伴左右。

"你孝心如此，"一天晚上皇帝称赞道，"朕心甚慰。如今日辞世，朕将死而无憾！长孙无忌、褚遂良等幕僚于朕忠诚有加。你即位后，他们会继续忠诚于你；关于这一点朕毫无疑问。唯有李世勣让朕夜不能寐。他与单雄信过从甚密，而且推荐过张亮。此二人均被朕处置了。玄武门事件之前，朕希望得到他的帮助，但被他婉言拒绝。最重要的是，所有重要幕僚中，你唯独无恩于他。但他却有非凡的能力。所以，在朕离世之前，朕要帮你对他进行一次考验。"

"父皇打算怎样做呢？"

"我打算将他贬到地方上去。如果他即刻启程赴任，朕死后，务必速将他召回，并授予仆射之职。如果他流连京师不肯赴任，就杀了他。"

7月初，皇帝的状况恶化，头疼欲裂数天之后，突然患失语症。7

月 10 日清晨，皇帝醒来，感觉症状有所减轻，紧急传唤长孙无忌和褚遂良进入病室。这时太子李治已在床边守候。

"听说李世勣已到叠州（在甘肃东部）赴任。"皇帝说道。

"回父皇，"太子说道，"他一接到诏令就立即启程，甚至连个问题都没问。"

皇帝点点头，带着一丝不易觉察的笑容，说道："好，太子，现在一切都交给你了。该做的事你必须要做。"

"遵命，父皇。"

"你看，人生就像登船远航，船上的人迟早要下船。朕感觉下船的时间快要到了。"

"父亲……"太子喃喃说道，眼泪夺眶而出。

"别为朕担心，治儿。朕定会抵达彼岸，安然无恙。"

转而面对两位老臣，皇帝恳切地说道："无忌，遂良，所有后事都托付给二位了。太子仁孝，爱卿一定要好好辅佐他。"

长孙无忌和褚遂良啜泣无言。

是夜，皇帝于翠微宫含风殿病室中辞世，享年五十岁。

太子李治哀恸至极。他伏在舅舅长孙无忌的肩上，泪如雨下。长孙无忌也泪流满面，但却保持了头脑的冷静。皇帝驾崩之后，朝廷上突然有众多的事务需要及时处理。"如何保证宫城的安全？""如何避免'武王'的出现？""如何防止地方叛乱？""或者一旦叛乱发生，如何进行有效的镇压？"总而言之，全都指向一个核心——如何保证政权的平稳过渡？所有这些都需要与皇位继承人太子进行讨论。然而，太子却因悲伤过度而不能发声。

"打住吧，殿下！"长孙无忌懊丧地喊道。"先帝将社稷托付给殿下，尚有许多当务之急，殿下怎么能哭得像平民百姓一样？"

"舅舅，我该怎么办？"太子抽泣着问道。

"听好了：速回长安，带上东宫诸卫和可信赖的旧将。今日就启程，最迟不得晚于明日。延迟恐生变故。"

“好的，舅舅。”太子说道，开始冷静下来。“我即刻出发。”

“一旦回到长安，应当即刻任命太子辅臣为中书省、门下省长官。我随即将跟随先帝灵柩返回。”

“现在可否发丧？”

“不可。现在要秘不发丧，待我返回长安之后再说。”

“好吧，舅舅，就依此处理。”

两天之后，太子李治在太极殿上正式公布了皇帝去世的噩耗。在殿正中置放着一口棺木，先帝（庙号太宗）的遗体安放其中，供吊唁者瞻仰。接着太子宣读了遗诏。遗诏言及事项众多，其中包括：太子在棺前即刻即位；军国大事不得贻误；三品及以上文武官员哭丧，仅限一日两次（晨昏各一次），共三日（每次哭泣十五次）；辽东之役暂止；宫殿建筑工程一律停工。

即时，太子正式登上了皇位（史称高宗）。

数以万计的文武官员以及其他人士鱼贯进入太极殿，向太宗皇帝的遗体告别。留居在长安城的所有皇子和公主都出席了悼念活动。唯有李治的两位兄长缺席：一位是前太子李承乾，他已于645年郁郁而终；另一位是前魏王李泰，他远居流放地。以玄奘为首的僧侣队伍，身着黄色袈裟，在人群中十分醒目；与此相反，身穿白袍的道士们，淹没在白色丧服的人海之中。丧礼的主持者，既非僧侣也非道士，而是信奉“儒教”的礼部官员。

数千名番夷吊唁者中，有前来长安朝贡的使团成员；也有很多已在朝廷身居要职的武官。他们不仅与众吊唁者同样悲伤痛哭，甚至剪发、剺面、割耳以示哀悼。

9月19日，太宗李世民在昭陵与长孙皇后合葬。几位非汉族的官员包括阿史那社尔、契必何力等，要求杀身殉葬；李治则以先帝有诏令在先禁止人殉为由，予以否决。

80. 昭陵

650 年的夏天，时值太宗皇帝逝世周年纪念日，皇帝李治前往昭陵祭拜。陪同他的仅为少数重要高官，其中最引人瞩目的是一位六十多岁的、有军人风度的长者，仪表堂堂，气度不凡。他就是李世勣，从去年的 10 月起便开始担任尚书左仆射。

皇帝走到昭陵的中心建筑物前。这是一座坐落于昭陵北部的露天阶梯祭坛。皇帝下跪叩首，随后，起身退后几步，转过身来，六匹骏马的石刻浮雕映入眼帘。所谓“昭陵六骏”，三匹为一组，放置在祭坛的左右两侧。它们是太宗最喜爱的骏马，曾伴随太宗驰骋沙场，征讨击溃了河南的王世充、河北的窦建德、山西的宋金刚、山东的刘黑闼、陕西西部的薛仁杲。

沿着昭陵的中道，皇帝李治缓步向北走去，在昭陵北门（司马门）前停下脚步。中道阶梯的两侧各伫立着七座真人大小的石刻像，代表着十四位外族君王、酋长：四位突厥可汗、一位吐蕃王、一位于阗王、一位高昌王、一位焉耆王、一位薛延陀可汗、一位吐谷浑可汗、一位龟兹王、一位林邑王、一位新罗女王、一位印度王。他们或被太宗李世民亲自征服，或在太宗治下归顺唐朝。十四尊君长石像垂首伫立，仿佛永远在向天可汗行礼致意。

作者的话

鉴于中、西历之间的差异，小说中的中历月份用中文数字（如：二月），西历月份用阿拉伯数字（如：2 月）。

本书的创所灵感来源于唐太宗李世民本人。他既是能与亚历山大大帝和拿破仑比肩的军事家、战略家，又是从谏如流的明主。他征服突厥，重新掌控丝绸之路的中亚要地。他拒绝了群臣泰山封禅的请求，而采用魏征偃武修文的国策。其贞观之治，民治国安，堪比罗马治世（Pax Romana），为当之无愧的中华盛世（Pax Sinica）。

笔者谨向有助于完成本书的人们致以衷心的感谢。近二百年来西方的伟大历史小说家，以其精湛的艺术手法激发了笔者的创作兴趣。其中影响最深的有英国的沃尔特 · 司各特（Walter Scott）、罗伯特 · 格雷夫斯（Robert Graves）、罗伯特 · 哈里斯（Robert Harris）、波兰的亨利克 · 显克维支（Henryk Sienkiewicz）、美国的摩根 · 卢埃琳（Morgan Llywelyn）、意大利的朱塞佩·迪·兰佩杜萨（Giuseppe di Lampedusa）等。

西密歇根大学世界前现代史课的学生们对历史小说的浓厚兴趣使笔者产生了创作信心。

美国国会图书馆亚洲部主任邵东方博士向笔者推荐了台湾华艺出版社（Airiti Press）。

曾在西密歇根大学就读的、哥伦比亚大学博士候选人亚当 · 克里斯托弗·马修斯（Adam Christopher Matthews）先生审阅了本书的英文全稿，并进行了文字加工。

西密歇根大学历史系的伯纳姆·麦克米兰基金（Burnham Macmillan Fund）和黎天睦中国研究中心（Timothy Light Center For Chinese Studies）为本书的写作、推销提供了资助。

厦门外国语学校黄维玮老师与厦大的毛蕾教授将本书译成中文。

北京语言大学的尹成君教授向笔者推荐华文出版社。

内人李晓青给予笔者始终如一的支持、鼓励。

本书为历史小说，取材于历史文献。虽然文献记载亦有受到学者质疑之处，但是，总言之，应具有相当高的可靠性。中文版成稿后，笔者亦亲自对全书进行了校订。读者如有兴趣深入了解有关历史，可参考附于书末的参考书目。

《天可汗》大事年表

581—618：隋

612：大业八年高丽战争

613：大业九年高丽战争

　　杨玄感之乱

614：大业十年高丽战争

617：刘武周反

　　李渊起事，建义军

618—907：唐

618：隋炀帝在扬州被弑

　　李渊（高祖）建唐

　　唐军在今陕西西部被薛举击败

　　李世民击败薛仁杲

619：李密归顺，旋即被杀

　　宋金刚与刘武周结盟

　　刘文静因诽谤罪被诛

620：宋金刚被李世民击败

　　刘武周、宋金刚被突厥杀死

　　李世民征伐盘踞洛阳的王世充

621：李世民击败盘踞河北的窦建德和洛阳的王世充

刘黑闼反

徐圆朗反

622：刘黑闼被李世民击败后，在突厥的庇护下，继续骚扰唐境

太子李建成、齐王李元吉击败刘黑闼

623：刘黑闼、徐圆朗被杀

唐军击败吐谷浑

626：李世民发动玄武门之变；太子李建成、齐王李元吉被杀

高祖退位，李世民（太宗）即位

突厥进犯，威胁长安

太宗与突厥颉利可汗结渭水便桥之盟

627：三藏法师玄奘开始西域之行

628：突厥内战，大乱

唐军击败梁师都，平定北方

卢祖尚因拒绝到交州赴任被诛

629：李靖、李世勣率唐军攻打突厥颉利可汗

630：唐军捕获颉利，东突厥亡

太宗受天可汗称号

632：太宗造访出生地庆善宫

634：高祖患中风

635：景教使团至长安

高祖崩于大安宫

636：五代史编成

太宗患肠疾

长孙皇后崩，时年 35

637：太宗居洛阳

太宗下诏“先道后佛”，引起僧人智实抗议

638：太宗回长安

太宗下诏，允许基督教流行

639：僧人法琳下狱、遂被流放

640：高昌王麴文泰亡故

侯君集、薛万钧攻占高昌

641：侯君集、薛万钧因违反军纪下狱；遂因岑文本、魏征说情而获释

文成公主出嫁于吐蕃王松赞干布

太宗赴洛阳

太子李承乾试图刺杀于志宁，未果

642：李泰主持编成《括地志》

643：太宗的知音魏征病亡

太宗将凌烟阁改为英雄纪念馆

太子李承乾与侯君集结盟

李承乾反形暴露，被废

李治任太子

644：太宗准备发动高丽战争

645：玄奘从西域返回，得见太宗于洛阳

第一次唐 - 高丽战争（4 月—10 月）暴发

646：张亮蓄众多养子等罪被诛

647：太宗患中风

648：太宗写成《帝范》

王玄策出使天竺，大胜而归

唐军占领龟兹

649：太宗崩；葬昭陵

李治（高宗）即位

小词典

A

阿罗本（Abraham）（活跃期：635—638）：萨珊波斯袄教大德，率团造访唐太宗朝。

阿罗那顺（Arunasva）（在位：647—648）：摩揭陀（Magadha）国王。

阿史那社尔（604—655）：唐－突厥将领。

安伽陀：隋朝术士。

安市城：高丽要塞，位于今辽宁海城东南。

B

巴州：唐治今四川巴中。

八座：唐中央政府的八个重要官员：尚书省左右仆射和尚书省六部尚书。

拔野古（Bayïrqu）：生活在蒙古一带的游牧民族。

霸上：地名，在今陕西西安以东。

白岩城：高丽军事城堡，在今辽宁灯塔县东南。

百济（Paekche）（？—660）：位于朝鲜半岛西南部的国家；灭于唐。

柏壁：地名，在今山西新绛西南。

班固（32—92）：东汉历史学家。

宝藏（Pojang）（？—682；在位：642—668）：高丽王。

卑沙城：高丽－唐城，在今辽宁大连。

《辩正论》：法琳著。

波仑（Sadaprarudita）：波仑菩萨、萨陀波仑菩萨、常啼菩萨；据传，曾行两万里到犍陀罗求法。

亳州：唐治今安徽亳州。

布哈拉（Bokhara）：安国，都今乌兹别克斯坦布哈拉（Bukhara）。

C

蔡叔（活跃期：公元前 11 世纪下半叶 ）：西周王族，周公旦之弟。

岑文本（595—645）：唐太宗朝高官。

柴绍（？ —638）：唐太宗的姐夫。

长安（汉）：汉都，位于隋唐长安西北。

长安（隋唐）：唐都；隋代为大兴城，位于今陕西西安。

长安县：唐长安城区的两个县之一。

长乐公主（李丽质）：唐太宗与长孙皇后的长女。

长林门（左右）：唐长安东宫西（左）、东（右）两侧的门。

常何（？ — 626）：唐中郎将。

陈大德（活跃期：641）：唐太宗朝官员。

称心（？ —643）：年轻艺人；李承乾的密友；被诛。

谶：一种根据隐语、民谣中的预兆来预测将来的占卜术。

成帝（汉）：刘骜公元前 51 年—公元前 7 年 ；在位：公元前 33 年—公元前 7 年。

程公颖（？ —646）：术士；被诛。

程知节（589—665）；程咬金：唐太宗麾下的将军。

承恩殿：在唐长安东宫中。

承天门：唐长安宫城的正南门；有大殿的功能。

稠桑：地名，在今河南灵宝北。

楚庄王：公元前 613 年—公元前 591 年在位。

褚遂良（596—658 或 597—659）：唐太宗、高宗朝的高官；书法家。

《春秋左传》：儒家经典史书，据传为鲁国左丘明所作。

慈恩寺：由唐高宗在长安所立。

慈涧：地名，在隋洛阳以西。

崔仁师（活跃期：648）：唐太宗朝官员。

翠微宫：唐行宫，位于唐长安以南。

D

大将军：高级将领。

大理寺：唐中央政府九寺之一，负责审理案件。

大明宫：唐太宗为其父李渊所造，完工于高宗朝；位于唐长安东北。

《大品般若经》（*Mahaprajna-paramita-sutra*）：佛经；玄奘译。

大兴城：隋都，建于582年；唐代改名长安。

大兴殿：见太极殿。

大兴宫：见太极宫。

大业殿：隋洛阳宫城大殿。

道：最高地方行政单位，由多个州或郡组成；最初为临时机构，在唐代成为永久机构。

道安（312—385）：前秦名僧。

道术坊：隋洛阳坊；炀帝为阴阳家、术士而专设。

《帝范》：唐太宗所著有关治国之道的书。

叠州：唐治今甘肃迭部。

定襄：隋唐郡；治今内蒙古和林格尔西北。

定州：唐治今河北定州。

东莱：隋郡，地处今山东烟台、威海等地。

窦建德（573—621）：隋末唐初义军首领，主要活动于河北地区。

窦琎（活跃期：630）：唐将作监。

窦氏（569—613）：李渊的鲜卑正房；生李世民、李建成、李元吉。杜伏威（？—624）：隋末唐初反政府军首领，活跃于南方；619年降唐。

杜荷（？—643）：杜如晦之子。

杜如晦（585—630）：唐太宗手下的重臣。

杜行敏（活跃期：634）：唐朝官员。

杜淹（？—628）：唐朝官员，杜如晦的叔父。

段志冲（活跃期：647）：唐齐州人。

段志玄（598—642）：唐太宗麾下的将军。

敦煌：隋唐郡，位于今甘肃西部。

F

法琳（572—640）：隋末唐初高僧；被唐太宗判流刑。

法雅（？—629）：唐朝僧人；被诛。

樊哙（？—公元前 189）：西汉刘邦手下的将军。

房玄龄（579—648）：唐太宗的挚友、重臣。

飞山宫：唐太宗在唐洛阳郊区修建的宫殿群。

汾阳宫：隋行宫，在太原以北。

封德彝（568—627）：唐高祖、太宗朝的高官。

封禅：最高等级的向天报功典礼仪式，在泰山及附近举行。

丰都市：隋洛阳最大的城内市场，位于洛水以南。

苻坚（338—385；在位：357—385）：前秦皇帝。

芙蓉园：唐长安东南角的风景区。

鄜州：唐治陕西富县。

傅伏爱（？—645）：唐低级军官。

傅奕（555—639）：唐太史令；力主禁佛。

G

盖牟：高丽 - 唐城，位于今辽宁盖平。

《甘泉赋》：西汉扬雄著。

甘州：唐治甘肃张掖。

高表仁（活跃期：631）：唐官员；出使过倭国。

高昌国（460—640）：497 年后在麴氏统治下；都高昌城（今新疆吐鲁番）。

高德儒（？—617）：隋朝官员；在西河抵御李渊义军。

高惠真（活跃期：645）：高丽军将领；降唐。

高君雅（？—617）：隋朝太原副留守。

高丽：古代国家、民族；或称高句丽。兴盛时占有东北南部、朝鲜半岛大部；隋唐文献中为高丽。

高士廉（575—647）：唐太宗朝高官；长孙皇后、长孙无忌的舅舅和养父。

高延寿（活跃期：645）：高丽军将领；降唐。

高洋（526—559；在位：550—559）：北齐开国皇帝。

高墌城：在今陕西长武北。

高宗（628—683；在位：649—683）李治：唐代第三任皇帝；太宗李世民与长孙皇后的三子。

郜国：春秋时期小国，在今山东境内。

葛洪（283—363）：道士、炼丹士。

宫城：隋唐长安、洛阳城内的皇宫地区；在长安，位于皇城以北。

宫体：一种起源于梁朝皇宫的诗体，词藻绮丽轻艳。

公孙常（？—646）：术士；自杀。

骨仪（？—617）：隋朝守卫大兴城的将领。

瓜州：唐置，治瓜州（今甘肃瓜州东南）。

关内：唐道（隋太原道）：辖境包括今陕西大部和内蒙古河套地区。

关中：以今陕西南部的渭河流域为主；汉唐时期被认为是具有最为重要的战略意义的地区。

观文殿：位于隋洛阳宫城的御用图书馆；隋炀帝建。

管叔（活跃期：公元前 11 世纪下半叶）：西周王族；周公旦之弟。

光武帝（公元前 6—公元 57；在位：25—57）刘秀：东汉开国皇帝。

光州：北魏置，治光州（今山东莱州）。

郭荣（？—614）：隋朝官员。

郭孝恪（？—649）：唐朝将军。

国史：官修当朝历史。

国学：中央教育管理机构及最高学府。

国子监：负责教育的中央机构。

H

韩信（？—公元前 196）：西汉最杰出的军事家。

汉中：今陕西最南部渭河以南地区。

河东：1. 以今山西为主的地区。2. 隋县，治在今山西永济西南潼关附近。

河西走廊：今甘肃从西、中部地段。

和田：绿洲国；都今新疆于阗。

纥干承基（604—656）：李承乾的属下。

贺兰楚石（活跃期：643）：唐官员；侯君集的女婿。

弘福寺：在唐长安。

弘化：隋郡；治今甘肃庆阳。

弘文馆：626 年修文馆改为此名。

弘义宫（大安宫）：位于唐长安宫城以西；李世民登基前和唐高祖退位后的居址。

宏圣宫：在隋大兴城郊区；杨丽华和女儿宇文娥英的住所。

鸿胪寺：唐中央政府九寺之一，负责外邦事务。

侯君集（？—643）：唐朝高级将领；因涉谋反，被诛。

虎牢关：洛阳以东的重要关口；在今河南荥阳西北。

怀远镇：隋地方军事机构；在今辽宁辽中附近。

皇城：唐长安中央政府机构所在地，在宫城以南。

皇甫德参（活跃期：634）：唐太宗朝进谏者。

黄石公《兵法》：即《姜太公兵法》；相传秦末黄石公传给张良。

回鹘：突厥系游牧民族，在唐代主要活跃于今蒙古。

回洛仓：隋唐粮仓，在洛阳东。

霍去病（公元前 140—公元前 117）：西汉武帝朝的将军。

霍太山：在今山西霍州东南。

霍邑：隋城，在今山西霍州。

J

蓟：地名，位于今北京。

贾谊（公元前 200—公元前 168）：西汉文官、名士。

简文帝（在位：549—551）：梁帝；梁武帝的继任者。

江都：长江下游的重要城市；位于今江苏扬州。

蒋师仁（活跃期：648）：唐官员，为王玄策副使。

将作监：负责宫殿、陵寝土木建筑的中央机构，或其长官。

交州：唐治交州（今越南河内）。

桀：夏朝末主；暴君。

介休：隋唐县；治今山西太原以南。

戒日王（在位：606—647）；HarshaVardhana：摩揭陀国王。

井陉之战：公元前204年汉将韩信以少胜多，大败赵国陈余。

《今上实录》：唐太宗朝当朝历史；唐初房玄龄、许敬宗等著。

进士：唐代科举制最高学位。

晋阳宫：隋唐行宫；位于太原。

九成宫：唐行宫，即隋仁寿宫；位于长安以西300里。

九寺：由卿领导的中央政府机构，其权力小于六部。

郡：地方行政单位，在州和县之间；隋初废；炀帝时恢复，以代替州级单位。

K

康居：中亚国；都撒马尔罕（Samarkand），居民为粟特人。

孔颖达（574—648）：唐官员、学者。

《括地志》：地理著作，由李泰等编著。

昆阳：今河南叶县；公元23年，刘秀在此大败王莽。

L

黎阳：县；隋治今河南北部浚县附近；有黎阳仓。

李百药（564—648）：唐官员、史家。

李承乾（618—645）：唐太宗的太子（643年被废）。

李淳风（602—670）：唐占星家、术士。

李道裕（活跃期：646）：唐官员。

李道宗（602—653）：唐朝高级将领；高祖的侄子。

李轨（？—619）：隋末反政府军首领；618年在西北称凉帝。

李浑（？—613）：隋官员；李穆之子；被诛。

李勣：见李世勣。

李建成（589—626）：唐朝第一任太子；李渊与窦氏的长子；太宗李世民的主要竞争对手；死于玄武门之变。

李靖（571—649）：唐高祖、太宗手下的重要将领；一流军事家。

李君羡（？—648）：唐朝将领；被诛。

李恪（619—653）：李世民的庶子。

李密（582—619）：隋末义军瓦岗军首领。

李敏（568—613）：小名洪；隋朝官员；宇文娥英的丈夫；被诛。

李穆（510—586）：隋朝的开国元老之一。

李神通（577—630）：初唐将领；其父为李渊的从弟。

李氏（？—646）：张亮的夫人；被诛。

李世勣（594—669）；徐世勣；李勣：唐重要将领；曾为李密部下；从李世民征讨窦建德、刘黑闼、王世充等；率兵攻打东突厥（630）、高丽（667—668）。

李世民（598/599★—649；在位：626—649）；太宗；敦煌公；秦王：第二任唐帝，李渊与窦氏的次子。为唐朝的创建、巩固立下赫赫战功。玄武门之变后登帝位；630年被拥戴为天可汗。（★关于他的出生年，文献中有不同记载。）

李寿（活跃期：628）：唐官员。

李思摩：见俟利苾可汗。

李泰（619—653）；魏王：李世民与长孙皇后的次子；太子李承乾的主要对手。

李孝恭（591—640）：唐宗室；唐太宗麾下名将。

李隐：西汉后期成帝时官员。

李祐（620年代初—643）：李世民的庶子；因发动叛乱而被迫自杀。

李渊（566—635；在位：618—626）；唐公；唐高祖：唐朝的开国皇帝；太宗李世民之父。玄武门之变后退位。

李元昌（？—643）：李渊的庶子；李世民的同父异母弟。参与谋反，赐死。

李元吉（603—626）：齐王；李渊和窦氏之子；李世民之胞弟。与太子李建成结党，玄武门之变中被杀。

李瑗（？—626）：李渊七叔的孙子。反唐太宗，兵败被杀。

李治：见高宗。

《礼记》：有关礼制的重要儒家经典。

历城：位于今山东济南。

立政殿：在唐长安太极宫内。

凉州：唐治凉州，在今甘肃武威。

梁师都（？—628）：唐初反政府军首领，活跃于今陕西北部及内蒙古河套一带。

梁实：李世民手下的将领。

两仪殿：位于唐长安宫城太极宫中轴线上。

辽东：1. 地区，位于今辽宁西部。2. 辽东城。

辽东城：高丽城，位于今辽宁辽阳；645 年为唐太宗所克。

辽水：今辽宁浑河。

辽州：唐治辽东城。

林邑：国，位于越南南部。

临渝关：在河北省秦皇岛西。

凌烟阁：位于唐长安宫城中；643 年成为唐太宗表彰、纪念功臣的场所。

刘邦（公元前 256—公元前 195；在位：公元前 202—公元前 195）；汉高祖：汉朝开国皇帝。

刘德威（581—652）：唐代官员。

刘黑闼（？—623）：隋末唐初反政府军首领，活跃于今山东一带。起初为窦建德部下。

刘文静（568—619）：唐代高官；李世民的好友。为唐高祖所杀。

刘武周（？—622）：隋末唐初义军首领，活跃于今山西北部。一度受突厥保护、扶持。

留守：以皇帝的名义镇守首都或陪都的首席官员，掌握军政大权。

六部：尚书省下属的六个中央权力机构：吏部、户（民）部、礼部、工部、刑部、兵部。

龙门：地名：1. 在隋唐洛阳以南。2. 在今山西河津（黄河东岸）。

龙突骑支（在位：？—644）：焉耆王。

陇西：郡；隋治在今甘肃陇西附近。

陇右：唐道；辖境为今甘肃大部。

卢氏：房玄龄之妻。

卢祖尚（？—628）：唐官员；被唐太宗诛杀。

陆爽（活跃期：629）：郑仁基之女的未婚夫。

禄东赞（？—667）：吐蕃重要官员。

洛口：地名；在河南巩义。有洛口仓，为洛阳附近最重要的粮仓。

洛阳宫：隋唐洛阳宫城。

洛阳（隋唐）：隋唐东都；位于今河南洛阳。

吕才（活跃期：632）：唐官员。

吕后（？—公元前 180）：刘邦正妻；刘邦死后（公元前 195）临朝称制。

M

马首山：在辽东城附近。

马文举（活跃期：645）：唐代军官。

马邑：隋郡；治今山西朔州市。

邙山：在隋唐洛阳以北。

芒砀山：横跨今河南、山东、江苏、安徽四省。

门下省：中央最高权利机构三省之一。

弥勒佛（Maitreya Buddha）：将来佛。

明德门：唐长安的南正门。

明帝（公元 28—75；在位：57—75）：东汉皇帝。

洺水：发源于今山西的太行山，向南流入河北南部。

摩揭陀（Magadha）：北印度王国。

靺鞨：非汉民族，活跃于东北中部、北部等地。

牧野：地名，在今河南新乡。约公元前 1046 年，周武王在此大败商军。

N

那罗迩娑婆寐（Nārā yaṇ asv ā min）（活跃期：648—649）：天竺术士。

纳言：或称侍中；门下省长官。

南山：终南山；位于长安以南。

内侍省：宫中的管理机构，专用宦官。

聂斯脱利（Nestorius）（活跃期：428—431）：君士坦丁堡主教；景教创建者。

宁州：唐治今甘肃宁县。

《女则》：长孙皇后所编的书。

P

裴寂（573—629）：唐高祖李渊的好友、重臣。被太宗李世民流放。

裴矩（547—627）：隋末重臣；在唐高祖朝任高官；地理学家。

裴行庄（活跃期：642）：唐官员。

《破阵乐》（又称《秦王破阵乐》）：为李世民歌功颂德的舞乐。

平壤（今平壤）：高丽都。

菩萨城：位于今新疆吉木萨尔以北。

蒲津桥：建于河东以西，横跨黄河。

蒲州：唐治今山西永济西南。

仆射（左右）：名义上为尚书省副长官，实际上，在多数情况下为长官。

Q—R

齐王：见李元吉。

齐州：唐治历城（今山东济南）。

契苾何力（？—677）：唐－铁勒将军。

契丹：非汉民族，活跃于今内蒙古通辽、赤峰等地。

前殿：汉长安未央宫中面积最大的建筑。

乾阳殿：隋洛阳面积最大的建筑物，在宫城内。被李世民下令摧毁。

乾元殿：唐洛阳宫城主殿；在隋乾阳殿的地基上重建。

浅水原：位于陕西长武东北。

秦穆公（在位：公元前659—621）：春秋秦国国君。

秦世英（？—643）：道士、术士；被诛。

秦叔宝（？—638）；秦琼：李世民麾下的将领。

秦王：见李世民。

青州：包括今山东临淄、青州等地。

庆善宫：位于唐长安以西 140 里；李世民的出生、生长地。

庆州：唐治今甘肃庆阳。

龟兹：绿洲国；在今新疆库车等地。

麴文泰（？—640；在位：623—640）：高昌国王。

麴智盛（在位：640）：高昌末主。

泉盖苏文（渊盖苏文）（603—666）：高丽独裁者。

权万纪（？—643）：唐朝官员；齐王李祐的长史；被杀。

屈突通（557—628）：隋将领；初唐高官。

雀鼠谷：位于今山西介休之西。

《仁王般若经》：佛经，以仁王护国为主题。

仁智宫：唐高祖所建行宫，在长安以北 300 里今陕西铜川。唐太宗扩建并改名为玉华宫。

荣留王（？—642；在位：618—642）；高丽王：被弑。

S

《三十国春秋》：史书，萧方等（梁朝）著。

桑显和（活跃期：617）：屈突通的下属。

单雄信（？—621）：王世充手下的猛将，李勣的好友。

善财（Sudhanakumāra）；善财童子；求道菩萨：曾南行参访五十三位良师、友人，遇普贤菩萨后而成佛。

商鞅（公元前 395—公元前 338）：秦国改革家。

商州：唐治今陕西商州。

上帝：昊天上帝；地位最高的神。

上党：隋郡；治上党（今山西长治）。

上谷：隋郡；治今河北易县。

《上林赋》：西汉司马相如作。

尚书：尚书省下属六部之一的长官，权力颇大。

《尚书》：远古史书；儒家重要经典。

尚书令：尚书省长官。唐太宗任此职后，长期空置；仆射成为实际长官。

尚书省：中央最高权利机构三省之一；下属有六部。

少林寺：在今河南嵩山。

沈约（441—513）：齐梁史学家。

始毕可汗（？—619）：东突厥首领。

史馆：设于唐太宗时。

释奠：祭拜孔子的典礼。

侍中：或称纳言；门下省长官。

叔孙通（活跃期：公元前205—公元前190年代）：西汉礼制学者。

庶子（左右）：负责教化太子的高官。

顺天门：见承天门。

朔方：见夏州。

司农寺：中央政府九寺之一，负责粮食仓储。

俟利苾可汗（活跃期：640年代）；乙弥泥孰俟利苾可汗；李思摩：突厥首领；唐将军。

松赞干布（？—650年代）：吐蕃王；娶文成公主。

松州：唐治今四川松潘。

嵩山：在今河南洛阳以东。

宋金刚（？—620）：隋末反政府军首领；619年归顺刘武周。被杀。

宋老生（？—617）：隋将领。

肃州：今甘肃酒泉。

孙代音（活跃期：645）：高丽－唐官员。

孙思邈（581—682）：唐代名医。

T

太常寺：中央政府九寺之一，负责祭祀典礼。

太和宫：在长安以南的南山。见翠微宫。

太极殿：唐长安宫城正殿；隋时称大兴殿。

太极宫：唐长安宫城的主要宫殿区；隋时称大兴宫。

太原：唐代今山西的主要城市，位于今太原西南。

太原安抚大使：隋太原道首席长官。

太原道：隋行政区；治太原。辖境以今山西为主。

太宗（唐）：见李世民。

檀道济（？—436）：刘宋朝重要将领。

唐公：见李渊。

唐俭（579—656）：唐朝高官。

唐律：唐代颁布的法典；这里应指贞观年间制定的法典，即《贞观律》。

陶弘景（456—536）：道士、炼丹家。

铁勒：北方突厥系游牧民族。

铁券：颁发给特殊功臣、重臣的免死凭证。

天可汗：游牧、绿洲国向唐太宗上的称号（630年）。

庭州：唐治浮图城（新疆吐鲁番以北）。

潼关：位于今陕西渭南以北，黄河以南。

统叶护可汗（？—628）：西突厥首领。

突厥：活跃于蒙古和中亚的游牧民族；讲突厥语。隋唐时有东、西二部。

突利（602—631）：东突厥小可汗；颉利的侄子。

吐蕃：古代藏人及其所建的国家。

吐谷浑：主要活跃于今青海和甘肃东部的游牧民族。

屯卫（左右）：隋唐禁卫军，十二卫或十六卫中的两卫。

W

瓦岗军：隋末李密手下的反政府军，活跃于今河南一带。

王褒（活跃期：6世纪.）：梁－北周著名诗人。

王伯当（？—619）：李密手下的将领。

王珪（570—639）：唐朝官员；先后为李建成、唐太宗的属下。

王康达（？—617）：李渊手下的将领。

王仁恭（？—617）：隋马邑郡守。

王世充（？—621）：隋高官；619 年建郑国称帝；为李世民所败。

王琬（活跃期：621）：王世充的侄子。

王威（？—617）：隋朝太原副留守。

王玄策（活跃期：643—661）：唐朝官员，三次出使天竺。

王远知（509—635）：茅山道士；术士。

韦灵符（？—643）：道士、术士；被诛。

韦挺（590—647）：唐朝官员；645 年高丽战争爆发之前负责运送粮草。

卫；卫府：十二卫或十六卫之一；为护卫宫禁、京畿地区的精锐部队。

卫尉寺：中央政府九寺之一，负责仪仗。

未央宫：汉长安最大的宫殿群。

魏刀儿（？—618）；别名历山飞：隋末义军首领，活跃于今河北。

魏恺：北齐官员。

魏征（580—643）：唐太宗的智囊、顾问；以敢言著称，深得太宗信任。之前曾事李密、李建成。

温彦博（574—637）：唐朝官员。

文帝（汉）：公元前 202—公元前 157；在位：公元前 180—公元前 157。

文帝（隋）（541—604；在位：581—604）；名杨坚：隋朝开国皇帝；炀帝之父。

文成公主（623/625—680）：唐公主，嫁给吐蕃王松赞干布。

文学馆：1. 李世民于 621 年设立的智囊机构，有 18 学士。2. 唐太宗于 636 年为李泰所设。

五代：隋唐时指梁、陈、北齐、北周、隋。

《五经正义》；对儒家《五经》的权威性阐释，由孔颖达等人所著。

武帝（梁）：在位：502—549。

武帝（汉）：在位：公元前 141—公元前 87。

武德殿：位于唐长安太极宫两仪殿之东，为李元吉死前的居址。

乌骨城（在今辽宁风城东南）：高丽城。

X

西市：隋唐长安城内的两市之一。

西域：今新疆地区；抑或包括新疆以西的中亚、西亚、印度等地区。

西苑：隋炀帝在隋洛阳西郊修建的大型皇家园林，有多组宫殿群。

奚；库莫奚：非汉民族，活跃于今内蒙古赤峰以西、以南。

西河：隋郡；治今山西汾阳。

西州：唐治高昌城；唐军占领高昌（640年）后置。

夏州：唐治朔方（今陕西靖边）。

鲜卑：北方非汉民族，二世纪及以后崛起于今东北、内蒙古东部；创建北魏等朝代。

咸阳：长安的古名（与今咸阳不同）。

显德殿；嘉德殿：唐长安东宫主殿。

显仁宫：隋炀帝在洛阳西苑所修的宫殿群。

献陵：唐高祖的陵寝，位于唐长安以西。

相州：唐治今河南安阳。

萧铣（583—621）：梁王族；隋末义军首脑，活跃于南方。

萧瑀（575—648）：梁王族；隋唐重臣。

孝文帝（北魏）：467—499；在位：471—499。

颉利（？—634）：东突厥可汗（620—630）；被唐太宗击败。

辛处俭：唐高祖朝官员。

新罗（Silla）：位于朝鲜半岛东南部的国家；太宗、高宗朝与唐友善。

匈奴：活跃于蒙古的游牧民族；被认为与入侵西方的匈人（Huns）同源。

修文馆：中央学术机构，建于621年。

宿（xiu）：古人将黄道带与赤道带的星群划分为28个区域（宿），冠以井、女、鬼等名称，并将之与中国的大区域（如秦、楚、齐等）相对应。

徐惠（627—650）：唐太宗的妃子；称充容。

徐世勣：见李世勣。

徐圆朗（？—623）：唐初义军首领，活跃于今山东。

许敬宗（592—672）：唐朝高官、史官。

薛大鼎（？—654）：隋河东名士，后为唐高官。

薛举（？—618）：隋末义军首领，活跃于今甘肃东部等地。

薛仁杲（？—618）：隋末义军首领；薛举之子。战败，被诛。

薛万钧（？—640 年代初）：唐高级将领。

薛延陀（Syr-Tardush）：活跃于蒙古的游牧民族。

宣帝（北周）（559—580；在位：578—579）：宇文娥英之父。

宣帝（汉）：公元前 91—公元前 48；在位：公元前 114—公元前 48。

玄都观：隋唐长安最重要的道观。

玄武门：长安太极宫通往禁苑的北门。对其掌控关系到宫内安全。626 年 7 月 2 日，李世民及同谋在此处发动政变（玄武门之变），杀死太子李建成。唐高祖随即退位。

玄奘（602—664）；三藏法师：赴天竺朝圣，带回佛教梵文典籍 657 种。

寻相（活跃期：620）：宋金刚手下的将领。

Y

燕弘亮（？—643）：唐齐王李祐的同伙。

焉耆（Qarasahr）：绿洲国；都在今新疆焉耆附近。

阎立本（601—673）：唐朝画家；阎立德之弟。

阎立德（596—656）：唐朝高官；建筑家。阎立本之兄。

杨广：见炀帝。

杨坚：见文帝（隋）。

杨丽华：隋文帝之女；北周宣帝之皇后；宇文娥英之母。

杨素（？—606）：隋重要将领、重臣；杨玄感之父。

杨侗（？—619；在位：618—619）；皇泰主：隋炀帝之孙；被迫禅位给王世充。

杨文干（？—624）：唐朝官员；起兵反高祖（624 年）；被杀。

杨玄感（？—613）：隋朝高官；起兵反隋。

杨义臣（？—617）：隋末重要将领。

杨侑（605—619；在位：617—618）；隋恭帝：隋炀帝之孙。

杨遵彦（？—560）：名愔。北齐重臣，官至尚书令。

扬州：江都之别称。

炀帝（隋）（569—618；在位：604—618）：名杨广。隋朝第二任皇帝。隋亡于其任上。

尧君素：屈突通手下的隋朝将领。

叶护（？—632）；肆叶护：西突厥可汗。玄奘赴天竺受其接见。一说此叶护应为统叶护。

叶护：古时突厥汗国官名，地位仅次于可汗。

邺：北齐都，位于今河北临漳西南。

伊吾：玉门关以西的绿洲国；都伊吾（今新疆哈密）。

宜秋宫：在唐长安东宫内。

《乙巳占》：李淳风著的占星著作。

以弗所会议（Ephesus Council）：431 年召开的基督教普教会议。

阴世师（？—617）：隋朝守卫大兴城的将领。

荫：允许（5 品及以上的）高官后代做官的特权。

殷开山（？—622）：李世民麾下的高级将领。

尹阿鼠：尹德妃之父。

尹德妃（活跃期：620 年代）：唐高祖的妃子；李世民的反对者。

营州：唐治今辽宁辽阳。

《瑜伽师地论》：有关瑜伽修行所经历的 17 种境界（17 地）的重要经典。

兖州：唐治在今山东兖州之北。

幽州：唐治今北京。

于志宁（588—665）：唐初负责教化太子李承乾的最高官员。

虞世基（？—618）：隋炀帝朝重臣；虞世南之兄。

虞世南（558—638）：唐高官、书法家；虞世基之弟；唐太宗的文友。

《羽猎赋》：西汉扬雄作。

宇文娥英（574—613）：隋文帝之孙女；北周宣帝与杨丽华之女。

宇文士及（？—642）：隋唐高官；宇文述之子。

宇文述（？—616）：隋重要将领；宇文士及之父。

宇文颖（？—624）：唐初高官。

玉华宫：位于长安以北玉华山凤凰谷；原名仁智宫，唐太宗时（648年）重建。

玉门关：重要关口；在今甘肃西部。

尉迟敬德（585—658）：李世民麾下的重要将领；在玄武门之变中起关键作用。

元帝（梁）：在位：552—555。

Z

詹事（左右）：负责太子府的高员，品位高于庶子。

张宝藏（活跃期：636）：唐朝平民医生。

张公瑾（584—632）：唐太宗朝的将领、高官。

张俭（591—650）：唐朝将领、高官。

张婕妤（活跃期：620）：唐高祖的爱妃；李世民的反对者；李建成的情人。

张君乂（？—645）：李道宗手下将领。

张亮（？—646）：唐朝高级将领；太宗朝高官。被诛。

张骞：西汉官员。公元前二世纪末，由武帝派遣出使西域，故有“凿空西域”（开辟丝绸之路）之说。然中西交通路线早已存在。

张慎几（？—646）：张亮的养子。被诛。

张思政（？—643）：李承乾的下属。

张玄素（？—664）：唐朝官员，以直谏著称；李承乾的太子庶子。

张掖：在今甘肃。

章仇子佗：北齐儒士，因上书废佛法而被诛。

漳南：地名，在今山东武城附近。

长史：王府的首席长官。

长孙皇后（601—636）：李世民的正妻；长孙无忌之妹；高士廉的养女。

长孙无忌（？—659）：唐太宗朝的重臣；长孙皇后之兄；高士廉的养子。

昭陵：唐太宗的陵寝，位于长安以西 140 里处。长孙皇后和太宗的近臣葬于陵内。

赵元楷（活跃期：638）：唐官员。

折墌城：在今甘肃泾川东北。薛仁杲在此战败（618 年）。

郑仁基：隋官员。

郑卫之声：春秋时期郑国、卫国的音乐；被认为是颓废的靡靡之音。

执失思力（活跃期：620 年代—640 年代）：唐朝将领；初为突厥可汗颉利手下的官员。

智实（600—637）：唐初僧人。

智永（活跃期：陈 – 隋）：著名书法家；王羲之后代。

中郎将：中级军官。

中书令：中书省长官。

中书省：中央最高权利机构三省之一。

州：地方行政单位，在郡之上；隋末废。唐初改郡为州。

周公（活跃期：公元前 11 世纪）；周公旦：西周政治家。

纣王：商代末主。

朱雀门：唐长安宫城的正南门。

朱雀门街：唐长安南北向的主要街道。

驻跸山：在今辽宁辽阳西南。

庄严寺：唐长安两大寺之一，在城西南角。

庄子（约公元前 369—286）：战国道家哲学家。

涿郡：隋治蓟县（今北京）。

《子虚赋》：西汉司马相如作。

参考书目

一、古代文献

1.《辩证论》。法琳著。《大正藏》本。

2.《大慈恩寺三藏法师传》。慧立撰，彦悰笺。中华书局本。

3.《大唐创业起居注》。温大雅著。上海古籍出版社本。

4.《旧唐书》。刘昫等著。中华书局本。

5.《隋书》。魏征等著。中华书局本。

6.《唐大诏令集》。宋敏求编 。商务印书馆本。

7.《唐会要》。王溥编。中华书局本。

8.《新唐书》。欧阳修、宋祁著。中华书局本。

9.《贞观政要》。吴兢著。中华书局本。

10.《资治通鉴》。司马光等著。中华书局本。

二、现代著作

1.Woodbridge Bingham, *The Founding of the T'ang Dynasty: The Fall of Sui and Rise of T'ang, a Preliminary Survey,* Waverly Press.（［美］宾板桥著 :《唐朝建国史稿 : 隋朝的衰亡与唐朝的兴起》）

2.Denis C.Twitchett, *The Cambridge History of China, vol. 3: Sui and T'ang China*,Cambridge University Press.（［英］崔瑞德主编 :《剑桥中国史》第三卷《中国隋唐史》）

3.Howard J.Wechsler, *Mirror to the Son of Heaven: Wei Cheng at the Court of T'ang T'ai-tsung*, Yale University Press.（[美]魏侯玮著：《天子之鉴：唐太宗朝的魏征》）

4.Arthur F.Wright , *The Sui Dynasty* ,Knopf.（[美]芮沃寿编著：《隋朝》）

5.Victor Cunrui Xiong, *Emperor Yang of the Sui Dynasty: His Life, Times, and Legacy*, SUNY Press.（[美]熊存瑞著:《隋炀帝:生涯、时代、遗产》）

6. Victor Cunrui Xiong, *Historical Dictionary of Medieval China*, Rowman and Littlefield.（[美]熊存瑞编：《中世纪中国事典》）